松井一美・設樂　馨・鈴木美穂 [編]

日本語教育が
できること、
そして
ことばについて

金田一秀穂先生と学んで

教授退職記念論文集

にほんごの
凡人社
BONJINSHA

はじめに

　教室で話したり、書斎で書くことで、今までわからなかったことが、薄らぼんやりとわかったような気になって、風通しの悪い部屋の小さな窓が、少し開いて、その気分がうれしくて、この仕事を続けられました。いつのまにか、そばにいてくれた学生たちも、研究者として独り立ちして、あちこちで活躍する姿を見ることができるようになりました。皆に呼び掛けたところ、優れた論考が集まりました。それぞれのあちこちで、わからなかったことがわかるようになっていく、窓の開く音が聞こえてくるような気がします。

　凡人社の田中社長、渡辺さんの好意で、このような本をまとめることができました。感謝に堪えません。

2021 年 11 月　金田一秀穂

序 | 中締めのようなこと

金田一秀穂

1. 考えていること

　この頃気づいたことがあります。人はいつまでも伸び続けるものではないということです。

　人はだんだん賢くなると思っていました。いろんなことがわかるようになるんじゃないかと思っていました。

　中学のときに、高校になったら、いまよりもっと世界のことがわかるようになると思っていました。高校になってわかったこともあったけれど、やはりわからないことも出てきて、大学生になったらわかるんだろうなあと思っていました。大人になってわかることは多くなり、それなりに賢くなったと思っていたけれど、それでもまだわからないことも多くて、でもいつかわかるようになる、賢くなると思っていて、考えるまでもなくそう信じていて、年を取ってしまい、それでももっと賢くなるような気がしていたのですが、しかし、それはどうも間違っていました。もうそんなに頭はよくならない。馬鹿になることはあっても、賢くなることはたぶんない。物事がわかるようになるわけではないのです。

　例えば、安部公房を読んでいて、でも若いころのもののほうが、晩年のものよりもいいように思えます。井伏鱒二も三島由紀夫もそうです。人はある程度進むと、もうそれ以上進歩、発展しないものであるらしい。いろいろな人を見ていると、北斎のようなとんでもない例外はあるにせよ、多くはそうなのです。

　そんな人たちと比べるのもおこがましいことですが、僕も例外とは思えない。たぶんもうこれ以上頭がよくなると思えない。頭がよいというのはどういうことかと言うと、僕の場合、いろいろなことがわかるということ。いろ

5

いろなことを上手に言語化できるということ。もう少し言うと、僕はもうこれ以上すっきりとしなくなるらしい。いろいろと細かく分析することもできなくなる。直感で見通せるようなこともなくなる。複雑で混沌としたことの中から、規則性や法則性を見つけ出すこともできなくなる。ふだんの普通の事柄から、おもしろい発見を取り出すこともあまりできなくなる。そう思います。

であれば、今、書いておくことは必要なのではないか。今考えていることを言葉にしておかなければいけないんじゃなかろうか。今を逃すと、どんどんわからなくなってしまうのではなかろうか。そんなふうに考えて、論文集を作るというのをいい機会に、およそのまとめのようなことをしたほうがいいのではないかと思うのです。

思い出の記とか、回顧とか、そういうことは避けてきました。過去を言語化してしまうと、かえってそれに縛られてしまう。それがおそろしいからです。

でも、よく、中締め、と言うではないですか。ほんとうはそれで終わるのだけれど、終わってもいい、でもまだ続けてもいい。パーティで楽しいのは中締めの後からです。会の最中は人が多くて落ちついて話もできない。久しぶりに会えた人がいて、いろいろ積もる話もある。飲み残し、食べ残しもまだいっぱいあって、もったいない。椅子など持ちだしてゆっくりと腰を落ち着ける。会場の人は嫌がる。一応終わったのだけれど、しかし本当に終わったわけでもないから、文句も言えない。それが中締めの楽しみです。

そんな具合の中締めのつもりで、今考えていることを、言葉にしてみようかと思うのです。

2. いい教師のこと

最終講義のようなことをやらされて、そこでは35年教育機関で教えてきたそのことを話したつもりでした。教えることについてわかったことを、なんとなくまとめてみたかったのです。それで、結局、教えることを楽しく思えることが、いい教師なのではないかということでした。

馬を水飲み場に連れていくことはできるけれど、馬に水を飲ませることはできません。でも、いい教師は、馬に水を飲みたい気持ちにさせられるので

はなかろうかと思います。やる気のない人をやる気にさせることはできません。そこまで面倒を見きれません。でも、飲んでみようかなと思わせるくらいはできるのではないか。全員は無理でも、10人中一人ぐらいは、その気にさせられるのではないか。よい教師はそのようなのではないか、と思います。

　で、そのために教師がすべきなのは、学生におもしろがらせることだろうと思います。知的におもしろいと思わせられれば、しめたものです。そうでなくても、なんだか楽しいなと思ってくれれば成功です。で、僕が考えたのは、自分が楽しむということでした。馬の目の前でおいしそうに水を飲んでやる。

　教師が楽しんでいるのを見ると、学生は、あ、おもしろいのかもしれない、と思うのではないでしょうか。知らなかったけれど、このおじさんがこんなに楽しそうなんだから、やってみようかしらん、一緒に考えてみようかしらん、そのように誘導できたらいいのではないか。

　その反対を考えるとわかりやすいと思います。世間には、およそつまらなそうに教壇に立っている教師がいます。中学や高校で一人か二人、いわゆる化石化した教師というのがいます。同じ内容を数クラスで教えなければならない。しかもそれを数十年やる。考えただけで憂鬱になりそうです。飽きると思います。楽しくないでしょう。

　どうしたら、初心を保てるのでしょうか。どうしたら最初の新鮮なみずみずしさを続けられるのでしょうか。

　学生との対話を中心にすると、学生は毎回変わるので、クラスの中身も必然的に変化します。テキストを変えても変化が生まれます。でも、肝心なのは教師の側の好奇心なのではないかと思います。おもしろがれるためには、どうしたらいいのか、偉そうなことを言えません。ただ、35年やっていて、とりあえず飽きないですみました。やる気の起きないこともしばしばですが、それでも、しゃべっているとおもしろいのです。

　ここまで書いていて、思い付きました。いつか、ある学生に訊かれたことがありました。「先生は学生の顔を覚えるのや名前を覚えるのが苦手だとおっしゃっていましたが、どうしてそれで90分も話し続けられるのですか」と。最初訊かれていることの意味がわかりませんでしたが、わかりました。学生さんは、僕の話していることが台本のようにできたものだと思っているらし

いのでした。でも、僕には台本がありません。メモもありません。一年を通じて、資料を見るのは1・2回です。何も見ません。話すことのだいたいは頭の中にあるのですが、それだけです。各回のレジュメはありません。最終講義のときも、その場で勝手にしゃべりました。覚書も作りません。原則、紙を教場に持ち込みません。それが僕のやり方です。それが結果的に化石化を防いでいたのかもしれません。

　しゃべりながら考える。考えることがしゃべることであり、しゃべっていると、次々と考えが生まれてくる。説明が足りないなあと思ったり、あ、こんなことも言えるんじゃなかろうかと気づいたり、そのような創造をしながら、授業をしているのです。

　何百回となく授業をしてきて、今回はとてもうまくいったなと思えるのは数回です。で、その数回は、ほとんど準備もせず、やってみようかな、考えてみようかなと乱暴に始めてしまった回であるように思います。学生たちの前で、黒板の前で、緊張感を持ちながら考えていく。そういう授業ができたときは、とても充実感があります。ジャズで言う、フリー・インプロビゼーションというやつです。疲れますが、達成感は代えがたい。

　モダンジャズは、基本的に即興でできていますが、基本にはコード進行という規則があります。コードだけは決まっているけれど、そのなかでは勝手にやってよいという規則です。僕の授業もそれです。なんとなくコードのような大まかなルールはあるのです。

　ジャズであるとすれば、大切なのはインタープレイです。掛け合い。授業では当然、教師と学生の掛け合いが生じます。

　日本人学生はなかなか積極的に発言してくれません。語学であればなんとかなるかもしれませんが、講義科目でしかも200人を超す大人数ですと、なかなかインタープレイは生まれません。

　僕が一番好きだったクラスは、国際交流基金というところにやってくる海外のノンネイティブ日本語教師たちのクラスでした。彼らはいろいろ各人の問題意識を持っていて、授業中の発言を躊躇しません。そこで30年、文法やら日本事情やらを開いていました。授業の中で彼らには不思議なことを言うと、間髪を入れず反応してくれます。彼らの発言はとても刺激的で、教えられることが多いのです。60分の授業であれば、僕のしゃべるのは40分ぐらい、あとの20分は彼らがしゃべってくれて、結局彼らがいろいろ教えて

くれることになります。これはいろいろな学校で教えてきた中で一番好きなクラスでした。ボランティアでもいいからやらせてと頼んだくらいでした。

　評判のいい教師を表彰するようなことを始めていて、いいのかもしれませんが、いいクラスというのは学生と教師が作り出します。おなじ教師でも、違うクラスでは、ちっとも魅力的でないことも起こります。いい教師を取り上げるのではなく、いいクラスこそ取り上げるべきなのではないかなあと思います。

　ま、ともかく、教師がおもしろがること。そうすれば学生さんもおもしろがってくれる人が数人はいるだろうこと。全員とは望みません。いつもでなくてもいいです。体調の変化とか、人それぞれの好みとか相性があります。でも、自分が楽しく教えること。そうすると学生も乗ってくる。それが僕の見つけた教えるときの唯一のコツです。

　だから、自分でおもしろいと思えなくなったら、人に教えるのは辞めようと思います。教えたい、言いたい、話したい。そう思えないときもないではないです。大学ではないですが、いろいろなところで講演会というのがあって、そこで話すときにそういう気持ちに襲われることがあります。辞めたくなります。でも、お金をもらっているので辞めるわけにもいきません。聞いている人も気の毒です。

3.　言葉について考えること

　教えているばかりではなく、考えることもします。特に、言葉について考えるのは、好きと言ってもいいようなことです。

　「研究している」と本当は言いたいのですが、研究などと格好のいいことをしているわけではないようです。口幅ったくて、とても言えません。研究というのは、もっと賢く、まじめできちんとした人たちがすることで、僕がしているのは思い付きだったり、アイデアを提供することだけです。そんな風にしてきましたので、論文と言えるようなものを書いたことがありません。みんな、いわゆる、エッセイです。そういうものを書き散らしてきました。

　時々に応じて、書いたりしゃべったりしてきました。すべて、書いてほしい、しゃべってほしいという要望があってしてきたことで、本当に言いたいこと、考えたいことを書いたことはあまりありません。頼まれることがない

9

からです。

　仕事は頼まれてやることだと思っています。頼まれた仕事は、たとえ失敗したとしても、僕にできると思って頼んできた人がいるわけで、であれば、失敗は僕の失敗ではなく、頼んだ人の失敗です。ですから、気楽に失敗できます。もちろん失敗したくてする仕事はありませんが、少なくともプレッシャーはかからなくて済みます。

　基本的に20万年のホモサピエンスの時間から考えることにしています。
　例えば、交換の原理が幅を利かしていて、現代は閉塞しています。効率や便利さや費用対効果を追い求めた結果がこの現状です。人を幸せにしません。
　交換の原理は、中沢新一の言うように、貨幣が生まれてからのことにすぎません。今からせいぜい2000年前にできた制度の生んだ価値観です。人類史20万年からすれば、ほんの表層的な価値観ですから、それに縛られるのは愚かだろうと思います。同じように、神とか、国というのも、ごく最近の価値です。
　生物として僕らに大切なのは、まず、種族保存と個体維持です。これにのっとった行為はとても本来的なので、食べること、寝ること、人を愛すること、育てることは、正しい行為であるはずです。
　貨幣の生まれる前から私たちを動かしていたのは、贈与の原理です。代償を期待しない行為があります。助け合うこと、教えること、考えること、わかること、感じること、できること、作ること。なぜか知らないけれど、喜びを感じることがあります。
　僕の場合、言葉について考えることは、そのようなことです。お金が要らないわけではありませんが、お金で動いていると思うのは、恥ずかしいです。
　人は自由であるという考えがあって、若いころ、実存主義というのがあって、人は絶対的に自由であって、なんにでもなれるし、なんでもできるのだと考えました。でも、どうもそうではない。僕らは生まれてすぐ、いやおうなしに、言葉を覚えさせられます。生まれた環境によって、日本語だったり中国語だったりします。それに選択の自由はありません。さらに、生まれた環境によって、家族たちから、特定の価値観を教え込まれます。伝統的であるか、自由であるかはともかく、ある種の考え方、価値観を植え付けられます。しつけを受けます。例えばそれは世間とか言われるものです。そこで、常識

的判断を身に着けさせられます。特定の物事の意味付けです。共通認識のようなものを人は持っていて、それを文化と呼ぶのだろうと思います。

　私たちの言葉には、「案外」とか「さすがに」とか「やはり」とか、常識的予測とそれとのずれや合致を表す意味の言葉があります。たぶんそれを分析して抽出できれば、新しい日本文化論ができるはずですし、その共通認識を生む意味的傾向をそれぞれの文化で調べれば、新しい文化論ができるだろうと思います。

　世間という制約は、あまりいいものと思われていなくて、束縛でしかない古い考え方だと思われてしまいがちですが、伝統とか郷土とか、大切にしたいものもあります。

　さらに、世間からの圧力は、周りから発せられるときだけあるのではなく、自分自身も世間の構成員であることを忘れてはいけません。自分も思わず世間的な力を周りに振りまいているのではないか。歳を重ねてくると、よけいにそのようなことが多いように思うのです。自戒です。

　自分の考え方、感じ方を大切にしたいです。でも、自分が身に着けさせられた伝統とか常識も、自分自身にほかならないのです。

目次

第2部 ことばについて考えること

第1部　日本語教育が世界にできること

1 日本語教育が世界にできること

金田一秀穂

　日本語の教師になろうかなと思い始めたころ、いろいろな研修会があって、いろいろな先生たちの話を聞きに行きました。なかに、木村宗男先生がいらっしゃいました。木村先生はそのころ早稲田の先生で、伝説的な木村箱というのを見せてもらいました。およそボールペンとは思えないボールペンが入っていたり、ふたを開けると思うとふたが開いてしまうという仕掛けとか、いろいろ工夫されていて、直接法での授業にとても役に立ちそうなものでした。温和でまじめな、学生思いの、親切すぎると思うくらいの教師でした。

　先生は大戦のころからの大ベテラン日本語教師でした。フィリピンを日本軍が占領して、現地で日本語を教える若者を募集して、応募したのがそのキャリアのはじまりでした。いい先生だったにちがいないですが、敗戦で日本に引き上げてきました。

　引き上げて間もなく、とんでもないニュースを聞かされたそうです。戦争中日本語を学んだ多くのフィリピン人学生は、親日的人物であり、反祖国の分子であるというので、次々と処刑されたというのです。つまり、木村先生が教えた学生たちは、先生に日本語を習ったばかりに殺されてしまったのです。木村先生は、あまり多くを語りませんでしたが、それで十分でした。私たちは、能天気に日本語の教師になるつもりだったのですが、そんな私たちに、これだけは言いたいと思って、その話をしてくれたのだと思います。語学を学ぶということは時にそのような政治的な行為なのであり、教えるということはその責任をもつということなのです。

　今も時々思い出します。

はじめて日本語を教えたのは、中国の大連だった

　中国は長らく文革によって大学院入試が中止されていたのだが、1983年

17

には行われた。中国全土の、大学を卒業し更に勉強したいと思う人間がその試験を受けた。当時の中国指導部は、その中の最も成績優秀な者たちを諸外国に派遣し留学して学ばせることを考えた。あるものはアメリカ、あるものはドイツ、そうしてあるものは日本。日本の進んだ科学を学ばせるために選抜された人々が大連に集められ、そこで日本語を学ばせる。3 月に集めて 9 月に渡日する。半年で、それなりの日本語能力を付けること。

　1983 年の大連は何もなかった。かつてのアカシアの大連を思わせるものはいくらも残っている。有名な大連駅とそれに続く埠頭もあった。安部公房やなかにし礼が満州から命からがらたどり着いた港である。横浜正金銀行や満鉄の大和ホテルが広場に面して建っている。しかし、生活面は貧しかった。男女全員が青い人民服を着ていて、青い帽子をかぶり、青い布の靴を履いていた。寒い日は緑色の重そうなオーバーを着る。それだけ。コカ・コーラが町中で 3 本あるのを調べた。それ以外になかった。バターはなかった。パンは特別に作ってもらった。生野菜はなくて、果物と言えそうなのは干し柿だけだった。

　しかし、集められた学生は、あまりにも優秀だった。その後いろいろな人に会ったけれど、あれほど賢い人たちにはいまだに会ったことがない。説明とか要らないのだ。私は日本語を話すだけでいい。文法やらナンやらは、彼らが勝手に考えてくれる。そのほうが余程正確である。私は日本語教師として超初心者だったけれど、学生はどんどん上達していく。じぶんがとても上手な日本語教師なのだと誤解してしまった。日本語教師として、彼らを最初に教えたのは大変な間違いだったと思う。

　思えば彼らは日本の近代史における森鷗外であり、北里柴三郎であり、長岡半太郎だった。優秀であると同時に、動機づけが極めて高かった。帰国後の中国アカデミーでも地位は確実に約束されていた。

　1983 年の中国は貧しい国だった。学生たちは夜も薄暗い街灯の下で勉強を続けていた。ある歳のいった学生が話してくれた。彼の爪や毛穴には、まだ凍土の畑の土がこびりついているようだった。「私たちは文革の頃、とても勉強したかったのだけれど、インテリは嫌われて地方に強制的に下放されていました。何年も無駄に過ごしました。大学入試が始まって、とてもうれしかったのです。」ある種の人にとって、何かを学ぶことは、食欲や性欲と同じ、あるいはそれ以上に必須なことなのだと知ることができた。そういう

18

人がいるのだ。

　人々は気分がとても清潔で、すがすがしいような国だった。高い志があって、美しい理想と希望を持っていた。

　その後彼らは全員無事日本の国立大学の大学院に進学した。

　私はその後、アメリカにいたり大学に就職したりして、中国とは縁がなかった。中国から帰ってちょうど20年後、2003年に、大学の仕事で河北大学に行くことになった。大連でとてもいい経験をしたことを知っている友人たちは、みんな、今の中国は全然違うよ、がっかりするよ、行かないほうがいいかもよ、と言ってくれた。

　確かに、そうだった。北京の空港は、木造の高校校舎のようだったはずなのだが、コンクリートの立派な建物になっていて、続く道は埃だらけで、荷馬車がゴトゴト動いていたのに、すっかり舗装された高速道路になっているのだった。

　保定の新華書店に行った。昔も今も国立の書店である。あのころの新華書店には、数種類の本しかなかった。毛語録か周恩来、鄧小平の言行録だけ。おなじ本だけが何百冊と並べられている。広い売り場にほとんど人が来ていない。しかし、保定の書店には、家族連れで大騒ぎ、楽しそうにあるき回っている。一番目に付くところにおいてあるのは『チーズはどこへ消えた？』の翻訳本。

　その夜、公園でイルミネーションがあるというので見物に行った。巨大な噴水が水を吹き出す。それに合わせて音楽が流れ、煌々としたライトが舞う。それを市民たちが楽しそうに見る。かつての大連であれば考えられもしなかった無駄で贅沢なことがおこなわれている。私は暗かったから、気にもせず泣いてしまった。あの国が、こんな国になったのだ。毀誉褒貶はあるし、賛否両論あるけれど、しかし、素晴らしく豊かな国になったのではなかろうか。とてもいいことだったのではなかろうか。そうして、この国をこんな豊かな国に変えたのは、私の日本語の学生たちの力もあったのではなかったか。うれしかったのだ。

　後年、北京で大連の学生たちの同窓会に招かれた。学士院とか研究所の所長とか錚々たる人々だった。その席で、「中国で最初の理科系のノーベル賞を取る人がいるとすればみんなの中から出るに違いないと思っていたんだ」と言ったら、ふつうは「いやいやそんな」と否定するものだと思うのだが、

彼らは真顔で、あいつかな、あいつかな、と誰かれのことを指さすのだった。たしかに、宇宙船の電子制御を設計している人とか、人体の経絡の仕組みを科学的に分析しようとしている医者とか、iPS 細胞の研究を進めている人とか、いっぱいいるのだった。

この項を読む人は、たいていは私がかつて教えた学生だろうと思うので、私のことをよく理解しているに違いない。私はいまだかつて人の役に立とうと思ったことはないし、社会に役立ったと思ったこともない。しかし、この大連の経験だけはちょっと違う。私は役に立ってしまった。

もちろん、直接役に立ったわけではない。役に立ったのは中国の彼らである。彼らに日本語を教えただけのことだ。しかも、私でなくてもよかった。誰がやっても彼らに日本語は教えられた。たまたま運がよくて、私がそれに巡り合えただけのことだ。

言葉を教えるということは、その時代や場所によるけれど、とてつもなく重要な意味を付与することになる。木村先生の場合は不運としか言いようがない。私の場合は幸運としか言えない。

田中克彦さんの本に詳しいけれど、言語はとても政治的な要素を含む。民族のアイデンティティにほかならない。外国語であっても、知っているということだけで、政治的な立場をとってしまう。映画のラストエンペラーには、そのようなエピソードが紹介されている。

ただ、ここで私は夢想する。日本語を知っているということが、もしも親日であることを刻印するのであれば、日本にとって、日本語を知っている人が増えることは、とてもありがたいことなのではなかろうか。帝国海軍は英語を学ぶ人が多く、海軍は太平洋戦争にあまり乗り気ではなかった。つまり英語国と戦うのは気が進まなかったという。本当であるかどうかは疑わしいけれど、もし、相手の言葉を知っているということで、厭戦的気分になるのであれば、日本にとってするべきことは、軍事費を増大させることではなくて、日本語を広めることではなかろうか。日本のことを知ってもらうと、その分いくらか、戦争したくなくなる。自分の知っているナントカ先生を殺したいとは思わない。日本人も、自分の知っているカントカさんを傷つけたいと思わないだろう。

人々の安全保障という考え方がある。国を背負って敵を殺したり殺され

りすることは難しくなっている。国対国ではなく、人対人の争いになったとき、相手の顔が識別できる段階では、あくまでも具体的な知識の問題になる。

　かつての日本に、中国語を使える人がどれだけいたのだろう。まして朝鮮語を学んだ人がどれほどいたのだろう。それが、私たちが戦前に犯してしまった罪の大きな原因のひとつになっているのではなかろうか。

　ミサイルひとつのお金で、いくつの学校が作れるか、何人の教師を養成できるか。何人の学生を学ばせられるか。考えてほしい。

　大連で教えた後、縁あってアメリカに行き、コネチカット州、イェール大学の日本語講師になった。ニューヨークから車で1時間ぐらいのところにある大学町で、2年やって、コロンビア大学に転職した。極貧生活だったけれど、家族の健康に恵まれて、楽しい暮らしだった。

　当時は1980年代で、日本がどんどんお金持ちになっていくころだった。バブル景気の寸前で、日本の経済の力が世界に及んでいて、アメリカもそうだった。日本語を学ぶことはこれからのビジネスには必須に思われていて、少なくともイェールやコロンビアのエリートたちには魅力的なコースだったのだ。

　日本とビジネスをしたくて日本語を学ぶ、というのは私にはあまり賢明に思えなかった。彼らはどうやっても日本語能力試験の3級程度であって、それは実用日本語ではないように思えた。それよりもむしろ、彼らは英語を学ぶべきではないか。日本人の英語がわかるようになる技術、日本人にわかるような英語を話す技術の習得が、日本人とコミュニケーションをとるために手っ取り早くて有益なのではないか。そう思って、小さな日本語教師研究会で発表したら、散々だった。それは想定内のことで、評判は悪いに違いない。先生たちはひどくまじめで、日本語をどうやって教えるのがいいのか、毎日四苦八苦しているのであり、私のような考えを持つ人はいなかった。でも、理解してくれる人はいたのではないかと思う。

　語学を好きという人たちがいて、外国語を勉強することが趣味という人たちがいる。その人たちは外国語を勉強するがいい。しかし、苦労して勉強する必要はない。あの頃はまだなかったけれど、今やポケトークの時代である。自動翻訳機が語学の苦労を解消している。ポケトークが理解できる日本語を話せるようになることで、全世界の言語を使いこなすことができるのだ。

　私たちにはいつのまにか信仰のようなものができ上がっていて、自分で使わなくては言葉はうまく通じない、気持ちを伝えることはできない、と思い込んでいる。しかし、そんなことはない。母語でさえ、気持ちを通じさせることはとてつもなく難しい。ポケトークレベルでできるのであれば、十分である。ポケトークは芭蕉をそのまま英語に訳することはできないけれど、では、人間であればできるかと言えば、できたためしがない。坪内逍遥も小田島雄志もシェークスピアを満足に翻訳できないのだ。

　しかし、自動翻訳機で機械のトリセツはすぐにできる。薬の処方も難しくない。詩的言語でなければ、たぶん十全にできるようになるはずだ。

　これからの時代、語学教師はどのようにしていったらいいか、たいへんな問題を抱えることになる。AIによって、新しい時代が始まっている。

　私はもう半分終わっているから、かまわない。これからの社会を動かしていく新しい人はどうするのだろう。いろいろな人の知見を調べるのが、このような問題に直面した時の解決になる。少なくとも一助にはなる。

　賢人たちがいる。その人たちの話を聞き、本を読んで、自分で考える。私たちは長い教育を受けていて、自分で考えて自分で判断し自分で表現できるようになっているはずだ。解決のない問題、正解のない問題にどうすればいいか。課題はある。解答はそれぞれの人が見つけなければならない。

　能天気に日本語を教えていればいい時代は過ぎてしまった。なぜ教えるのか、何を教えるのか、ゼロから考え直すことが求められているのだろう。

2 外国人留学生の増加と多文化共生を考える
—大分県別府市を例に—

松井一美

1. はじめに

　近年、日本に在住する外国人は著しく増加しており、法務省の統計によると、2018 年（平成 30 年）末現在の在留外国人数は 273 万 1,093 人で、前年末に比べ 16 万 9,245 人増加し、過去最高となったとのことである[1]。

　在留者の国籍・地域は 195 にのぼるが、増加が顕著な国籍・地域として、ベトナム、ネパール、インドネシアがあげられる。在留者数が多い上位 10 の国籍・地域は表 1 のとおりである。

表 1　国籍・地域別在留外国人数[1]

	国籍・地域	人数	構成比	対前年増減率
1	中国	764,720	28.0%	4.6%
2	韓国	449,634	16.5%	-0.2%
3	ベトナム	330,835	12.1%	26.1%
4	フィリピン	271,289	9.9%	4.1%
5	ブラジル	201,865	7.4%	5.5%
6	ネパール	88,951	3.3%	11.1%
7	台湾	60,684	2.2%	7.0%
8	米国	57,500	2.1%	3.2%
9	インドネシア	56,346	2.1%	12.7%
10	タイ	52,323	1.9%	4.3%

在留資格別では、表 2 のように、「永住者」が 77 万 1,568 人（対前年末比 2 万 2,377 人（3.0％）増）と最も多く、つぎに多いのが「留学」で 33 万 7,000 人（同 2 万 5,495 人（8.2％）増）、そして、いわゆる「技能実習」が 32 万 8,360 人（同 5 万 4,127 人（19.7％）増）、「特別永住者」が 32 万 1,416 人（同 8,406 人（2.5％）減）となっている [1]。

表 2　在留資格別外国人数 [1]

在留資格	人数	対前年末比	対前年増減率
永住者	771,568	22,377 増	3.0%
留学	337,000	25,495 増	8.2%
技能実習	328,360	54,127 増	19.7%
特別永住者	321,416	8,406 減	-2.5%

　「永住者」についで多い「留学」であるが、「留学生 30 万人計画」発表時の 2008 年（平成 20 年）時点では、123,829 人であった [2]。10 年間の増加率は 2 倍近くになる。増加の背景には、2008 年（平成 20 年）に日本政府が発表した「留学生 30 万人計画」がある。「留学生 30 万人計画」は、「日本を世界により開かれた国とし、アジア、世界の間のヒト・モノ・カネ、情報の流れを拡大する『グローバル戦略』を展開する一環として、2020 年を目途に 30 万人の留学生受入れをめざす」[3] というものであるが、政府および関連機関の推進により、2020 年をまたずに達成したことになる。

　「留学生 30 万人計画」だけではなく、いわゆる「技能実習制度」など、日本政府のさまざまな政策により在留外国人が増加してきているのであるが、ホストである日本社会に十分な受け入れ体制ができているとは言いがたく、在留外国人を取り巻くさまざまな問題が指摘されている。

　本稿では、大学誘致に伴い外国人留学生が急激に増加した地域を例に、急激な外国人居住者の増加を当該地域の住民がどのように受け入れてきたかについて、いくつかの調査の結果を踏まえながら検証し、今後日本社会が真剣に向き合わなければならない「多文化共生」について考える。

2. 国際大学の誘致と外国人住民の増加

　2000 年、大分県別府市に外国人留学生が学生の半数を占める国際大学（立命館アジア太平洋大学, APU）が誕生した。別府市には APU 以外にも大学があり、外国人留学生を受け入れているが、APU の開学により別府市の外国人住民の人口が急激に増加することとなったのである。別府市役所の外国人登録人口集計表によると APU 開学時の 2000 年 3 月から 4 月の 1 カ月間で、外国人登録者数が 807 人から 1,135 人へと 1.4 倍になっている。本稿では 2015 年前後に行った調査について述べるが、2015 年時点では登録者は約 4,000 人で別府市の人口の約 3％を占めていた。また、当時の別府市の集計によると、人口における外国人留学生の割合は全国の自治体の中で最も高く 2.28％であった [4]。

　このように、別府市は大学の誘致に伴い急激に国際化が進み、行政機関はさまざまな対応を迫られることとなった。大学誘致の際、学生の半数を外国人留学生が占めるという画期的な構想に対し不安を抱く住民も多く、意見は賛否に分かれていたようであるが、開学から 20 年近くが経ち、外国人留学生は地域社会の一員として住民と良好な関係を築いているように見受けられる。このような別府市のケースは、多文化共生のひとつのモデルケースと考えることができるように思われる。本稿では、いくつかの調査結果から別府市が急激な国際化とどのように向き合ってきたかを明らかにし、多文化共生について考える手がかりとしたい。

　以下の各章で、筆者とその研究グループが行った調査の概要とその結果について述べる。まず、第 3 章では行政機関の現場担当者に行ったインタビュー調査について、第 4 章では外国人留学生を雇用しているアルバイト先などへのインタビュー調査について、また、第 5 章では、住居管理者、具体的には留学生が居住する賃貸物件の大家や管理会社の担当者に行ったインタビュー調査について述べる。そして、第 6 章では、地域住民が感じている外国人との接触の状況や外国人に対する意識の変容について、調査結果をもとに考察する。

3. 行政機関担当者へのインタビュー調査

　本章では、別府市環境課の現場担当者、市役所の元外国人登録担当者、消防署職員、警察署職員など、外国人の増加により業務に大きな影響を受けると思われる部署の担当者へのインタビューから、行政の取り組み、および、地域住民と外国人留学生の良好な関係構築のための要因を考える[5]。

3.1　調査の概要

　2014 年 7 月、外国人の増加により実際の業務に大きな影響を受けたと思われる公的機関の担当者に対し、半構造化インタビューを行い、録音、文字化し分析した。調査の対象としたのは、別府市役所環境課職員、APU が開学した 2000 年当時外国人登録担当をしていた市役所職員、消防本部予防課担当者、警察署警備課担当者である。

3.2　調査の結果

　以下の (1) から (4) の各項において、対象とした各機関の調査協力者ごとにインタビュー結果をまとめる。

(1) 市役所環境課職員へのインタビューから

　環境課では、ごみの収集業務やごみ分別等に関わる啓発活動を行っているが、外国人の増加に伴う取り組みと担当者自身の外国人に対する意識の変容について聞いた。別府市では、外国人の増加に伴う取り組みとして、分別カレンダーや収集方法の説明書きを英語、中国語、韓国語で作成している。外国人の増加による業務の変化はそれほどないが、引っ越しごみを残し帰国するなどのトラブルが若干起きているとのことであった。また、調査協力者個人の外国人に対する意識の変容について聞いたところ、アルバイトとしてごみ収集に携わっていた外国人留学生と一緒に仕事をするなかで、徐々に外国人に対するハードルが下がっていき、外国人に対する偏見がなくなったと述べている。

(2) 元市役所外国人登録担当職員へのインタビューから

　APU が開学した当時、外国人登録を担当していたのは、6 〜 7 年のニュー

ヨーク在住経験をもつ外国人との接触経験が非常に豊富な職員であった。この職員は外国人への支援や市の国際化に貢献することを自身のライフワークと考えており、部署が変わった後も外国人への支援活動を続けている。したがって、この職員には外国人の増加による意識の変容などは見られなかった。この職員はAPU開学以来、住民への啓蒙活動を地道に続けており、この活動が地域住民と外国人留学生との良好な関係構築の一助となっていると思われる。

（3）消防本部職員へのインタビューから

　消防本部では、日本語が通じない場合のコミュニケーションに対する不安から、APU開学に備え英語の講習会を行ってきた。しかし、実際の救急搬送や消防業務において言語に関わるトラブルはないとのことである。これまで外国人からの119番通報はすべて日本語で行われており、日本語のできない外国人は日本語ができる友人等に依頼し通報を行っていると思われる。業務の変化としては、火の取り扱いが心配だというアパートの所有者からの相談に対応する等の変化がある程度で、大きな変化は見られない。数年前から外国人留学生を交え、町内会で消防訓練を実施している地区があるが、まだそれ程多くはないとのことであった。調査協力者個人の外国人への意識の変容について聞いたところ、身内に外国人と結婚した人がいることや父親が英語教員であったことから特に意識の変化はないとのことであった。また、調査協力者からは、大学に地域のシンクタンクとしての役割を期待するというようなコメントもあり、外国人留学生が所属する各大学とのより積極的な連携を望んでいることがうかがわれた。

（4）警察署担当者へのインタビューから

　警察としては、外国人留学生が関わった過去の重大事件を機に外国人留学生が所属する教育機関と連携をとるよう努力しているとのことであった。一般的に、個人情報保護の観点やさまざまな理由から、警察と教育機関との情報共有は難しいと思われるが、可能な範囲で外国人留学生が所属する教育機関との協力関係構築に努力していることがうかがわれた。また、「一般市民からの苦情や通報は数えきれないほどあるが、実際に事件として扱った件数を見てみると思ったほど治安の悪化は招いていないというのが実感である」

と述べたうえで、個人的な意見としながら、「年配の方たちには『経済政策の一環のために市民を犠牲にするのか』ということを言う人もおり、国籍による偏見も根強いので、直接接する機会を増やせばいいのではないか」と外国人留学生と市民とのよりよい関係構築のための意見を述べていた。

3.3　まとめ

インタビューから、地域の発展のために大学を誘致し、積極的に外国人を受け入れようと努力する人々の姿が浮かびあがった。一方で、賛成派の陰に隠れ、あまり声を聞くことができなかった反対派の意見も垣間見ることができた。

偏見の逓減に関する研究でよく知られている Allport（1954）は、共通の目標をもち、対等な立場で接触が行われた場合に偏見が軽減されると述べているが、「外国人留学生と一緒に仕事をするなかで、徐々に外国人に対するハードルが下がっていき、外国人に対する偏見がなくなった」という意見は、接触経験が意識の変容をもたらしたという点で、Allport（1954）が示した先行研究と共通すると言える。

インタビューを通し、別府市では外国人との良好な関係を築くために献身的に努力してきた人々に支えられ多文化共生が進められてきたことがわかった。その一方で、外国人への偏見を払拭できないまま声をあげられずにいる住民も少なからず存在する事実も明らかとなった。このような人々の声を拾い上げ、より多くの人々の納得を得られるような多文化共生施策のあり方を模索することが今後の課題であろう。

4.　アルバイト先へのインタビュー調査

外国人留学生は、教室での学習だけではなく、大学や行政が行うさまざまな交流事業に参加したり、地域社会でアルバイトやボランティア活動を行ったりしながら、地域社会の一員として生活している。本章では、外国人留学生の学外での活動に注目し、友好な関係を築いている 3 つのケースを取り上げ、外国人留学生が地域社会の中で円滑に活動を続けていくためには何が必要なのかを考える[6]。

4.1　調査の概要

　外国人留学生が地域社会で行うアルバイトやボランティア活動のなかで、住民との関係性により、求められるものにどのような違いがあるのかを調べるため、接触の状況や業種が異なる3つのケースを取り上げ調査を実施した。ひとつ目は、初めて外国人留学生を採用した福祉施設で、外国人留学生との接触がこれまでほとんどなかったケースである。2つ目は、別府市の主な産業であるホテルなどの観光業に多くの外国人留学生が従事していることから、10年ほど前から外国人留学生を雇用している観光施設を取り上げた。3つ目のケースは、外国人留学生が自国の文化の中で身に付けた能力を見込まれて始まった文化教室である。それぞれのケースで、外国人留学生と接点のある担当者に対し、2013年7月、半構造化インタビューおよび、そのSCAT分析（大谷, 2007）を行った。

4.2　調査の結果

　以下の各節で、それぞれのケースごとに調査結果をまとめる。

（1）福祉施設での調査から

　日本人と同じ仕事内容を行うことが要求されるため、採用では極めて高いレベルの日本語能力と過去の経験が評価される。施設の方針により共通語が理解、使用できることが望ましいとされており、利用者とのコミュニケーションにおいても方言の使用は必要とされていない。日本人と同じような反応や対応が求められ、十分に対応できていない場合は指導を受ける。施設で求められることに適応できることが良好な関係を続けていくうえで重要な要素となっており、また、言葉だけでなく、相手の反応や顔の表情などで、必要なことを理解し、判断できることも重要な要素となっている。この施設の調査協力者には、アルバイトをしているのが外国人であるという意識は薄く、接触による外国人に対する意識の変容は見られなかった。

（2）観光施設での調査から

　観光施設は、接客を伴う仕事が多いことから、日本人と同じような所作や反応が要求されることが多く、仕事中の指示や客の要望を理解することが必要であるため、採用の際には、最低限の日本語を理解する能力が求められる。

さらに、さまざまな地域から客を迎えるため、方言の理解もある程度要求され、その不足を補うために、事業所が日本語の講習を実施するケースがみられた。日本語のレベルが上がれば、複雑な仕事を任されるようになる。

　観光施設で、外国人留学生とともに働く調査協力者へのインタビューから、この調査協力者の外国人に対するイメージが、職場の外国人留学生から受ける印象をもとに形成されていることが見てとれた。外国人留学生への肯定的な意識が外国人に対する意識に影響を与えていることがうかがわれる。また、この調査協力者は、外国人留学生と接するうち外国語に関心を持つようになり、外国人留学生の母国に何度も旅行しているという。外国人留学生との接触が、外国や外国人に対する意識に変容をもたらし、行動にも影響を与えているのである。

(3) 文化教室での調査から

　別府市では、外国人留学生が母国の文化やスポーツなどを市民に教える文化教室が開かれている。このような教室には、もともと外国人留学生の母国の文化やスポーツに強い関心を持っている人が集まると思われる。調査協力者はインタビューで、この教室に通うことにより、外国人留学生に対し尊敬の念を抱くとともに、より親しみを持つようになったと語っている。当該の教室では、英語と日本語と外国人留学生の母語が使用されており、外国人留学生の日本語のレベルは教室運営上問われることはないが、外国人留学生にとって有益な情報を日本人の側から提供する際には、日本語が使用されることが多いという。これは、情報の複雑さと情報提供者の英語力のバランスの問題によると思われる。

4.3　まとめ

　調査の結果、求められる日本語レベルは業種によって異なるが、業種に関わらず、当該の組織が求める業務への適応力や察する力、気遣いが評価されており、日本語以外の点で評価されるのは適応力や察する力であることが明らかとなった。また、日本人の側に外国人留学生との関わりから異文化に対する関心が生まれるなど、意識の変容が見られることがわかった。インタビューで日本人との比較や言語以外の問題点を聞いたところ、3者ともにマナーや礼節について言及していたことから、日本人は外国人と接する際に相

手のマナーを観察していることがうかがわれた。

　今回取り上げた 3 つのケースだけで、結果を一般化することは難しいが、良好な関係構築への手がかりになるのではないかと思われる。

5. 住居管理者へのインタビュー調査

　外国人留学生は大学の寮のほか、市内の賃貸住宅に居住し、地域社会の一員として生活している。外国人留学生の住居をめぐっては、栖原 (1996) が、賃貸に関わる保証人制度や外国人というだけで不動産屋に取り合ってもらえないなど、さまざまな問題を指摘しているが、人口に対する外国人留学生の割合が日本一である別府市においても、外国人留学生と住居の問題は非常に重要な問題であるといえるであろう。また、多文化共生を考えるうえで、外国人留学生をはじめとする外国人が、住環境を基盤として、どのように地域社会と接しているのかについて、その現状を知ることは不可欠である。特に、住環境の中で外国人留学生と接し、彼らにとって最も身近な存在であり、地域社会との接点ともなっている住居管理者（大家や管理会社担当者など）との関係に目を向けることは非常に意義があると思われる。そこで、本研究では、外国人留学生を入居させ直接接してきた住居管理者、および、外国人留学生の入居を希望していない住居管理者を対象にインタビューを行い、外国人留学生を入居させるか否かをどのように判断しているのか、また、外国人留学生と住居管理者との接触の実態、外国人留学生が地域社会の一員として生活していくうえで住居管理者が果たしている役割、さらに外国人留学生と接する中で住居管理者自身に生じた外国人に対する意識の変容について調査を行った。

　本章では、その調査の概要と結果について述べる[7]。

5.1　調査の概要

　外国人居住地における住居管理者（大家や管理会社担当者など）の役割に関する研究には、石黒・後藤・佐藤 (2011) がある。石黒他 (2011) では、管理形態の違いにより、大家を在住型と管理会社型に分類し、外国人居住地域における大家の管理業務の実態や大家の管理外支援活動および大家が果たしている役割について考察している。石黒他 (2011) によると、在住型大家は

外国人居住者に対し住居関連の諸問題について直接指導を行うとともに日常的にコミュニケーションをとり、ときには病院の手配をするなど管理外支援活動も行っていることが明らかとなっている。

　本調査では、別府市における外国人留学生の実際の住居の状況および石黒他（2011）の事例から、外国人留学生の入居を許可している住居管理者（大家や管理会社担当者など）をホームステイ型、同敷地内居住型、管理会社型の 3 つに分け、さらに外国人留学生の入居を許可していない住居管理者（大家）を未許可型とし、合わせて 4 つのタイプの住居管理者に半構造化インタビューを実施した。インタビューは録音、文字化したうえで SCAT 分析を行った。インタビューの対象は、ホームステイ型が 1 名、同敷地内居住型が 2 件 3 名、管理会社型が 2 名、未許可型が 1 名の計 7 名である。インタビューは 2015 年 12 月から 2016 年 3 月に実施した。

5.2　調査の結果

　半構造化インタビューの SCAT 分析の結果を入居可否の理由、外国人留学生との関係、住居管理者（大家や管理会社担当者など）の意識の変容という視点から表 3 にまとめた。

　分析の結果、外国人留学生の受け入れをしている住居管理者は、管理形態にかかわらず外国人留学生に生活に関する直接的な指導を行っていることが明らかとなった。石黒他（2011）が新宿区で行った調査では、管理会社型の大家は直接指導を行っていなかったので、この点は先行研究と異なる。

　外国人に対する意識の変容については、入居を許可している住居管理者（大家や管理会社担当者など）は、日常的に外国人留学生と身近に接することで外国人留学生への特別視が軽減され、外国人に対する意識に変容が見られることがうかがわれた。一方で、未許可型は、先入観から外国人留学生の入居を希望していないこと、行政や教育機関がルール指導を行ったり、トラブルの際には積極的に介入したりすることを求めていることがわかった。

　調査では、外国人留学生入居のきっかけが、外国人留学生が大家個人に直接入居交渉を行い、大家がその外国人留学生の人柄に惹かれ許諾したというケースがあることや大家自身の経験やタイミングが受け入れに大きく影響しているケースがあることがわかった。入居を承諾する際の判断材料としては、外国人だからというより、その外国人留学生本人の人間性に依るところが大

表 3　管理形態と外国人留学生との関係

	ホームステイ型	同敷地内居住型	管理会社型	未許可型
留学生入居可否の理由、きっかけ	偶然の出会い 相性	過去の経験やタイミングが受け入れに大きく影響	大学建設時からの関わり	家賃交渉や騒音等トラブルの元になるため不可 外国人教職員は可
接触状況 直接指導の内容	家族の一員 店の手伝い 留学生がどう見えるかを考えてマナーを指導	一緒に食事、家具等を手配 住環境を守るためのモラルや規律に関する指導	トラブル時の対応、見回り時にコミュニケーション 家賃未納、ごみ問題、約束を守る等の指導	過去のトラブルの印象を引きずり外国人との接触はほとんどない
大家が果たしている役割	店の手伝いを通し留学生が地域社会の一員として溶け込む 日本語のリソース	地域コミュニティへの足がかり 日本語のリソース	要所を押さえたコミュニケーションによる外国人からの信頼	トラブルの際には行政や大学が窓口になるべきだという考え
大家のキャラクター	偶然の出会いから家族同然の絆を形成 面倒見がよい	住民の環境を守ることができるかどうかが大切だという信念 出会いを楽しむ	海外経験により外国人を意識しない 出会いを楽しむ余裕	親の代で成功し手広く不動産経営 修理等は自分自身で行う
接触による意識の変容	同じ感情を持つ存在という気づき 賞賛	居住している外国人留学生や日本人学生への賞賛 接した外国人留学生と同じ大学や国籍の学生にも評価を拡大	もともと外国人に慣れており、変容はみられない	日本に来たら日本の文化や風習に従うべきだという考え

きいということができる。また、外国人留学生と住居管理者（大家や管理会社担当者など）との接触の状況は、管理形態により多少異なるが、接触がまったくないということはなく、管理会社による管理形態で複数の社員が関わるケースから、大家個人と家族のような関係を形成し毎日のように一緒に食事をとるケースまであることが明らかとなった。

　さらに、外国人留学生が地域社会の一員として生活していくうえで大家がどのような役割を果たしているのかについては、外国人留学生が地域社会の一員として生活していくための足がかりとなっており、大家が重要な役割を果たしていることがわかった。

　外国人留学生と接する中で、大家自身に生じた外国人に対する意識の変容については、管理会社型の場合、担当者自身に豊富な海外経験があったため、特に顕著な意識の変容は見られなかったが、ホームステイ型および同敷地内居住型の場合、大きな気づきがあったことをインタビューで述べており、意識の変容が起きていることがうかがえた。

5.3　まとめ

　調査の結果、別府市では住居管理者と外国人留学生との関係が非常に濃密であることがうかがわれた。しかし、一方で、外国人に対する偏見を払拭することができず、外国人留学生の入居を拒んでいる大家がいることも事実である。

　Allport (1954) は、人種や宗教など異なる外集団と共通の目標をもち、対等な立場で接触が行われた場合に偏見が軽減され、制度的な支援のもとで共通の利害を認知してその接触が行われた場合にはさらに効果が高まるとしたが、大槻 (2006) は 2003 年日本版総合的社会調査を分析し、個人レベルでは、外国人を見かける、あいさつを交わす程度の「接触仮説」の条件を満たさないような接触でも外国人に対する偏見・排外意識が低減される一方で、地域レベルでは、外国人人口比率が上がると偏見・排外意識を抱く傾向があることを明らかにしている。

　別府市においては、第 6 章で述べるように外国人比率の上昇による接触の増加と外国人に対する否定的な意識との相関はなく、これは国際観光都市として発展してきた別府市の地域的特性が影響していると考えられるが、第 3 章で述べたように、多くの関係者の努力の賜物であるという側面もあると思

われる。大学は、さまざまな面でサポートをしており、行政機関をはじめ地域メディアが外国人留学生の活動やイベントを積極的に取り上げるなど、地域住民と外国人留学生との良好な関係を促進するべく情報を発信していることが、外国人留学生の受け入れにも影響しているのではないだろうか。このような状況の一方で、外国人留学生の受け入れを希望していない大家が、過去の外国人とのトラブルの印象を抱えたまま、町で見かける程度の接触以外、外国人との接触がほとんどなく、先入観から外国人留学生の入居を拒んでいること、大学側のサポート体制についても不安を持っていることが明らかとなった。日常的に外国人留学生と濃密な接触がある人々が外国人に対する意識を変えている一方で、その機会がない人の中では、先入観や偏見がそのまま滞留しているといえる。

　多文化共生社会構築のためには、より広範な層において相互理解の機会が設けられることが重要であると思われる。また、賃貸住宅経営者が安心して外国人留学生の入居を許可できるようにするため、外国人留学生が所属する教育機関や行政のサポート体制の確立と貸主側への周知も必要であろう。多文化共生において、日々外国人留学生と接する住居管理者がホスト社会の一員として果たす役割は非常に大きく、外国人留学生のためにも賃貸住宅経営者のためにも十分な体制が整えられることが求められる。

6.　住民への質問紙による意識調査

　別府市では、急激に外国人が増加したことにより、住民が外国人と接触する機会が増加したと思われる。本章では、住民の外国人との接触に関する意識および外国人や外国文化に対する意識の変容について考える[8]。

6.1　調査の概要

　2014 年 8 月から 2015 年 3 月にかけて、別府市の日本人の住民 280 人を対象に対面式で質問紙調査を実施した。

　質問紙は、外国・外国文化への関心や憧れ（6 項目）、外国人との接触（5 項目）、外国人に対する否定的な意識（4 項目）の 3 つのカテゴリー（計15 項目）で構成される。

　それぞれの項目について APU 開学前および現在（調査時点）の意識を 6

段階評定で聞いた。外国人に対する否定的な意識を反転項目として集計し、統計処理を行った。

6.2　調査の結果

　住民と外国人との接触に関する 5 項目の結果を表 4 にまとめた。

表 4　開学前と現在の外国人との接触に関する意識への回答

	平均	全く思わない	思わない	あまり思わない	少し思う	思う	強く思う	不明
外国人を見かける機会が多い	2.66	80 (30%)	68 (24%)	50 (18%)	35 (13%)	21 (8%)	21 (8%)	2 (1%)
	4.81	6 (2%)	14 (5%)	12 (4%)	54 (19%)	95 (34%)	93 (33%)	6 (2%)
職場や学校にたくさん外国人がいる	2.17	105 (38%)	85 (30%)	49 (18%)	18 (6%)	13 (5%)	7 (3%)	3 (1%)
	3.19	66 (24%)	51 (18%)	30 (11%)	57 (20%)	37 (13%)	35 (13%)	4 (1%)
近所にたくさん外国人が住んでいる	2.01	126 (45%)	80 (29%)	30 (11%)	18 (6%)	14 (5%)	5 (2%)	7 (3%)
	2.78	72 (26%)	67 (24%)	51 (18%)	43 (15%)	28 (10%)	17 (6%)	2 (1%)
外国人と話す機会が多い	1.99	145 (52%)	58 (21%)	27 (10%)	25 (9%)	11 (4%)	8 (3%)	6 (2%)
	3.02	68 (24%)	43 (15%)	52 (19%)	62 (22%)	33 (12%)	19 (7%)	3 (1%)
外国人の友達が多い	1.88	162 (58%)	48 (17%)	25 (9%)	21 (8%)	13 (5%)	6 (2%)	5 (2%)
	2.38	115 (41%)	53 (19%)	40 (14%)	40 (14%)	20 (7%)	10 (4%)	2 (1%)

上段：開学前、下段：現在（調査時点）

　いずれの項目でも、開学前と比べて接触が多くなっていると住民が認識していることが示されている。現在（調査時点）の平均値を見ると「見かける機会が多い」「職場や学校にたくさんいる」「話す機会が多い」「近所にたくさん住んでいる」「友達が多い」の順で接触を認識していることがわかる。

　つぎに APU 開学前と現在（調査時点）の住民の意識を検証するために 3 つのカテゴリー内の項目を合計し、その平均値を使用して、カテゴリーごとに t 検定を行った結果を表 5 に示す。

表 5　開学前と現在の地域住民の意識の平均値と SD および t 検定の結果

	開学前		現在（調査時点）		t 値
	M	SD	M	SD	
外国・外国文化への関心や憧れ	3.09	1.13	3.22	1.16	2.66**
外国人との接触	2.10	0.96	3.19	1.09	15.4***
外国人に対する否定的な意識	4.80	0.92	5.14	0.82	7.83***

** p＜.01，*** p＜.001

　外国・外国文化への関心や憧れ（t = 2.66, df = 252, p＜.01）、外国人との接触（t =15.4, df = 256, p＜.001）、外国人に対する否定的な意識（t = 7.83, df = 263, p＜.001）、いずれのカテゴリーでも有意な差が確認できた。平均値を見るとすべてのカテゴリーで現在（調査時点）の数値が開学前を上回っていた。特に数値の高い外国人への否定的な意識のうち「外国人が増えることは嫌だ」という質問への回答を表 6 に示す。「全く思わない」と答えた人が開学前 53%、現在（調査時点）58% にのぼり、「嫌だ」と回答した人は開学前 6%、現在（調査時点）5% であった。表 5 と合わせて見ると、外国人との接触がそれほど多くない開学前から外国人に対する否定的な意識は強く持っていなかったことがうかがえる。また、接触が増えた現在（調査時点）もその傾向は変わらず、否定的な意識はさらに弱くなっている。

表 6　開学前と現在の「外国人が増えることは嫌だ」への回答

	平均	全く思わない	思わない	あまり思わない	少し思う	思う	強く思う	不明
外国人が増えることは嫌だ	5.23	148 (53%)	69 (25%)	41 (15%)	10 (4%)	4 (1%)	3 (1%)	5 (2%)
	5.28	161 (58%)	62 (22%)	32 (14%)	9 (3%)	4 (1%)	4 (1%)	2 (1%)

上段：開学前、下段：現在（調査時点）

表 7　開学前と現在の地域住民の意識の相関係数

	関心や憧れ	接触	否定的な意識
関心や憧れ	－	.50**	.01
	－	.56**	.00
接触		－	-.11
		－	-.10
否定的な意識			－
			－

** p＜ .01　　　　上段：開学前、下段：現在（調査時）

　各カテゴリーの関係を見るために開学前、現在（調査時点）のピアソンの相関関係を求めたところ、表 7 に示すような結果になった。外国・外国文化への関心や憧れと外国人との接触の間には、開学前（r = .50, p < .01）、現在（調査時点）（r = .56, p < .01）のいずれも有意な正の相関が示されたが、外国人に対する否定的な意識と外国人との接触および外国・外国文化への関心や憧れの間には相関が見られなかった。つまり、外国・外国文化への関心や憧れがある人は外国人との接触が多い、あるいは外国人との接触が多い人は外国・外国文化への関心や憧れが強いことがわかったが、外国人との接触および外国・外国文化への関心や憧れが外国人に対する否定的な意識に影響を与えてはいないといえる。

6.3　まとめ

　以上の結果から、APU 開学に伴う外国人の急激な増加により、別府市の日本人住民は外国人との接触が増えていると感じていたことがわかった。接触の内容を見ると、外国人を見かけるだけではなく、労働や学びの場の共有や会話などの直接的な接触も増えていると認識しており、日本人住民と外国人住民の共生が進んでいることがうかがえる。そして、外国人との接触の増加は外国人に対する否定的な意識には影響しておらず、この点においては、大槻（2006）との相違が見られる。大槻（2006）では外国人を見かけたり、あいさつを交わしたりする程度の接触でも日本社会では外国人に対する偏見

や排外意識が軽減するとしていたが、別府市における調査では接触と否定的な意識との相関は見られなかった。接触に関わらず、外国人への否定的な意識が軽減していたといえ、これは、別府市における外国人との接触が直接的なものだけではなく間接的な接触機会も多いからではないかと思われる。APU開学は別府市の積極的な誘致によって実現したが、計画段階では反対運動もあり、その対策のために、説明会の実施や地元メディアと連携するなどして世論を動かし実現に至ったという経緯がある（篠崎, 2012）。現在でも地元メディアがAPUのイベントや外国人留学生の地域での活動を頻繁に取り上げており、直接的な接触はなくても、このような間接的な接触を通じて地域住民にAPUと外国人留学生の存在が認知されるようになり、地域で外国人留学生を受け入れる空気が醸成され、肯定的な意識が高まったのではないだろうか。反対に、小林（2012）の調査では、外国人に関する主要な情報源であるメディアの報道姿勢が強く影響し、外国人の増加と治安の悪化は実態よりもイメージが先行する傾向が見られたという。直接外国人と接することが少ない場合、メディアなどを通じた間接的接触も外国人に対する意識の形成に影響すると考えられる。また、大槻（2006）で報告されている外国人が多い地域で高くなる外国人への偏見や排外意識は、別府市では見られなかった。設問や調査方法が異なるため単純な比較はできないが、外国人との接触が多い地方の都市で調査を行った小林（2012）によると外国人増加に反対と答えた人が稚内市25%、旧新湊市44.2%であったのに対し、本調査では開学前6%、現在（調査時点）5%と非常に低かった。調査の時点ですでに開学から10年以上の時間が経過しており、回答者の「開学前の意識」と「現時点から振り返った開学前の意識」にずれが生じた可能性があることは否めないが、少なくとも開学後に外国人への偏見や否定的な意識が悪化してはいない。この理由のひとつには、別府市が国際観光都市であり長く外国人観光客を受け入れてきたという特性があると思われるが、別府市で急増した外国人のほとんどが積極的に誘致した大学の「留学生」であることから、受け入れ機関への信頼の影響も大きいと思われる。

　外国人留学生の場合、受け入れ機関である大学等の教育機関がオリエンテーションなどを行い、日本での生活を円滑に始めるためのサポートをすることが一般的である。また、外国人留学生が関わるトラブルが起こった場合には、受け入れ機関が処理や指導を行う。さらに、外国人留学生同士のコミュ

ニティがあり、先輩が新入生をサポートする仕組みも確立されているところが多い。加えて、APU では入学後の 1 年間は大学に併設された学生寮に住むことが義務付けられており、その間に地域のルールやマナーを学ぶことができる。このようなことから、比較的スムーズに地域の生活に溶け込むことができるのではないだろうか。第 3 章で述べたように、消防通報での言語トラブルはなく、市民から警察署への苦情や通報は多いが実際には治安の悪化にはつながっておらず、このような点が地域住民が抱く外国人への否定的な意識の軽減につながるのではないかと思われる。

7. まとめと考察

　外国人集住地域については、多くの研究が行われているが、本稿で述べた別府市のケースは、図 1 で示したように、日本人社会の中に外国人コミュニティが形成されるという形ではなく、多様な国籍の外国人留学生がそれぞれ個々に地域コミュニティの一員となり、そこで生活し、数年で帰国していくという点で他の地域のケースと異なっていると思われる。

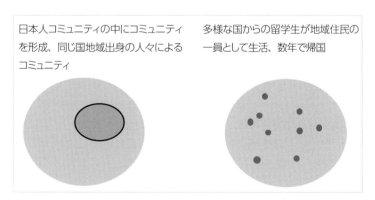

図 1　外国人集住地域のイメージ

　大学の誘致による外国人留学生の増加は、人口に対する外国人留学生の比率を大幅に上昇させ、実に全国平均の 26 倍となり、この急激な環境の変化は多数派である日本人の側に、意識の変容をもたらしたと考えられる。このような別府市の状況は、「留学生 30 万人計画」をはじめとする日本政府のさ

まざまな政策により在留外国人が増加するなか、今後いかに多文化共生社会を実現していくかを考えるうえで大きな示唆を与えてくれる可能性がある。

　総務省の多文化共生の推進に関する研究会報告書では、多文化共生を「国籍や民族などの異なる人々が、互いの文化的ちがいを認め合い、対等な関係を築こうとしながら、地域社会の構成員として共に生きていくこと」と定義している[9]。

　別府市では、さまざまな国からの外国人留学生が、それぞれ個々に地域コミュニティの一員となり生活し、コンビニやスーパーだけでなく、観光施設や福祉施設、ごみ収集作業等のさまざまな業種でアルバイトをしながら、地域の消防訓練に参加したり、文化教室で自国の文化を教える講師となったりして地域社会に溶け込み活動している。また、ホスト側の日本人住民は、外国人との接触が増えたと感じつつも、それが外国人への否定的な感情にはつながっておらず、ときには、直接接する外国人留学生から受ける印象により、外国や外国人に対する気づきを生んでいる。このように、ホスト側である日本人住民に、外国人に対する肯定的な意識の変容が見られたという事実は、住民と外国人の共生が成功していることを示しているのではないかと思われる。成功の要因には、在住外国人が「留学生」という受け入れ機関の十分なサポートが得られる立場であることや、別府市が国際観光都市として古くから外国人を受け入れてきた地域であるという地域特性があげられよう。また、大学誘致を積極的に行ってきた行政機関が積極的に市民に働きかけてきたこと、そして地域メディアが頻繁に外国人留学生の活動を取り上げてきたことも要因であろう。

　このように「国籍や民族などの異なる人々が、互いの文化的ちがいを認め合い、対等な関係を築こうとしながら、地域社会の構成員として共に生きていく」ためには、外国人住民への十分なサポート、行政機関の日本人の側への積極的な働きかけ、メディアの情報発信のあり方などが重要な役割を果たすと思われ、今後の日本社会が、このような点について十分な対応をしていくことが望まれる。

＊　本稿は JSPS 科研費課題番号 26580102（研究代表者：松井一美）で行った調査研究の一部をまとめ、加筆修正したものである。研究分担者の板橋民子氏、吉里さち子氏に深く感謝する。

注

1) 法務省「平成 30 年末現在における在留外国人数について」[http://www.moj.go.jp/
nyuukokukanri/kouhou/nyuukokukanri04_00081.html] (2019 年 12 月 10 日閲覧)
2) 独立行政法人日本学生支援機構「外国人留学生の増加数及び伸び率」[https://www.
jasso.go.jp/about/statistics/intl_student_e/2017/ref17_01.html] (2019 年 12 月 10 日
閲覧)
3) 文部科学省「留学生 30 万人計画」骨子の策定について)[http://www.mext.go.jp/a_
menu/koutou/ryugaku/1420758.html] (2019 年 12 月 10 日閲覧)
4) 朝日新聞　2014 年 11 月 19 日付大分県版朝刊　「別府市　留学生日本一だった」別府
市ホームページ「別府市の人口」[https://www.city.beppu.oita.jp/sisei/sinogaiyou/
detail11.html] (2016 年 7 月 17 日閲覧)
5) 第 3 章は 2014 年 11 月に多文化関係学会第 13 回年次大会において発表した内容をも
とにしたものである。
6) 第 4 章は 2013 年 9 月に日本語教育方法研究会において共同発表した内容をもとにした
ものである。尚、本研究は 2013 年度立命館アジア太平洋大学学術助成を受けた「イン
ターアクションを取り入れた言語教育の可能性の検証―総合型インターアクション学
習モデルの構築に向けて―」(代表者：本田明子) として行った研究の一部である。
7) 第 5 章は 2016 年 10 月に多文化関係学会第 15 回年次大会において共同発表した内容
をもとにしたものである。
8) 第 6 章は 2015 年 11 月に多文化関係学会第 14 回年次大会において共同発表した内容
をもとにしたものである。
9) 　総務省 (2006)「多文化共生の推進に関する研究会報告書～地域における多文化共生の
推進に向けて～」[https://www.soumu.go.jp/kokusai/pdf/sonota_b5.pdf] (2020 年 3
月 17 日閲覧)

参考文献

石黒雅之・後藤春彦・佐藤宏亮 (2011).「外国人居住地域における大家の役割に関する考察
　　―新宿区大久保地区の木造集合住宅を対象として―」『公益社団法人日本都市計画学
　　会　都市計画論文集』46(3), pp. 1027-1032.
板橋民子・松井一美・吉里さち子 (2015).「留学生の増加による地域住民の意識の変容　―
　　外国人住民との接触と意識に関するアンケート調査から―」『多文化関係学会第 14
　　回年次大会抄録集』pp. 105-108.
大分県・別府市 (2010).「大学誘致に伴う波及効果の検証～立命館アジア太平洋大学 (APU)
　　開学 10 周年を迎えて～」[http://www.pref.oita.jp/soshiki/10111/seisakukikakuhan.
　　html] (2013 年 8 月 5 日閲覧)
大谷尚 (2007).「4 ステップコーディングによる質的データ分析手法 SCAT の提案　―着手
　　しやすく小規模データにも適用可能な理論化の手続き―」『名古屋大学大学院教育発
　　達科学研究科紀要 (教育科学)』54(2), pp. 27-44.
大槻茂実 (2006).「外国人接触と外国人意識　JGSS ― 2003 データによる接触仮説の再検
　　討」『日本版 General Social Survey 研究論文集』5, pp. 149-159.

小林真生 (2012).『日本の地域社会における対外国人意識　北海道稚内市と富山県旧新湊市を事例として』福村出版 .

佐藤由利子 (編)(2012).『地域活性化を目指した留学生受け入れ・交流・ネットワークの仕組みづくり—課題解決の取り組みと社会的変化の横断的分析—』(2010~2012 年度トヨタ財団研究助成　助成番号 D10-R-0470 報告書).

篠崎裕二 (2012).「立命館アジア太平洋大学 (APU) と別府市・大分県：新大学設置と地域社会の国際化について」佐藤由利子 (編),『地域活性化を目指した留学生受け入れ・交流・ネットワークの仕組みづくり —課題解決の取り組みと社会的変化の横断的分析−』(2010 〜 2012 年度　トヨタ財団研究助成　助成番号 D10-R-0470 報告書) pp. 38-46.

栖原暁 (1996).『アジア人留学生の壁』日本放送出版協会 .

松井一美・板橋民子・吉里さち子 (2013).「地域社会は日本語学習者に何を求めているのか：アルバイト先での半構造化インタビューの SCAT 分析から」『日本語教育方法研究会誌』20 (2). pp. 12-13.

松井一美 (2014).「大学誘致に伴う外国人留学生の増加と住民の意識の変容—現場担当者へのインタビューから見えてきたこと—」『多文化関係学会第 13 回年次大会プログラム』pp. 84-85.

松井一美・板橋民子・吉里さち子 (2016).「別府市における外国人留学生と住居大家との接触の状況及び大家の意識の変容について」『多文化関係学会第 15 回年次大会プログラム』pp. 88-91.

Allport, G. W. (1954). *The Nature of Prejudice*. Mass: Addison-Wesley. (原谷達夫・野村昭 (訳) (1961).『偏見の心理』培風館 .)

3 ホームステイにおける 日本語コミュニケーションの躓き
―週末型短期ホームステイにおいて留学生は困難を感じるか―

秋定美帆

1. はじめに

　日本へ来る多くの留学生は、日本社会に興味を持ち、日本語・日本文化を勉強したいと思っている[1]。留学生がホームステイをすると、日本人と文化体験をしながら日本語を使う機会が得られる。ホームステイは複数の目的を達成できる一挙両得の滞在形態だと言える。

　また、ホームステイのような草の根交流は、大きな視点で見ても有意義である。文部科学省の留学生政策懇談会の一次報告 (1997) には、留学生交流の意義として、「第一に（中略）、諸外国の学生が交流し、異なった文化や社会を体験することは、我が国と諸外国の間の友好信頼関係を築くことに大きく貢献する」と述べられている。学生同士の交流は留学中自然に発生する。さらにホームステイをすれば、学生間交流以上に留学生に日本の文化や社会を体験してもらうことができる。それは、文部科学省の意図する日本と諸外国の友好信頼関係進展に寄与し、やがては世界の平和にも貢献する。

　しかし、実際にホームステイを行うとなると、留学生の脳裏にはさまざまな不安がよぎる。筆者がコーディネートするホームステイプログラムの参加者たちからは、実施前、特に日本語についての不安がよく聞かれる。留学生は日本語で伝えたいことが伝えられずあきらめて気まずい思いをしたり、誤解して問題を起こしてしまったりするのではないだろうかと心配しているのである。日本語がわからないために意思疎通がうまくできず、誤解が重なり、心証を悪くするようでは、友好信頼関係構築の機会も失われてしまう。

　本稿では、これからホームステイする留学生が抱く疑問に答え、参加者間の友好信頼関係構築のため、大分県玖珠郡九重町（くすぐんここのえまち）で行われている留学生の週末型短期ホームステイ中の日本語によるコミュニ

ケーションの詳細を分析する。

2.　日本におけるホームステイについての先行研究と調査課題

　これまで、いくつかの研究が日本における留学生のホームステイの改善に向けてアンケートなどの調査結果を分析している。

　鹿浦・武田（2000）は、ホームステイを体験した日本人学生と留学生にそれぞれどんな問題を抱えているかアンケートを行い比較分析した。その結果、留学生はコミュニケーションの型の違いにより不満・ストレスを感じ、そのことが言語学習意欲を低下させ、学習にも影響しているとした。日本人のホームステイ経験者は「相手に自分を合わせ」「間接的な表現を好み」「表情で理解する」のに対して、留学生は「個人を尊重」し「言語による表現を重視」し、「対等な人間関係での自己主張」をするという。

　鹿浦（2007）はホームステイ後の参加者アンケートに、留学生の日本語学習効果を高めるためのヒントやアドバイスを求めた。そこでは同じ事象について肯定的にとらえる場合と否定的にとらえる場合があることから、「お互いに自発的なコミュニケーションを図っていけば誤解、わだかまりも解け、スムーズな関係が結べ、そのことが日本語学習効果ももたらしていくことに繋がっていく。もしお互いに変だ、失礼だと感じた場合、それを異文化の違いのせいだとあきらめないで、お互いの文化や生活習慣を知り、理解し合う努力が求められる」としている。また、留学生の日本語レベルが一定以上であると、言語的なポライトネスの問題が生じ、「この留学生は失礼だという評価をしてしまいがちだ」という。しかしスピーチレベルなどはホームステイで習得しにくく、日本語教員の支援が必要だとしている。

　手塚（1991）は「ホームステイは、数日から一ヵ月程度の短期のものと、二、三ヵ月から一年あるいはそれ以上の長期のものに分けられる。短期の場合は、留学生の方も受け入れ家庭の方も、楽しい思い出を残しながら終わることが多いようである」と述べている。

　楽しい思い出を残しながら終わることは、長期より短期の場合、特に大切であろう。長期ではホームステイ中に苦しいことも乗り越えて友好信頼関係を築くことが可能であるのに対し、短期では苦しいことを経験した後の関係修復の時間がない。また、楽しい思い出がなければ、ホームステイが終わっ

た後、友好信頼関係を築くまで交流を続けることも難しい。

　日本における数日の短期ホームステイの活動報告としては、廣田・岡 (2008) などがあり、「ホームステイは、留学生の日本文化・社会への理解を深めると共に、地域住民の国際化を促して、大学の地域貢献の一端を担うことにもつながる」と述べられている。

　これらホームステイについての先行研究は、ほとんどインタビューまたはアンケート調査によって成果や困難を明らかにしている。しかし、インタビューやアンケートの回答は被調査者の自覚的なことのみになる。また、記述式の設問では回答は簡略化されがちである。さらに、回答者が特定されそうな調査環境ではネガティブな回答は出にくいであろう。

　そこで、本稿では週末型短期ホームステイ中のコミュニケーションについて客観的かつ具体的に調査するため、従来のアンケート調査に加えて、録音された会話音声の分析に取り組む。また、それがホームステイの思い出にどのように影響を与えるかも考える。会話音声の分析により、参加者当人たちに意識されなかったコミュニケーションの実態も浮き彫りになるだろう。

3. 九重町におけるホームステイ事業概要

　大分県玖珠郡九重町では、2014 年から毎年 1 度、立命館アジア太平洋大学 (APU) から留学生を迎え、2 泊 3 日または 3 泊 4 日の短期ホームステイ事業「九重町 APU ホームステイプログラム」を行っている。

　九重町は、現在人口 9 千人ほどで、外国人人口は数えるほどである。観光資源に恵まれているため観光客は多いが、ほとんどが通過型観光客であり、インバウンドによる国際交流も盛んとは言いにくい。

　一方 APU は在学生の半数を留学生が占める国際大学である。その留学生の割合の高さと、市の中心部から離れた立地などにより、一部の留学生は日本人との交流が少ないと感じている。

　そこで、2014 年のプログラム開始当時 APU 日本語教員であった筆者と九重町社会教育課の公民館・文化センターグループでは、以下のような目標を掲げて [2] ホームステイプログラムを立ち上げた。

(1) 町民に国際理解の機会を提供する

(2) 留学生に日本文化理解の機会を提供する

(3) 町民、留学生双方の外国語活動の機会を提供する

(4) 留学生に九重町のよさを知ってもらう

(5) 九重町と APU の連携強化に寄与する[3]

(6) 草の根国際交流をもって世界平和に寄与する

受け入れ家庭を募る際は、(1) や (3) の意識が高い層を意識して、小学校児童または中学校生徒がいる家庭を対象とした[4]。

留学生は、比較的来日してから年数が浅く、学生寮に居住しているため日本人との交流が少ない層を募集の中心とした。日本語学習時間は 400 時間程度の参加者が多い。多くの参加者が日本語の実戦練習を期待しており、ホームステイ中の家庭内の会話は基本的にすべて日本語で行われている。

毎回 2 泊 3 日か 3 泊 4 日のショートホームステイで、これまでのところ全 4 回実施し[5]、ホストファミリーはのべ 23 戸（異なり数で 19 戸）、留学生は 10 カ国から 24 人の参加があった。

4. 調査資料

調査資料は、ホームステイ実施後のアンケート、および、留学生がホストファミリーの車で移動している間の会話音声である。九重町は人口密度が低く公共交通機関の利用が少ないため、少なくとも初日と最終日の集合場所への行き帰りは自家用車での送迎が発生する。九重町民にとって自家用車は生活の足であるから運転には慣れている。運転慣れした受け入れ家族と、ゲストである留学生が同乗すれば、自然と車内での会話が発生する。さらに、車中は密閉空間で雑音も入りにくく、録音に適した環境である。

車中録音の協力依頼の結果、18 組から全 5 時間 30 分 1 秒の音声を得た。最終日は集合場所へ向かう前に観光をする家族が多く、録音には、その観光中の会話も含まれている。

アンケートの質問は、留学生とホストファミリーで異なる。アンケート回収率は留学生が 24 名中 21 名からで 87.5%、ホストファミリーが述べ 23 戸中 21 戸で 95.8% である。

5.　結果と分析

5.1　アンケートから見る留学生の日本語コミュニケーションの躓き

　まず、留学生アンケートの「大変だったことや、困ったことがあったら、書いてください」という設問の自由記述回答を見る。

　結果、21名の回答中10名のものが「ない」または空欄であった。「大変だったこと／困ったこと」を回答したうちの4名は、ホストファミリーと過ごしている時間外のことについて[6]回答しており、ホストファミリーといるときに困ったことがないという者が14名で多数派であった。

　下記は「ない」とされた以外の全回答である。

---

a.　**ホストファミリーとは関係がないこと**
- 日本語がへたなのに日本人のかのじょうができたとき。
- 発表は大変でした。それに中学校の教室にいるとき、迷惑をかける気がして困りました。
- 8am から 4pm までかっこうにいます。じかんがながいです。
- 中学校に日本語で授業を受けたはちょっとたいへんだった。

b.　**ホストの子どもが静かすぎる／元気すぎる**
- 子ども達がげんきすぎでちょっとつかれましたけど、おもしろかったです。
- ホストファミリーは友だちのファミリと比べて、ちょっと大変です。家もちょっと大変だし、お母さんもいないし、お父さんはとても忙しいです。高校生の子どもは恥ずかしすぎて、自分の部屋から全然出なかった、話は今まで2回しかありません。いつもお父さんだけ話すことができたようです。
- むすめさんがぜんぜん話しくなくて困ったんです。
- My host sister is so quiet, she rarely open the conversation and my japanese ability made me did it so little too.

---

c.　**お風呂や衛生用品について**

・最後のホームステイの日にシャワーのあたたかい水をどう変わるかわからなかったし、ご家族にも聞かなかったので、冷たい水でシャワーを浴びました。ちょっと困りました。

・せいりが出て来て困りました。お母さんに言う時とてもはずかしかったです。

d.　**日本語コミュニケーションについて**

・大変だったことは良くねましたか、いつも日本語で話したり、聞いたりするのでよくわかるためにきんちょうしていましたから早くねむくなりました。困ったことは日本語がわからない時全部質問したらいい会話ができないのでわからなかった時もわかっているのようにしたことがあります。

　ホストファミリーといるときに「大変だった／困った」を見ると、「b．ホストの子どもが静かすぎる／元気すぎる」という回答が4名、「c．お風呂や衛生用品について」回答した者が2名で、明確に「d．日本語コミュニケーションについて」回答した者は1名だけである。その1名の回答を具体的にみると、「日本語のコミュニケーションに緊張して眠くなった」また「わからない日本語を全部聞くと会話の内容が損なわれてしまうためにわかったふりをした」というもので、日本語がわからないためにコミュニケーションができなくなってしまったというわけではない。

　しかし、日本語が不自由であるためにコミュニケーションに躓くケースはほとんどないとは言いきれない。なぜなら、「b．ホストの子どもが静かすぎる／元気すぎる」と分類した回答の中に「自分の日本語力の低さも子どもとの会話を少なくした」というものがあり、ここでは「d．日本語コミュニケーションについて」の回答と同様、日本語力の低さが困難を招いているからである。こう回答した留学生は参加者の中で最も日本語学習歴が短い1人であり、円滑なコミュニケーションをするには、やはりある程度の日本語力が必要だとも考えられる。

　なお、この設問以外のアンケートの回答は全体的に「楽しかった」という内容のものが非常に多く、ネガティブな記述は非常に少なかった。2章の先

行研究において引用した手塚 (1991) の言うように、短期ホームステイでは楽しい思い出を残しながら終わるケースが多かった。

5.2　録音された会話音声の中での日本語コミュニケーションの躓き

　ここからは、会話の録音音声の分析を試みる。アンケートでは、日本語の不自由さが困難をもたらしたという回答は少なく、「楽しかった」という回答が多かったが、実際、会話の中で、日本語によるコミュニケーションの失敗はあまりないのだろうか。あるいは、日本語で言いたいことが伝えられなくても、楽しい思い出作りを阻害することはないのだろうか。

　全 5 時間 30 分 1 秒の音声の中に、会話の本題の流れとは別に日本語がわからずやり取りをする場面は 37 件あった。しかし、そのうち 35 件は、言葉の言い換えや辞書を使うなどしてその場で解決されていた。よって、この35 件は留学生に「困ったこと」として記憶されることはない。アンケートに「ホームステイの間に覚えた新しい日本語」として書かれた日本語表現の習得の様子が録音されている例もあった。生きた学習経験は楽しい思い出として残る。

　しかし、留学生が日本語の意味がわからないことを表明しているにもかかわらずその場では解決されなかったケースが 2 件あった。また、言いたいことがわからないという表明がないまま話が続くが、戸惑いや行き違い、会話を続けることへのあきらめなどが感じられた場面が 5 件あった。ここではそれら合わせて 7 件を、「ａ．後に解決」された場面、「ｂ．誤解されたまま会話が進む」場面、「ｃ．放置」されて終わってしまった場面の 3 つに分けて詳細を見る。

　これら 7 件のケースは、どのような経緯で、発生し、解決したりしなかったりするのだろうか。アンケートに日本語のコミュニケーションに躓いた経験として多く語られることがないのはなぜなのだろうか。アンケートの記述も合わせて見ていく。

　なお、この後の会話スクリプトの話者記号は、「Ｓ」が留学生、「Ｈ」がホストを表す。「Ｓ／Ｈ」に続く数字はそれぞれ留学生識別番号とホストファミリー識別番号で、「Ｈ 0000」の後に小文字アルファベットがついている場合は、ホストファミリー内の話者識別記号である。その他の記号は宇佐美 (2015) を用いた。

a. 後に解決

　まず、その場では誤解やあきらめが生じているが、後で解決されることになる 2 つのケースを見てみよう。

【ケース 1】

H1405a	：	蛇とか大丈夫なん？　そん、白ヘビ。
S1405	：	ああ [よくわからない返事]。
H1405b	：	見れるよ、蛇。
H1405a	：	見てみる？　白ヘビ見る？。
S1405	：	これ [「白ヘビ」を置き換えたか] はなんですか。
H1405a	：	白へびは、やっぱ願いをかなえてくれるとか（ふーん）、けっこう幸運になるっていう（うん）、言われてるんよ、日本では。
S1405	：	ふーん。
		［中略］
H1405a	：	あのー、ちょうど、なんか（はい）、そこに白ヘビをだけん（ふーん）、祭ってるところがあるんよ。
H1405a	：	見てみる？。
S1405	：	はい。
H1405a	：	韓国にそういうあれがないんやったら珍しいかもね。
S1405	：	うーん。
H1405a	：	あたしあんまちょっと苦手なんやけど（〈笑い〉）。
		［中略］
H1405a	：	わたしあんまり、あんまり、白ヘビになんかあれや（うん）けん…。
S1405	：	しろへび？。
H1405a	：	うん、やってる [営業しているの意] んよね、車あるけん。
H1405a	：	こういう感じでね、中におるんよ、白ヘビが。
S1405	：	はい。

　これは、最終日、自宅から集合場所へ向かうまでの自由時間に観光を楽しんでいる場面である。

　S1405 の「これはなんですか」に対し、H1405a は眼前の施設の説明をしている。実は S1405 は当時文脈指示の指示代名詞の使用規則を学習していない。「白ヘビ」は初めて聞く言葉なのでリピートを避けて指示代名詞を使ったが、その選択を間違えた結果、「これはなんですか」で「白ヘビ」の意味を聞こうとしている。S1405 のその発話意図は伝わらなかったようだ。その後の「しろへび？」も言葉の意味がわからないことを改めて表明しているのかもしれないが、「白ヘビ」の意味を問うているのではなく H1405a の恐れている対象が「白ヘビ」かどうか確認するような発言とも考えられる。結果

として、「白ヘビ」という言葉自体の意味説明はなされないまま施設へ向かうことになった。

　S1405は施設内を見て「白ヘビ」を理解し、後にアンケートに「"しろい動物はしんせい物だ"について聞きましたので印象的な物でした」と書いている。ホームステイでは、意味がわからない日本語があっても、ホストと一緒に行動することで現物を見ながら学ぶことができる。日本語を学んだり使ったりする場としてホームステイを期待している場合、これはいい経験として残ることだろう。

【ケース2】

S1501	：	最近はあの、大分県のプロモーショナルビデオを撮っています。
		［中略］
S1501	：	そのために、友達と、大分県のいろいろなところに〈行きました〉{〈。
H1501a	：	〈あー、〉{〉}行ってみたい?。
S1501	：	はい。
H1501b	：	竜門の滝。
S1501	：	え?。
H1501b	：	竜門の滝。
H1501c	：	竜門の滝とか【【。
H1501b	：	】】大つり橋。
H1501b	：	夢大つり橋。
S1501	：	え?。
H1501b	：	知らんかあ。
H1501c	：	つり橋は?。
H1501a	：	えー、行く。
H1501c	：	行く行く。
H1501a	：	行こうか、ちゅてゆってて、あの、パンフレットに載ってた（あー）、つり橋?。
H1501c	：	長いつり橋。
S1501	：	あー、あー、それ聞いたことがある（うんうんうん）。
H1501a	：	夢大つり橋。
H1501b	：	あと竜門のお滝さん。
H1501a	：	滝はなんちゅうんでしょ?英語で滝はなんちゅうん?。
H1501c	：	滝?。
H1501a	：	〈笑い〉（あー）ワイヤーみたいなあの滝は、わーっちゅう滝はなんち言うん?。
H1501c	：	知らん。
H1501a	：	英語でなんち言うん〈笑い〉?。
H1501b	：	ウォーターなんとか。
H1501c	：	ウォーター違うくね?。
S1501	：	ん?。
H1501b	：	もういいや、行けばいいやろ。

　これは、ホストファミリーが初日に集合場所へ留学生を迎えに来て、自宅へ連れて帰る際に最終日にどこを観光するか話している場面である。

　そこで、「滝」を英語で説明しようとしたもののホストファミリーの3人は皆英単語を思い出せず、最後は「行けばわかる」としてあきらめてしまった。この会話の前、ホストの子どもたち (H1501b, 同 c) がアニメのタイトルを並べて、アニメが好きな S1501 に知っているかどうか問う場面があった。アニメが海外で放送される場合タイトルも翻訳されてしまうので、アニメの内容を話せば S1501 も知っているかもしれないのだが、多くのアニメについて何度も内容説明を繰り返すことはせず、タイトルだけ言ってわからない場合あきらめて次の話を始めていた。そのため、滝の話でもあきらめが早く、S1501 も話を途中で切り上げられることに抵抗が小さかったと思われる。

　ここでは意味がわからないまま終わっているが、S1501 は最終日の観光で滝を見て理解する。これは【ケース1】同様、体験・交流・学習という複数の目的が同時に達成できるケースで、初めはわからない日本語があったことはネガティブな思い出として残らない。S1501 はアンケートで「ホームステイはとてもよかった」「もっと長くできればよかった」と回答している。

b. 誤解したまま話が進む

　次に、日本語がわからないことの表明はないが、会話の流れが不自然なケースを4件取り上げる。なんらかの誤解が生じたまま、会話が進んでいく。

【ケース3】
S1802　：　引っ越しをします。
H1802　：　そうですか、へー。
H1802　：　1人で、1人で?、住む、住みますか。
S1802　：　あー、1人じゃない。
S1802　：　わたしの（うん）国の友だち、（ふーん）と、いっしょに ,,
H1802　：　一緒に住む、〈ね〉 {〈}?。
S1802　：　〈一緒に〉 {}} 住んでいます。
S1802　：　あー、2人。
S1802　：　わたしの友だちは2人です（あー）。
H1802　：　じゃあ3人?一緒に。
S1802　：　はい、3人、3人一緒に住んでいます。
H1802　：　そうなんだ?。
S1802　：　でも、あー、1人は（うん）、今インドネシアにいます（あ）。
H1802　：　そうなんだ?。

S1802　：　インドネシアにいます。
S1802　：　にあるばん（うん）、アルバイトが忙しいです。
H1802　：　へー、そっかー。
H1802　：　え、っと、インドネシアから、日本に、来ますか。
S1802　：　はい、はい、うーん、じゅう、14、14、9月 „
H1802　：　9月の14日。
S1802　：　14日、から、来ます。
H1802　：　で、いっしょに、住みますか。
S1802　：　はい。
H1802　：　ふーん、楽しみー？。
S1802　：　I hope so、I hope soはー、（うん）日本語で、（うんうん）どうやって…?（あー
　　　　　　そうだねー）。
H1802　：　うーん、えー、なんていうかなー。

　　これは、初日に集合場所からホストの家へと車で向かう場面である。
S1802は日本語学習歴が300時間に満たず、英単語に頼りがちだ。S1802は
この日までに「楽しい」という語は勉強しているが、「楽しみ」という単語
を勉強したことがない。それで、H1802の「楽しみー？」の意味が理解できず、
"hope so." と答えている。そして「"I hope so" は日本語で」何かという質
問が続く。H1802は、その質問にとっさに答えられなかったため、この後
意識は "I hope so." の日本語訳に向かい、友だちが戻ってきた後一緒に暮
らすのが楽しみかどうかという会話の内容は放置されてしまった。
　　このペアでは上記【ケース3】の会話の前も後も、簡単な英単語を日本語
でどのように言うかというやり取りが何度も行われていた。会話が止まって
気まずくなることはないが、言いたいことにたどり着くまでに時間を要する。
また、言葉の言い換えが繰り返され、発話意図の誤解が放置されれば、会話
の内容は深まらない。
　　アンケートからの分析も試みる。S1802は「プログラムに参加してよかっ
たと思うか」という質問に「b. よかった」と答えた。ほとんどの留学生が「a. と
てもよかった」と答えた [7] 中、S1902はなぜ「a. とてもよかった」を選ばなかっ
たのだろうか。アンケートの回答は全体的にポジティブだったが、ホームス
テイ終了時、S1802には他の留学生以上の疲れも見えた。【ケース3】に見
られるようにコミュニケーションに手間がかかると、ホームステイは楽しい
だけではなく、大きな負担を強いるものに感じるだろう。【ケース3】では、
S1802に行き違いの自覚はなく、これがホームステイの印象に影響を与えた

わけではない。しかし、ホームステイ中、日本語のやりとりに疲れる実態を
ここに見ることができた。

【ケース4】

S1410　　：わたしは（うん）、あのー（うん）、この短い時間が（うん）、いっしょ、生
　　　　　　活したら（うん）、あー、どう思いますか。

H1410a　：あ、いっしょに生活したら？。

S1410　　：うん、はい。

H1410a　：あ、あ、あ、あ、い、いっしょに生活をしたら、うーん、うーん、わたしの、
　　　　　　うーん、子どもみたいな感じで（笑い）、生活できると思います。

S1410　　：はー。

H1410a　：うーん、いろいろ。

H1410a　：そのときは、いろいろ買い物を手伝ってもらったり、掃除をしてもらったり、
　　　　　　（うん）まだ、日本の生活をよく知ってもらえたら、うまくいくと思います。

S1410　　：うーん。

S1410　　：「H1410c」「H1410c」くん、,,

H1410b　：何?。

S1410　　：わたしはどんな人だと思う?。

　　これは最終日、ホストファミリーの家から集合場所へみんなで向かってい
る場面である。

　　実はS1410はホームステイ中、子どもと留守番になる時間が長く不満を
感じており、寂しかった思いをこの車中で伝えようと勇気を出してH1410a
に話しかけている。そのため、最初の質問はおそらく「一緒に生活してみて
どうでしたか」と、まずホスト側の感想を聞こうとしたものだ。

　　しかし、日本語の文法が正しく組み立てられず、「もし一緒に生活したら
どうか」という文脈でH1410aが答える形になった。S1410は、自分の質問
が間違っているという自覚はない様子で、H1410aの答えが納得いくもので
はなかったが、自分の意見の枕になるような内容を求めて、次の質問へと向
かっていく。そして、この後自分の残念だった思いを伝え、H1410一家の
普段の過酷な生活実態を聞く。

　　S1410はアンケートの「プログラムに参加してよかったと思うか」という
質問の答えとして「b.よかった」を選んだ。そしてその理由に「楽しかった。
ほんとん（原文ママ）に特別な経験でした。皆さんのそんなに楽しくて、暖
かい経験じゃなくて、最初に悲しい気持ちがあって、最後に感動の気持ちに

なりました。心から感謝しました。」と書いてある。これは【ケース 4】に
続く会話の中での H1410a の話を受けてのものだろう。その話を聞くために
は、実は【ケース 4】の質問の誤解は一役買っているところがある。そう考
えると、このケースの言語的誤解は、困ったこととは言えず、結果的にはむ
しろ、ホームステイ全体の印象を向上させる呼び水であった。

【ケース 5】

H1803b　：　あー、ネップ・モイというのは、新米で造った【｛。
H1803a　：　｝】お酒のこと？。
S1803　 ：　はい、という。
H1803b　：　あー、じゃ、米焼酎みたいなもん（はい）、かな？。
H1803b　：　度数も高いでしょ？でも。
S1803　 ：　え？いえ、それほど高くない。
H1803b　：　あ、度数はそんなに高くない？。
S1803　 ：　はい。
H1803b　：　あ、あの、アルコールがきつい？。
S1803　 ：　あーでも、他のものと比べて、（うん）ちょっと高い。
H1803b　：　うん。
S1803　 ：　でもなんか、日本のお酒と比べて、あまり高くないです。
H1803b　：　あ、そうなんやね（はい）。
H1803b　：　なんか焼酎ていうイメージやったけん、25 度とかあるんかなー（あー）と思っ
　　　　　　　て（はい）。
S1803　 　　そうそうそうそうそう。
H1803b　：　アルコール度数。
S1803　 ：　でも、でも、ベトナムで、梅酒という感じ、なんか、5 度とか 10 度とかあ
　　　　　　　まりない。
H1803b　：　あ、そうなんやね。
S1803　 ：　はい、だから、日本へ来たらその、その梅酒とか（うん）、あったらうん、
　　　　　　　いいなー、なんか、お酒が飲みたいとき、でもあんまり飲みすぎる、たくな
　　　　　　　い？（うん）でもあんまりいっぱい飲またくない？（うん）飲みたくないから、
　　　　　　　うんそれ、いいねー。
H1803b　：　そっか、けっこう度数がきついんかと思った。
H1803a　：　ぜんぜんお客おらんじゃん [車外の店を見ながら]。
H1803a　：　じゃ、むこうは、そんなにきつくないんや。
H1803a　：　ロシアとかさみいとこほうがきついんや。
H1803b　：　きついねー。
H1803a　：　ねー。
H1803b　：　ウォッカとか＜ある＞{＜}。
H1803a　：　＜そうそうそう＞{＞} ウォッカとかね。

　これは最終日に家から集合場所へ向かう車内の会話である。H1803は以前にもベトナム人の留学生を受け入れたことがあるためベトナムの酒「ネップ・モイ」を知っており、S1803は驚く。それから「ネップ・モイ」の意味の話になったところから記述している。

　このケースではS1803の発話意図がわかりにくく、ホストファミリーは、「梅酒」の話を聞き流して、「ネップ・モイはそれほどアルコール度数が高くない」というところだけを切り取って話しているようだ。

　ここでの聞き流しはS1803の日本語のつたなさについて追い詰めないようにしていることが感じられる。このような聞き流しは母語話者と非母語話者の会話でしばしば見られ、相手のフェイスを脅かさないように問題を回避するものだ。この行動により、ここで留学生とホストファミリーの友好関係が保たれている。

　しかし、本当の家族のような気のおけない間柄では、発話意図がわからない発言を放置することは少ないだろう。つまり、【ケース5】は、ホストファミリーと留学生の関係がそれほど深まっていないことの表れだと考えることもできる。S1803とホストファミリーは友好的な関係ではあるが、衝突を乗り越えて信頼を深めていくには至っていない。

【ケース6】

S1502 　　　：なんか、短い時間ですが、お世話になりました。ほんとにありがとうございます。
H1502c　　：いえいえ。
H1502a　　：ははは〈笑い〉、かしこまって言うのもね、変な感じだけどね。
H1502c　　：なんか、もっと時間があると、もうちょっといろんなとこ回れたけどね。
H1502a　　：短いね。
H1502b　　：ていうか、もう家族みたいな感じになってるよ。
H1502a　　：もうもう一日、せめてもう一日あると、（うん）よかったね。
S1502 　　　：だけど、こ、（うん）今度は最後じゃない、と思います。
S1502 　　　：ひま、また、時間とか、休み（うんうんうん）、ぜひ、戻りたいけど、あの、迷惑とか、かけますか、もう一度、もう一度…。
H1502c　　：うん、あの、気にしないで、来て。
S1502 　　　：じゃ。
H1502b　　：シルバーウィーク、時間空いてたら海釣りにも行きたいし。
　　　　　　　［中略　H1502a,b,cだけでS1502に関係ない話1分ほど］
S1502 　　　：この時間、この間なんか、毎日、おいしいものを食べて、幸せです。
H1502a　　：あはは〈笑い〉。

S1502　　：あの、わたし、あの、別府にいるとき、1 人で食べるとき、（うん）た、食べ
　　　　　　物がおいしくてもさび寂しくて、食欲がないから。
H1502a　：あ、1 人でね食べてるから。
S1502　　：だから、このホームステイ、とても楽しかったです。
H1502a　：そうだよね、1 人だもんね。
S1502　　：まあ、九重町好きになってしまいました。
H1502b　：そういえば、ホームステイって、（うん）これが何回目？。
S1502　　：はい、初めてなんです。
H1502b　：初めて。
S1502　　：だけど、今度、まあ、ホームステイとかしない、しないと思います。
S1502　　：なぜか、というと、「H1502 姓」さん、一番いいホームステイなんです。
H1502a　：うん（あー）。
S1502　　：だから、もう一度ホームステイする、ことはない、かなあ。
H1502a　：そうなの？ 4 年間のうち、1 回しかできないの？（うん）自分で行きたいっ
　　　　　　て言えばできるのかな？。
S1502　　：はい、そうです、行きたいなら、（うーん）何度も行ける、（あ）でしょう？。
H1502a　：そういうことはできるのか。
H1502c　：いろんなところで、たぶん、大分県内でも、こんな感じで、受け入れたりな
　　　　　　んたりしてるところがあると思う。
S1502　　：機会がたくさん、ある。
S1502　　：けど…。
H1502c　：そういうの、いいよね。
H1502c　：お互いにたぶんいいことな気がする。
S1502　　：あー、そうですね、うれしいです。
H1502b　：それに別府やけん、ホームステイじゃなくて、会えるし。
　　　　　　［中略　H1502a,b 駐車スペースについて話すなど 15 秒ほど］
S1502　　：もう一度言いたいけど、もう一度言いたいけど、一番です。
S1502　　：一番すいませんなことは、おいしいもの、食べ物です。
H1502a　：あははは〈笑い〉。
S1502　　：本当です。
H1502a　：日本食が好きでよかったなって思うよね。
S1502　　：お母さんそう、上手。
H1502a　：上手？よかった。
H1502b　：あはは〈笑い〉。
H1502a　：でも、ごくごく普通に食べてる、料理だったんだけど。
H1502c　：だから、全然特別なことはしてないよね。
H1502a　：してなかったね〈笑い〉。
S1502　　：だいじょうぶです。

　ここでは最終日、みんなで観光をした後集合場所に着く直前に、留学生
（S1502）が、たどたどしくも情熱的に感謝を語っているのだが、ホストマザー
（H1502a）とホストファーザー（H1502c）は愛情のこもった返答をしていな
い。それどころか、S1502 の「最高のホストファミリーだったからもう他の

ホームステイを経験したいとは思わない」という最上級の感謝表現に対して
「ホームステイは他のところでも行われており、いいことだと思う」という
話題の一般化が行われている。S1502 が最後にもう一度はっきりと感謝を述
べたのは、自分の気持ちが伝わっていないと感じたからであろう。

　しかし、S1502 の日本語は、形式的にも感謝を伝えるに十分な機能を備え
ていたし、ホストの中学生（H1502b）の発言からは気持ちが伝わっていたこ
とがうかがえる。また、ホームステイ実施後のアンケートやホームステイコー
ディネーターである筆者との対面会話で、H1502a が、S1502 が普段は 1 人
でご飯を食べるからおいしくないと言っていたことを涙が出そうな話として
紹介してくれた。したがって、【ケース 6】でホストの両親の口から熱のこもっ
た返答が聞かれなかったのは、涙や照れを隠すためだったと考えられる。

　このように仮定すると、先行研究の鹿浦・武田（2000）がいう「コミュニケー
ションの型の違い」に類する文化の問題がある。それが違うことを身をもっ
て経験することで得られる学びもあるが、週末型短期ホームステイでは違い
を乗り越えて信頼関係を築くまでの時間が限られる。そこで、友好関係に亀
裂を生じさせないために、主催者らのフォローアップがあることが望ましい。
アンケート等で参加者の経験を聞き、必要な場合に事後のケアをしてさらな
る交流を促すことができれば、やがて参加者らが信頼関係を構築することが
できるかもしれない。

c．放置

　他に、発話があったにもかかわらずそれが放置されてしまった例もある。

【ケース 7】

　ある録音では、ホストマザーは留学生が何か質問したことは認識しており、
そのため「風が強い」と発言しているのだが、そのまま両者発話がなくなった。

　しかし、このケースは、留学生の体調不良のため、ホストファミリーが留
学生の自宅まで送り届けているときの録音であるという特殊事情がある。こ
れ以外に発話が放置されてしまったケースがないことから、よほどの事情が
なければ、留学生の発話が放置されることはないようだ。

　なお、【ケース 7】の留学生は【ケース 3】S1802 と同じく日本語学習歴が
300 時間未満で、学校訪問に参加した後、ホストの家に帰ってすぐ体調不良

を訴えている。日中ずっと日本語だけで過ごした負担が大きかったのかもしれない。

6. 考察

　調査の結果、短期ホームステイ中、実は留学生は日本語の会話についてそれほど困っていないことがわかった。実際に会話音声を聞いてみても、コミュニケーションの言語的な行き詰まりやすれ違いはほとんどない。なぜなら、留学生はわからない日本語があるとき、その場で意味を尋ねることで会話の内容を理解していたし、そこにはむしろ新しい言葉を学ぶ喜びも感じられていたからである。

　また、日本語のやりとりに誤解が発生しても、必ずしも交流に悪影響を与えるわけではない。誤解が相互理解を深める話のきっかけになっているような例もあった。

　一方、わずかなコミュニケーションの躓きを詳細に見てみると、日本語力が低い参加者は、コミュニケーションに大きな労力を要することがわかる。また、文化的なコミュニケーションの方法の違いにより、お互いの思いが上手に伝えられないケースもある。

7. おわりに

　ホームステイをする留学生はそれほど日本語コミュニケーションの躓きを恐れる必要はない。あまり日本語能力が高くなくとも、コミュニケーションを図ることはできる。

　だが、日本語学習歴が300時間に満たないような留学生にとっては、たった3、4日といえどもずっと日本語で生活することの負担は大きいようだ。留学生は日本語の学習を積んで、日本語での生活に少し慣れてから参加したほうがよい。ただし、日本語学習歴が浅い留学生がホームステイに参加する際の問題点は彼ら自身が疲れてしまうことであるから、学習歴が短くとも日本滞在歴が長かったり日本人との日本語での会話が日常的で濃厚であったりする場合は、この限りではない。

　日本語コミュニケーション以外の面では、週末だけでは深く信頼がおける

関係を築くに不十分だということを忘れてはいけない。週末型短期ホームステイを実施してみると、短い滞在であるにも関わらず、多くの参加者が涙を見せながら別れを惜しむ。それを目の当たりにすると、週末一緒に過ごしただけだということを忘れがちになる。しかし、週末型短期ホームステイで築かれた友好関係をさらに信頼できる間柄に育てていくためには、その後も交流を続けていくことが必要だ。

また、文化的に気持ちの伝え方が違うことがあるということを意識してホームステイに臨めば、すれ違いに悲観的にならずに済む。

ホームステイのコーディネーターは、これら①日本語力の問題、②継続的交流の必要性、③コミュニケーションの方法の違いについて、参加者を支援することができる。

参加者を選考する機会があれば日本語学習歴を基準のひとつにしたほうがよい。そしてコミュニケーションの方法の違いについて事前に伝え、事後は継続的交流を促すことで、短期ホームステイの友好的な交流を信頼関係構築へ導くべきだ。

本稿は、短期ホームステイに参加する留学生および主催者へいくつかの提言をすることができた。ホストファミリーへの提言については今後の研究課題とする。

注

1) 独立法人日本学生支援機構「私費外国人留学生生活実態調査」https://www.jasso.go.jp/about/statistics/ryuj_chosa/index.html（2021年8月22日閲覧）等を参照されたい。
2) これらの目的は、受け入れ家庭の説明資料に掲載し、参加留学生には準備過程で説明している。
3) 2014年に結ばれた九重町とAPUの友好協定を意識している。
4) 国際理解はしばしば教育と結び付けられ、子どもは教育対象として意識されやすい。また、募集の告知に学校の協力が得られるメリットがある。なお、九重町内に高等学校はない。
5) ホストファミリーになりたいと希望する家庭が少なかったために実施できなかった年もあり、平成26年、27年、28年、30年の4回実施されている。
6) 九重町APUホームステイプログラムには学校訪問が一日組み込まれており、そのために自国紹介の発表などを準備して臨んでいる。それについての記述が4件、また、ホームステイとは関連がないときのでき事が書かれていたものが1件あった。

7)「九重町ホームステイプログラムに参加してよかったと思いますか」という質問に、回答者 21 名中 19 名が「a. とてもよかった」を選んだ。残りの 2 名が【ケース 3】と【ケース 4】の留学生で、「b. よかった」を選んでいる。

参考文献

宇佐美まゆみ (2015).「基本的な文字化の原則 (Basic Transcription System for Japanese: BTSJ) 2015 年改訂版」[https://ninjal-usamilab.info/pdf/btsj/btsj2015.pdf](2021 年 6 月 4 日閲覧)

鹿浦佳子・武田千恵子 (2000).「ホームステイの功罪とホームステイプログラムへの提言」『関西外国語大学留学生別科日本語教育論集』10, pp. 33-50.

鹿浦佳子 (2007).「ホームステイにおける日本語学習の効用：ホームステイ、留学生、日本語教員の視点から」『関西外国語大学留学生別科日本語教育論集』17, pp. 61-112.

手塚千鶴子 (1991).「ホームステイと異文化間コミュニケーション―日本人ホストファミリーからみた留学生の場合―」『異文化間教育』5, pp. 135-144.

原田登美 (2011).「日本で学ぶ留学生のためのホストファミリーによるソーシャル・サポート：ホスト意識調査の自由記述の分析」甲南大学国際言語文化センター（編),『言語と文化』15, pp. 155-178.

廣田陽子・岡益己 (2008).「地域社会における留学生交流支援のあり方―留学生支援ネットワーク・ピーチの交流支援活動を事例として―」『留学生交流・指導研究』10, pp. 135-147.

廣田陽子・岡益己 (2009).「週末型ホームステイ実施方法の改善にむけて」『岡山大学経済学会雑誌』41(3), pp. 1-17.

廣田陽子・岡益己 (2015).「留学生支援ネットワーク・ピーチの活動を振り返って (前) ―週末型ホームステイの実施を中心に―」『岡山大学経済学会雑誌』47(1), pp. 1-14.

廣田陽子・岡益己 (2015).「留学生支援ネットワーク・ピーチの活動を振り返って (後) ―週末型ホームステイの実施を中心に―」『岡山大学経済学会雑誌』47(2), pp. 205-226.

文部科学省 (1997).「今後の留学生政策の基本的方向について（留学生政策懇談会第 一 次 報 告)」[https://www.mext.go.jp/b_menu/shingi/chousa/koutou/015/toushin/970701.htm#01] (2021 年 8 月 22 日閲覧)

4 専門分野別日本語教育のめざすもの
—日本研究を専門とする大学院生を対象とした「文化人類学コース」の実践—

佐藤有理

1. はじめに

本稿では、まず「専門分野別日本語教育」とは何か、その概観を探り、次に筆者の勤務するアメリカ・カナダ大学連合日本研究センター (IUC[1]) で行われている専門分野別日本語教育に注目し、そのコースのひとつである文化人類学コースに焦点をあて、2005-06 年度から 2018-19 年度までの教育実践を紹介する。そのうえで、IUC での専門分野別日本語教育のめざすものを検討し、その意義を考察する。

2. 専門分野別日本語教育とは何か

「専門分野別日本語教育」とは何を指すのか。宇佐美 (2014) は、『専門日本語教育研究』の創刊号から 15 号までの掲載記事を分析している。それによると、初期には特定の学問分野（特に理工系）の論文等に現れる言語形式上の特徴を数量的に明らかにする研究が多く、特定分野における母語話者の言語活動の静的なあり方の研究が中心であったが、2000 年代後半あたりを境に、学ぶ主体である学習者の動的な振る舞いの研究へと中心が大きく移り変わりつつある。例えば、「学習のモデル」となりうる日本語母語話者が書いたものについての実態や特徴をとらえる調査が減少し、学習者の学習・思考プロセスや言語活動の実態・特徴をとらえた調査がその割合を増加させる。また、分野ごと、あるいは言語機能の下位技能ごとに分けた研究が主流の時代から、そのような「分断」を行わず、むしろそれらを「統合」することで相乗的な効果を得ようとする研究[2] が増え、その背景には「人間同士の協働」重視の思想がみられるとしている。つまり、専門分野という何か特殊な分野

にみられる日本語の特徴を浮き彫りにし、それを教育に役立てるという観念から、分野を超えた人間の営みとしての日本語教育という視点への変容が見られる。

　この傾向は日本語教育、ひいては外国語教育全体の傾向と重なる部分もある。佐藤・熊谷 (2017) は、「かかわることば・かかわらないことば」という観点から、外国語教授法・習得理論の変化を明らかにしている。そこでは、文法訳読法、オーディオリンガルメソッドといった教授法を、「かかわらないことば」、すなわち、人との関係構築を考慮しない、無機質、かつ「道具」的で変化せず、それ自体に確固とした意味がすべて含まれないことば、が中心であったとし、コミュニカティブ・アプローチではある種の「かかわることば」の習得をめざしたものでありながらも「情報交換」ということばの機能に集中している点が指摘された。そのうえで、1990 年代以降の複言語主義・複文化主義、第三の文化、トランスリンガル・アプローチについて言及し、主体的あるいは戦略的に「かかわることば」を用いて「社会参加をめざす日本語教育」を提唱している。既存の国家や文化といった枠を超えて能動的に学ぶ学習者を日本語教育という視点からどう育成するかという点に関心が集まっているのである。

　このことは、近年の CLIL（内容言語統合型学習）のすう勢からもうかがえる。「内容 Content」「言語 Communication」「思考 Cognition」「協学 Community」の「4 つの C」を有機的に結び付けパッケージングした CLIL は、CBI（内容中心指導法）と重なる部分も多いが、メソドロジーの背景が異なり、フレームワークが用意されているという点で実用性があるという（池田, 2011）。ヨーロッパの多民族・多文化・多言語を背景に生まれた CLIL では、さまざまな背景を持つ人々との日常的交流・協力を前提とし、他者と経験や意見を共有することでともに学んでいくという「協学」が包括概念として取り込まれている。

　内容重視のアプローチは専門性を有する上級レベルの学習者に対し有効であることは従来から指摘され、IUC でもそれが実践されてきた（立松, 1997; 青木他, 2007）。しかし、特定の学問分野を越えさらに学習者が高次元の学びを得ていくための「統合」という側面や「かかわることば」「協学」という視点から IUC の専門分野別日本語教育を考察したものは見当たらない。そのため、本稿では、「専門分野別」でありながらも、そこにどのよう

な「統合」や他者と「かかわる」「協学」が見られるかという点から、文化
人類学コースを例とし、その実践を振り返る。実践を振り返ることでその自
明性を問い直したい[3]。

3.　実践の概要

3.1　コースの概要

　IUC は、北米の大学院に所属し日本研究を志す大学院生や実務家を対象
に中上級日本語教育を行う機関であり、専門分野別の日本語教育に特徴があ
る。専門分野別コースにあたる「選択 A」は、9 月に始まる 10 カ月間のレ
ギュラーコースの後半にあたる三学期と四学期に開講される。各学生が自身
の専門や関心領域に応じて選択することが可能であり、「文化人類学」「政治・
経済」「歴史」「文学」「法律」「日本学概論」等の中からひとつを選ぶ（佐藤,
2019）。

　このコースは、50 分を 1 コマとし、1 回 2 コマを週に 2 日、三学期に 8 週間、
四学期に 8 週間の計 64 コマ実施される。文化人類学コースは、三学期は、
教師が主導し、その年度の学生の関心領域が重なるテーマを探り、教材を選
定し準備をしたうえで、教師がクラスを組織する。四学期は学生主導とし、
各学生が先生役となり、教材を選定し予習シートや単語表を作成したうえで
クラスを運営する。ただし、すべての準備の段階から教師が関与し、学生が
授業を行うときも教師はクラスに参加し、適宜日本語の運用面を中心に指導
を行う。また、授業終了後はクラス運営についてだけでなく、日本語の運用
面（文法、語彙、発音等）のフィードバックも行っている。次節では、筆者
がこのコースを担当するようになってからの過去 14 年間にわたって、どの
ような内容がクラス内で取り上げられ、またどのような学生が履修してきた
のかを検討する。

3.2　教師主導による三学期の実践内容

表 1　三学期に取り上げたテーマ (2005-06 ～ 2018-19 年度)

年度	テーマ	学生の専門[4] (人数)[合計]
2005-06 年	家族、ナショナリズム、若者と新宗教	文化人類学 (2)、宗教学 (1)、言語学 (1)、教育学 (1)、その他 (1)【計 6 名】
2006-07 年 (2 クラス編成)	スポーツと教育、日本の伝統宗教、宗教における女性の役割	文化人類学 (1)、宗教学 (3)【計 4 名】
	スポーツと教育、青少年犯罪、グローバル化	その他 (5)【計 5 名】
2007-08 年	家族、現代人の宗教意識と行動、現代医療、国際交流、女性と差別、外来語	文化人類学 (1)、医学 (1)、言語学 (1)、文学 (1)、歴史 (1)、その他 (1)【計 6 名】
2008-09 年 (2 クラス編成)	家族、ジェンダー、オタク、麻雀、医療	文化人類学 (2)、社会学 (1)、その他 (1)【計 4 名】
	家族、農業、希望、格差、教養	文化人類学 (1)、社会学 (1)、言語学 (1)、地理学 (1)【計 4 名】
2009-10 年	医療人類学、若者、日系人、インタビュープロジェクト	文化人類学 (2)、その他 (4)【計 6 名】
2010-11 年 (2 クラス編成)	「日本人」と「ネイティヴ」概念の形成、グローバル化、ジェンダーと言語	文化人類学 (1)、環境社会学 (1)、言語学 (1)、教育学 (1)、その他 (1)【計 5 名】
	「日本人」と「ネイティヴ」概念の形成、グローバル化、ジェンダーと言語	文化人類学 (2)、歴史 (1)、メディア・映画 (1)、言語学 (1)、その他 (1)【計 6 名】
2011-12 年	言語と国家、ナショナリズムと民族、ジェンダー、音楽、若者	文化人類学 (1)、民族音楽学 (1)、言語学 (1)、コンピューターサイエンス (1)、その他 (3)【計 7 名】
2012-13 年	フィールドワークと現代テクノロジー、グローバル化、日本人論と若者論、ジェンダー	環境社会学 (1)、文学 (1)、歴史 (1)、その他 (5)【計 8 名】

2013-14年	フィールドワーク、記憶、グローバル化、ジェンダーと宗教、健康	宗教学 (2)、歴史学 (2)、演劇・メディア (1)、地理学 (1)、その他 (2)【計8名】
2014-15年（2クラス編成）	フィールドワークと方法論、近代家族、グローバル化、都市とテクノロジー、文化表象	文化人類学 (2)、社会人類学 (1)、その他 (3)【計6名】
	フィールドワーク、近代家族、性的少数者とジェンダー、言語とナショナリズム	言語学 (3)、文学 (1)、歴史 (1)、その他 (1)【計6名】
2015-16年	フィールドワーク、若者論、少数民族・ジェンダー、グローバル化	文化人類学 (2)、文学 (1)、その他 (1)【計4名】
2016-17年	言語とフィールドワーク、ジェンダー、グローバル化、伝統文化と民族誌	文化人類学 (2)、言語学 (2)、宗教 (1)、政治学 (1)、その他 (4)【計10名】
2017-18年	言語とフィールドワーク、ジェンダー、グローバル化、伝統文化と民族誌	文化人類学 (1)、社会人類学 (1)、文学 (1)、その他 (2)【計5名】
2018-19年	文化人類学（と民俗学）の方法論、当事者研究、テクノロジーと文化、日本文化論とナショナル・アイデンティティ	文化人類学 (4)、社会学 (1)、言語学 (1)、比較文学 (1)、中国文学 (1)、その他 (2)【計10名】

（1）学生の構成

　履修する学生は主に3種類に分けられる。ⅰ）文化人類学や社会学を専攻している大学院生、ⅱ）言語学、宗教学、医学、文学といった近接領域の専門の大学院生、ⅲ）これから文化人類学を専門にしようと考えている、あるいは就職を考えているが文化人類学に関心がある学部卒の学生である。

　このコースの前任者である稲本（2005）の報告では、1990年代後半以降、人類学を専攻する学生が減少し、大学卒業後の専門や進路が定まらない学生が増加しつつあるとあるが、年度によってⅰ）の学生が増減する状態は続いている。履修者が多い場合は、2014-2015年度までは2クラス編成で授業を行ってきたが、その場合、教材準備も2倍となり学生の専門にあわせたきめ細かな指導が難しくなるため、IUCの専門科目としてはやや大人数となる10名といった学生数でも、1クラス編成にしている。

(2) テーマ、教材の選択、授業の進め方

　三学期は、教師が履修を希望した学生にアンケートを実施し、その年度の学生の関心領域の擦り合わせを行い、できるだけ多くの関心領域が包括されるテーマを設定し、教材を選んでいる。そのため、年度によって扱うテーマや内容が異なり、近年は同じ「フィールドワーク」や「グローバル化」というテーマを取り上げていても、実際は年度によって扱う内容と教材は異なる。そのため、例えば 2018-2019 年度では「日本文化論とナショナル・アイデンティティ」のようなくくり方をしても、具体的には「ひきこもり」を取り上げ、それを日本文化論のように語る教材等を選んだ (表 2)。「ひきこもり」が研究対象である学生がいる一方で、「日本人論」を読みたいという他の学生からの希望があり、両者の希望の重なるところとして、斎藤環氏の『ひきこもり文化論』の中の日本人論的な言説が多分に現れている部分を選び、教材とした。

　なお、読解教材は、文章の難易度にもよるが、8 〜 10 ページ前後を 1 回の授業の範囲とし、読む前に意識を喚起する問いと、教材の要旨をおさえるための内容に関する質問による予習シートと、漢字の読み方と英語の意味がリストになった単語表を配布し、授業までに読んでくるように指示をしておく。授業内では、ウオームアップの質問で、その話題に詳しい学生に背景を説明させる等、各学生の既知の知識の共有を図った後、教材の要旨をおさえながら、理解が難しかったところや日本語についての質問を受け付けながら授業を進め、途中や最後に適宜話し合いをする時間を設けている。

表2　2018-19年度　教師主導による授業のテーマと教材の出典

回	テーマ	教材の出典
1	文化人類学と民俗学の方法論	関根康正（2011）「第1章フィールドワークへの招待—写真観察法」日本文化人類学会監修．鏡味治也・関根康正・橋本和也・森山工編『フィールドワーカーズ・ハンドブック』世界思想社
2		今関光雄（2011）「第12章メディアとフィールドワーク」日本文化人類学会監修．鏡味治也・関根康正・橋本和也・森山工編『フィールドワーカーズ・ハンドブック』世界思想社
3		岩本通弥（2012）「総論方法としての記憶 - 民俗学におけるその位相と可能性」岩本通弥編『現代民俗誌の地平3 記憶』朝倉書店
4		川森博司（2012）「記憶から声へ—共同作業としての民族誌の可能性」岩本通弥編『現代民俗誌の地平3 記憶』朝倉書店
5	当時者研究	上岡陽江他（2017）「男性薬物依存症者の当事者研究」『臨床心理学増刊第9号—みんなの当事者研究』金剛出版
6		関水徹平（2016）「「ひきこもり」経験と〈問い〉問いの両義性をめぐって」『「ひきこもり」経験の社会学』左右社
7		
8	校外学習（第8回大倉山国際学生フォーラム横浜2019 横浜市大倉山記念館）	
9	テクノロジーと文化	谷本奈穂（2017）「美容整形というコミュニケーション：外見に関わり合う女性同士」『フォーラム現代社会学』第16号関西社会学会
10		久保明教（2007）「媒介としてのテクノロジー——エンターテインメント・ロボット「アイボ」の開発と受容の過程から」『文化人類学』71/4日本文化人類学会
11	日本人論とナショナル・アイデンティティ	斎藤環（2016）『ひきこもり文化論』（ちくま学芸文庫）筑摩書房
12		
13		伊藤亜人（2017）「韓国朝鮮におけるナショナル・アイデンティティ」川田順造編『ナショナル・アイデンティティを問い直す』山川出版社
14		
15	その他（聖地巡礼）	岡本健（2018）「聖地巡礼」『アニメ聖地巡礼の観光社会学：コンテンツツーリズムのメディア・コミュニケーション分析』法律文化社
16	校外学習（キリンビール工場）	

(3) 写真観察法によるミニ・フィールドワーク

　ここ数年は三学期に「写真観察法」に基づいた「写真報告」をクラス内の最初の 10 分から 20 分で行っている。写真観察法とは、昨今の日本語教育においてとりあげられるデジタル・ストーリーテリングの手法（半沢他, 2019）と重なる部分もあるが、このコースで行っているものはやや趣を異にする 5)。本コースでは関根（2011）の手法にしたがい、「聞くように見る」というスタンスで街を歩き、それについてクラスで報告し話し合いを進めることを目的としている。本来フィールドワークをさせたいところだが、時間や場所の制約上、簡易版フィールドワークとして取り入れている。

　このような活動を取り入れる契機となったのは、2009-2010 年度に授業の一環として実施した「インタビュープロジェクト」である。実際に日本人にインタビューをさせる目的で、メールの書き方やインタビューの進め方を練習した上で、春休み中に日本人にインタビューをする課題を出し、録音したものをクラスで聞いて確認する活動をした。それをきっかけに、学生側から、せっかく日本にいるので、日本に関して各々の学生が感じたことを発表したり紹介したりする機会があってもよいのではないかという提案があった。そのため、2010-2011 年度より「文化を読む」というタイトルで時間を設定し、各学生が興味をもった日本のさまざまな文化的側面を発表するのを担当制とし、一定の時間を設けた。そこから発展し、視覚資料もあったほうがより理解が促進されるということもあり、2012-2013 年度より、「写真観察法」の手法で、原則的には「横浜」の街を、実際に学生が歩いて写真におさめ、それを見せながら報告するという形に落ち着いた。

　写真観察法とは、街を歩きながらすぐに目につくわかりやすいものに着目するのではなく、見過ごしてしまいそうな対象の方から働きかけてくるような「弱いコミュニケーション」のものに耳をすませ、それを写真におさめたうえで、撮影された写真の中から 4 枚を選び、それをクラスで報告する（詳細は関根, 2011 参照）。

　ここでは例として、クラスで実際に報告された中から学生 X の写真を挙げる。X は環境社会学の専門で博士号を取得しており、日本の京町屋に関心をもっていた。そのことから「都市空間の中の緑」というテーマで以下の 4 点の写真を見せながら報告をした。限りある都市の空間で人々が緑を楽しんでいること、ただその一方で街全体の美観の観点や交通法の観点からは「問題」

ととらえられる可能性もあることなどから、個人と社会の利益はどちらが優先されるべきであるか、という問題が提起され、話し合いへとつながった。

写真1　学生Xの写真報告

　この活動の目的は、1)「リアル」な日本社会との接点をつくる、2) 学生が身体を通じて知覚した日本社会・文化について考える、3) 日常空間に「異界」、境界をみつける等があげられる。

　テクノロジーが進んだ今、日本語はどこにいても学習することがかつてほど難しくはなくなりつつある。しかし、IUCの学生のように本国の大学院での研究を一年間中断し、わざわざ日本に来てIUCで日本語を勉強する意義がどこにあるのか。そのひとつとして「リアル」な日本に囲まれることがあることを考え、教室外との接点を活動としてクラスに取り入れたいと考えた。また、文化人類学を専門とする学生を対象としているため、身体知から得られるものを言語化し他の学生と共有し議論をする中で自身にとっての日本文化像のようなものを考えていくための一助となることを期待し、この活動を取り入れている。

3.3 学生主導による四学期の実践内容

四学期は学生が授業を主導する。表 3 に 2018-2019 年度の実践を示した。

表 3　2018-2019 年度　学生主導による授業のテーマと教材の出典

回	担当学生とテーマ、教材の出典
1	学生 A　テーマ：オタク、ファン、萌え 田川隆博 (2009)「オタク分析の方向性」『名古屋文理大学紀要第 9 号』名古屋文理大学
2	学生 B　テーマ：薬物依存、トラウマ、環状島モデル 宮地尚子 (2010)「薬物依存とトラウマ　女性の依存症者を中心に」『現代思想 2010 年 10 月号特集新しい依存症の形』青土社
3	学生 C　テーマ：正義と暴力、反レイシズム、ヘイトスピーチ 野間易通 (2018)「正義をめぐる諸問題」『実録・レイシストをしばき隊：インターネット以降の正義とは何か?』河出書房新社
4	学生 D　テーマ：マンガ、役割語、辺境性 中村一夫二〇〇八年度日本語学ゼミ学生 (2009)「現代日本マンガにおける役割語―ステレオタイプを形成する表現をめぐって―」『国文学論輯』国士舘大学国文学会
5	学生 E　テーマ：ジェンダー、男性アイデンティティ、トランスジェンダー 藤高和輝 (2019)「とり乱しを引き受けること　男性アイデンティティとトランスジェンダー・アイデンティティのあいだで」『現代思想 2019 年 2 月号特集＝「男性学」の現在』青土社
6	学生 F　テーマ：無国籍、アイデンティティ、国籍 陳天璽 (2005)『無国籍』新潮文庫
7	学生 G　テーマ：女性性、コスプレ、マンガ・アニメ 押山美知子 (2012)「マンガ・アニメ、コスプレ―揺らぐ性別分化の現状と課題」北九州市立男女共同参画センター・ムーブ編『ジェンダー白書 8 −ポップカルチャーとジェンダー』明石書店
8	学生 H　テーマ：女性のうつ病、脱ジェンダー化、社会的医療的認識 北中淳子 (2014)「第 6 章鬱、ジェンダー、回復 2 −女性はうつ病をどのように経験してきたか」『うつの医療人類学』日本評論社

9	学生 A　テーマ：大学生の趣味、女性のオタク、キャンパスライフ
	山口晶子 (2015)「大学生の趣味とキャンパスライフ：オタク趣味に関する女子学生へのインタビュー調査から」『The Basis: 武蔵野大学教養教育リサーチセンター紀要』武蔵野大学教養教育リサーチセンター
10	学生 B　テーマ：認知行動療法、教育化、犯罪者と病気性
	平井秀幸 (2015)『刑務所処遇の社会学―認知行動療法・新自由主義的規律・統治性』世織書房
11	学生 C　テーマ：歴史修正主義、サブカルチャー、メディア
	倉橋耕平 (2018)『歴史修正主義とサブカルチャー：90 年代保守言説のメディア文化』青弓社
12	学生 D　テーマ：若者言葉、高・低コンテクスト文化、グローバル化
	井上俊輔・中元祐司・原田知典 (2009)「コンテクストに揺れる日本：若者言葉からみる日本人の現状」『早稲田社会科学総合研究 . 別冊, 2008 年度学生論文集』早稲田大学社会科学学会
13	学生 E　テーマ：美容整形、男らしさ、言説
	澁谷知美 (2018)「仮性包茎手術を正当化する言説の 1970-90 年代における変容―「医療化された男らしさ」概念を手がかりとして―」『東京経済大学人文自然科学論集』(142) pp.87-113 東京経済大学人文自然科学研究会
14	学生 F　テーマ：オーセンティシティ、都市の魂、民族と人種
	シャロン・ズーキン（著）内田奈芳美、真野陽介（翻訳）(2013)「2 つのグローバル化の物語：レッドフックのププサと IKEA」『都市はなぜ魂を失ったか―ジェイコブズ後のニューヨーク論』講談社
15	学生 G　テーマ：家族表象、マンガ・アニメ、性別役割表象
	須川亜紀子 (2014)「アニメ・マンガにみる家族表象とジェンダー問題」『Peace and Culture6 (1)』青山学院大学国際交流共同研究センター
16	学生 H　テーマ：医療人類学、ナラティヴ研究、共約不可能性
	北中淳子 (2019)「医療人類学のナラティヴ研究その功罪と認知症研究における今後の可能性」『N：ナラティヴとケア第 10 号医療人類学―いのちをめぐる冒険』遠見書房

　当該年度は、四学期から学生が 8 名になったため、1 人 2 回ずつクラスを担当し、全 16 回授業を行った。表 3 からわかるように、教師主導の三学期の表 2 と比べて多様なテーマを次々と扱っている。これは、各学生が授業の準備をするのに、時間を要するため、1 回目と 2 回目の間をなるべく空ける

ように日程を調整しているということもある。学生が 2 回担当できるように
しているのは、第 1 回目の反省を踏まえて 2 回目にそれを実践する機会が
あったほうがよいと考えるからだ。

　まず教師は、日程表を作り細かい調整を行う。各学生はそれに沿って、期
日までに、扱う教材の現物を持って教師を訪れ、どの範囲を教材とするかを
相談しなければならない。その後、予習シートと単語表を作成し、教師に提
出する。教師はそれを学生の立場で解き、大意が正しくとれているか、予習
シートの質問は内容的にも日本語的にも適切かどうか、単語表の読み方、意
味は適切かどうか等を確認し、意味が不明なところがあれば学生に確認し訂
正を促す。その訂正された予習シートと単語表を他の学生に配布する。授業
当日は、担当学生が授業を進行し、教師は日本語面を中心に訂正し、授業終
了後に個人的にフィードバックをする。なお、学生が自分で教材を選べない
場合は、学生の関心のあるテーマに関して教師が教材を一緒に探す等、助言
をしている[6]。

　このように学生主導で教材を選ばせ、クラスを運営させることはどのよう
な学習効果があるだろうか。まず、授業を担当する学生は、自身の専門ある
いは関心領域の読みものであるため、専門についての語彙を増やし、予備知
識がない他の学生に背景を説明し、他の分野の学生から新しい視点の意見を
聞く等の機会となる。一方で、担当外の学生にとっては、自分の領域以外の
文献を読むことで、語彙表現の幅が広がり、未知の領域へと知の領域を広げ
ることになる。例えば、学生 B や学生 H の専門は医療人類学であるが、言
語学の学生 D やオタク、アニメといったメディア文化が専門の学生 G といっ
たメンバーと机を並べ、各自の専門的文献を互いに読みあい議論をする場は
一般的な大学のゼミではあまり見られないであろう。

　この「学習の共同体」は、偶然、この年度に IUC に入学し、同じ文化人
類学コースを履修したという偶発性によって支えられており、その意味でも
一度限りの「学習共同体の創造」がなされているといえよう。クラスを構成
する学生の専門や研究対象が何かによって、扱う教材が毎年異なるため、扱
う領域は年度によってかなり異なる。日本を研究対象とするという緩やかな
共通項をもとに、狭義の専門分野の枠を越えた学際的な学習共同体を、日本
語を使って形成することをめざした試み、とも言えるかもしれない。

　それでは、改めてその共同体の創造を日本語教育という外国語教育の観点

から見直してみたい。

4. 専門分野別日本語教育のめざすものとは何か

　本コースでは、学習者個々の専門性や関心領域に寄り添った内容がテーマ
として取り上げられている。このような指導が可能であるのは、IUC 全体
の特徴でもあるが、1) 日本語中上級者であること、2) 1 クラスあたりの学習
者数が 6 名〜 8 名といった少人数制であること、3) 近接の学問領域を専攻
する日本研究の大学院生の割合が高いこと等が、大きく影響していることは
言をまたない。しかし、その一方で、①学習者個人の日本語能力の強みに差
がある（青木, 2016）、②少人数であるため学習者間の情意面で一度うまくい
かなくなると修正が難しい、③自分の専門以外のことには目を向けたがらな
い学習者がいる、等の課題もある。

　課題の①②に関しては、教師がなんらかの支援をすることである程度調整
可能であるが、③に関する対応は難しい。しかし、本コースは専門分野別コー
スの中でも「文化人類学」のコースであり、文化人類学とは、「人間の生活
様式 (way of life) に関する総合的な学問」であり、フィールドワークによっ
て得られた資料と身体知に基づく（桑山, 2019）学問である。それを考慮す
れば、学習者個人の専門領域に対する関心だけでなく、包括的視点が持てる
ような仕掛けを作るべきであると考え、本コースでは、クラスで扱うテーマ
の多様性をむしろ積極的に取り入れている。その多様性によって現代日本に
関するあらゆる社会的・文化的状況を吸収するための素地が形成される機会
ともなり得るからである。「総合的な学問」である以上、自身の狭義の研究
対象だけに固執する姿勢は、その対象の背景にある社会や文化への接近を阻
む。各学習者個人の専門外の多様なテーマに触れる機会が、共に学んでいる
クラスメイトの仲間から提供されるという情意面を持つことで、③のような
固執した考えを乗り越えるのに役立つこともある[7]。

　また、このことは文化人類学コースだけに限られない。日本研究を深める
ための日本語教育という目標を掲げた IUC に来る学習者は、すでになんら
かの日本に関する専門・関心領域があり、個々に「日本文化」像のようなも
のを持って入学してくる。だが、文化とは固定した静的なものではなく、流
動性を帯びた動的なものである。多様な側面から研究対象である日本を見直

すことで、各学習者のもつ「日本文化」像への揺さぶりをかけることは、個々の日本研究を深める一助となろう。川上（2007）は、教室活動を「授業者も含む議論を通じてクラス内で日本文化・社会のイメージを共に練り上げていくプロセス」であるとし、「文化」は個人の認識であるという視点に立った実践の構築から「ことばの教育」を考える動きは、「ポストモダン日本語教育学」の構築をめざす営為であるとしている。

　それでは「統合」「かかわりあうことば」「協学」といった視点から、「ことばの教育」である本コースの実践を考察してみたい。まず、3.2で見たように、三学期は教師が教材選びの段階で学習者の関心領域の擦り合わせを行うことから、それぞれの学習者の関心領域を教師というフィルターを通して「統合」することを試みている。むろん、ここですべての学習者の領域を内包できているとは言えないが、可能な限りそれに近づこうとしている。また、写真観察法の活動を行うことは、教室から離れた「リアル」な異空間である日本社会と学習者との「コミュニケーション」をクラスで扱い、それを他の学習者の前で発表し、議論をすることで、「かかわりあう」機会を提供している。3.3で見た四学期の学生主導によるクラス運営は、教師の緩やかな指導はあるものの、学習者自らが教材やテーマを選び、クラス運営を行うことから、学習者個々の専門領域を越えて互いに学びあう場（協学）が構築されている。以上のことから、「専門分野別」の日本語教育であっても、「分断」をめざすものではなく、日本研究という共通項をもとに、学際的な学習共同体の形成に日本語を使ってアプローチを試みている実践であるとも言えるのではないだろうか。

　しかし、四学期の実践に関しては、しばしば学習者から「学生が選ぶものよりも先生が選んだ読み物のほうが質のよいものが読める」といった声が寄せられる。特に内容に専門性を求める文化人類学が専門の大学院生からであることが多い。ここでの「質のよいもの」とは何か。おそらく学習者にとって「刺激となる」あるいは「その分野で常識として知っておくべき」教材を扱ってほしいということなのであろう。日本語で書かれたその分野の研究に関しては、少なくとも学習者よりは多く接し、どのような語彙や文型が頻出するか、ということを教育経験から知っている（と思われる）教師に、その役割を委ねたいとする学習者の期待がある。たしかにその点で、教師が何を教材として選ぶか、また特に四学期のような学生主導にした場合の助言や支

援の仕方に教師の力量が求められている。

　しかし、教師主導を求める見方は、日本語の母語話者である「教師」は、常に第二言語話者である「学生」より「日本の文化（専門性）」に詳しく「優れて」おり、特権的な力を持つものであるという固定概念に縛られているとも言える。また、3.2 の写真観察法を導入するに至った経緯からもわかるように、学習者からの提案が契機となってクラス活動がより豊かになることもある。前述の川上（2007）の引用にもあるように、教室活動は、教師だけでなく学習者と「共に練り上げる」協働作業であるからだ。特に IUC の学生のような専門性の高い学習者は、自国の大学ですでにティーチングアシスタントをした経験のあるものも多く、それぞれの研究領域に関しては、教師よりもはるかに専門的知識を有している。このそれぞれの学習者のもつ「知」をどのように引き出しクラスで活用していくか、またそれによる学習者間の相互作用をどう活性化させるかは、ファシリテーターとしての教師の役割であり、特に IUC のような専門性の高い大学院生が対象となるコースではその役割が重要であろう。

　IUC における専門分野別の日本語教育では、教師は学習者の専門分野に寄り添い、その専門理解がより深まるための日本語支援をしながら、同時に学際的な学習共同体の形成に寄与していくことをめざしている。しかし、その形成への仕掛けを教師が用意することはできるが、「質のよい読み物」はその場においても求められ、文化人類学を専攻し日本語を学んでいる IUC の学習者にとって、それが何を示すのか、また学習者からの知を引き出し、それを相互作用させるために教師は何ができるのか、について今後も追究していく必要がある。

5.　おわりに

　以上、アメリカ・カナダ大学連合日本研究センターで行われている専門分野日本語教育の文化人類学コースの実践を振り返り、「統合」や他者と「かかわる」「協学」という視点から考察してきた。専門分野別というと、一見その分野に固執し、「分断」を追求しているように見えるが、日本語教育という文脈では、むしろ分野を越えた「統合」をめざし、そこに学際的な共同体が構成される契機となり得ていることがわかった。誤解を恐れず言えば、

日本語という「日本」という国家の枠組みが含まれる視点こそを利用し、専門分野の枠を広げ、そこに新しい視点を持てるような言語教育をめざすことが、専門分野別日本語教育のめざすものであると言えるのではないだろうか。

注

1) Inter-University Center for Japanese Language studies の略称。米国とカナダの日本研究が盛んな研究大学で委員会を構成し管理・運営されている日本語教育・研究機関。事務局はスタンフォード大学にある。1961 年の「スタンフォード・センター」を前身とし 1963 年に北米の 10 の大学を中心に設立された。これまで 2000 人以上の卒業生を輩出しており、日本研究の専門家、政治関係者、実務家として活躍している。
2) 例えば、「書く」や「読む」といった四技能に実践活動を分断してとらえるのではなく、「仕様書を書きながら資料を読む」「報告をしながら質問に答える」といった社会での協働作業を想定した取り組みの重要性が主張されるようになった。
3) 細川 (2010) は実践研究の意義として、内省のきっかけとなる点、実践内容そのものの再検討が生じること、教育を社会にひらく視点が生まれること等をあげている。
4) 在籍時に大学院に所属していない学部卒の学生の専門は「その他」にカウントした。また、厳密には EALC (East Asian Language and Culture) のような東アジア言語文化研究科であっても、学生の自称を優先した。
5) デジタルストーリーでは自らの経験を作品化する (例えば小川 2018) が、写真観察法では作品化は目指していない。
6) かつては、学生が自力で教材を探せるよう、校外学習として図書館ツアーを行っていた。しかし、近年は、インターネット上で文献を探すことも以前より容易となったため、文献探しを手伝うときは、オンラインでの検索の仕方等を指導するようにしている。
7) 例えば、宗教学にしか興味がない学生が、親しいクラスメイトである地理学の学生の読み物を「お互い様」だからという理由で読むという状況になることがある。ただし、場合によっては、課題②であげたように、情意面が先立ち、嫌いな学生のテーマだからという理由でそのテーマを忌避するという効果を生むこともある。

参考文献

青木惣一 (2016).「アメリカ・カナダ大学連合日本研究センターの上級日本語教育」『ことばと文字 6 号 —国際化時代の日本語と文字を考える』pp. 126-133. 日本のローマ字社 .
青木惣一・大竹弘子・大橋真貴子・串田紀代美・佐藤有理・佐藤つかさ (2007).「日本研究センターにおける専門分野別日本語教育 —日本関係の専門分野を有する大学院生・専門家に対する専門分野別内容重視アプローチの実践報告」『アメリカ・カナダ大学連合日本研究センター紀要』30, pp. 79-123. アメリカ・カナダ大学連合日本研究セ

ンター．

池田真 (2011).「CLIL の基本原理」渡部良典・池田真・和泉伸一 (編),『CLIL（内容言語統合型学習) 上智大学外国語教育の新たなる挑戦　第 1 巻原理と方法』pp.1-13. 上智大学出版．

稲本有香 (2005).「中・上級者のための専門分野別日本語教育 ―人類学コース実践報告―」『アメリカ・カナダ大学連合日本研究センター紀要』28, pp. 1-21. アメリカ・カナダ大学連合日本研究センター．

宇佐美洋 (2014).「分断から統合へ ―人間同士の協働を目指す「専門日本語教育」―」『専門日本語教育研究』16, pp. 3-8. 専門日本語教育学会．

小川明子 (2018)「分断の時代におけるナラティヴとストーリーテリング教育協働的デジタル・ストーリーテリング実践の事例」『言語文化教育研究』pp.45-54. 言語文化教育研究学会．

川上郁雄 (2007).「「ことばと文化」という課題 ―日本語教育学的語りと文化人類学的語りの節合―」『早稲田大学日本語教育研究センター紀要』20, pp. 1-17. 早稲田大学日本語教育研究センター．

桑山敬己 (2019).「文化人類学」桑山敬己・島村恭則・鈴木慎一郎『文化人類学と現代民俗学』pp.4-48. 風響社．

佐藤有理 (2019).「2018-19 年度レギュラーコースカリキュラム報告 ―アメリカ・カナダ大学連合日本研究センターの集中日本語教育」『日本研究センター教育研究年報』8, pp. 158-172. アメリカ・カナダ大学連合日本研究センター．

佐藤慎司・熊谷由理 (2017).「社会・コミュニティ参加をめざすことばの教育」佐藤慎司・佐伯胖 (編),『かかわることば参加し対話する教育・研究へのいざない』pp.163-190. 東京大学出版会．

関根康正 (2011).「フィールドワークへの招待 ―写真観察法」日本文化人類学会 (監修), 鏡味治也・関根康正・橋本和也・森山工 (編),『フィールドワーカーズ・ハンドブック』pp.13-36. 世界思想社．

立松喜久子 (1997).「日本研究センター専門分野別日本語教育の総括」『アメリカ・カナダ大学連合日本研究センター紀要 (20 号記念号)』20, 11-46. アメリカ・カナダ大学連合日本研究センター．

半沢千絵美・矢部まゆみ・樋口万喜子・加藤真帆子・池田恵子・須摩修一 (2019).「デジタル・ストーリーテリング (DST) を用いた活動の可能性　多様な日本語教育の現場から」當作靖彦 (監修), 李在鎬 (編),『ICT ×日本語教育 情報通信技術を利用した日本語教育の理論と実践』pp.122-136. ひつじ書房．

細川英雄 (2010).「実践研究は日本語教育に何をもたらすか」『早稲田日本語教育学』5(7), pp.69-81. 早稲田大学大学院日本語教育研究科．

5 交換留学生のための日本語プログラム
—アカデミック・ジャパニーズの視点から—

鈴木美穂

1. はじめに

　筆者が勤務する目白大学留学生別科日本語専修課程（別科）は、2009年の開設から10年、別科日本語プログラムを軸として、私費別科留学生（別科生）、交換留学生（交換生）の日本語学習指導を担っている。

　本学の組織改編により2020年度から新設される交換生のための日本語プログラム（新プログラム）の開設準備の一環として、現行の別科日本語プログラムの問題点の洗い出しとともに、交換生の日本語学習状況を把握することになった。それにともない行った交換生の日本語に対する意識調査（意識調査／参考資料1・2）をもとに、今後必要となっていく指導や科目について検討した。意識調査によると、交換生は短い留学生活の中で、安心して生活できる日本語力、学部授業についていける日本語力をできるだけ早く習得したいと考えていることがわかった。特に学部授業を理解するための日本語力、授業の理解を形にするための日本語力に不安を感じている交換生が多く、学部授業を受けるために必要なアカデミック・ジャパニーズの指導、科目の開設は必須である。

　このような交換生のニーズをふまえ、新プログラムでは、語学学習としての「日本語を学ぶ」科目、アカデミック・ジャパニーズの視点から「日本語で学ぶための日本語」科目、日本に関する「知識・体験」を学ぶ科目の3つを中心に科目を新設した。本稿では現行の別科日本語プログラムにおける交換生の日本語学習状況について述べ、意識調査から見えた、交換生が大学に求める日本語プログラムについて検討し、それをもとに新設するプログラムのコース概要について述べる。今後は実践と調査データを重ねてプログラムの標準化を進め、交換生を受け入れている多くの大学のカリキュラム改定や

80

指導科目の見直しの際に役立つような研究、調査報告を継続していきたい。

2. 現行の別科日本語プログラムと交換生

　本学の交換留学プログラムの留学期間は基本的に半年、または 1 年で、主に韓国、中国、台湾、イギリスの提携校からの交換生を受け入れている。学期によって数は変動するが、毎学期 30 名〜 50 名の新交換生を受け入れており、全体では 1 学期間に約 70 〜 80 名の交換生が在籍している。学部には外国語科目としての日本語科目がないため、日本語を学習したい交換生は、別科日本語プログラムの科目を履修する。別科日本語プログラムは、私費別科留学生の進学予備教育コースとして、技能別、目的別にさまざまな科目が開講されている。交換生はこの別科日本語プログラムを履修し別科生と一緒に日本語を学ぶ。2019 年度春学期入学の交換生（51 名）のレベル別日本語科目履修状況は表 1 および表 2 のとおりで、約 8 割の交換生がなんらかの形で別科日本語科目を履修している。

表 1　現行の別科日本語プログラム　科目と開講レベル

科目	開講レベル			
	初級	中級前期	中級後期	上級
総合日本語	○	○	○	
読解演習		○	○	
口頭表現演習		○	○	
聴解演習	○	○	○	
文章表現演習	○	○	○	
文法演習		○	○	
日本文化事情	○	○	○	
現代社会事情		○	○	
能力試験対策		○	○	○
漢字語彙演習	○	○	○	
発表プロジェクト		○	○	
論文作成				○
日本語学習支援				○

表2　2019年度春学期交換留学生　日本語科目履修状況

レベル	日本語科目	履修人数
初級	別科日本語	10名
中級前期	別科日本語	3名
中級後期 上級	別科日本語	18名
	日本語学習支援	10名
	日本語履修なし	11名

2.1　初級～中級前期

　初級から中級前期のレベルの交換生は、留学生活に必要な基本的な日本語を身につけるため、別科日本語コースを履修する。週5日（午前＋午後）、毎日授業があり、別科生と同様に日本語コースすべての科目を履修しなければならない。「日本語がわからないから学部授業を受けられない」「日本語の勉強に集中したい」という理由などから、このレベルの交換生は学部授業を受けるために必要な日本語力が不足しており、学部の授業を履修することはあまりない。

2.2　中級後期～上級

　本学ではこの中上級レベルにあたる交換生が半数以上を占めており、多くの交換生が日本語科目、学部科目のどちらも履修している。

　このレベルで、留学中に日本語をブラッシュアップしたいと考えている交換生は、週5日（午前）の別科日本語コースで日本語を学び、それ以外の時間（午後）に学部科目を履修する。近年、派遣元の大学で日本語を専攻していない交換生が増えたことにより、中上級レベルの交換生でも学部科目を履修せず別科日本語コース（午前＋午後）で集中的に日本語を学びたいと考える交換生が増えている。また、留学期間が1年の交換生は「まず半年は日本語コースで日本語力をつけてから学部授業を受けたい」と考え日本語コースを履修するケースも目立つ。

　学部科目を中心に履修する中・上級レベルの交換生は、所属している日本語・日本語教育学科の科目を中心に学部生と同じ授業を受講している。午前、午後ともに学部科目を履修するため、日本語学習の機会は少ない。特に中級

レベルの交換生は学部授業に必要な日本語力を十分に持ち合わせていないことも多く、自身の日本語力に不安を感じ、日本語学習を希望する交換生も少なくない。このような学部科目を中心に履修している中・上級レベルの交換生から、日本語授業を求める声が多くなり、別科では、学部履修をしている交換生のみを対象とした日本語学習支援クラス（以下、日本語支援クラス）を開講し、60分×2コマ、週2回の日本語授業を行っている。

3.　交換生が求めるもの

　別科開設当初の交換生の多くは、派遣元の大学でも日本語を専攻していることが多く、交換留学の目的は本学の日本語・日本語教育学科で、より専門的な知識を得ることだった。そのため、交換生は学部授業を支障なく受講できる上級レベルの日本語力を持っており、日本語のレベル、日本語のスキルに対するニーズはあまり多くなかった。しかし、近年、派遣元で日本語以外の分野を専攻している初中級レベルの交換生が多く入学するようになり、日本語のレベル、スキルに対するニーズが多様化した。現行の別科日本語プログラムの問題点を洗い出すため、また、交換生が日本語プログラムに求めるものを知るため交換生の日本語力に対する意識について調査を行った。本調査は2019年度春学期直前の3月下旬と学期末の7月下旬に行った（表3）。学期前意識調査（参考資料1）では、「留学の目的」「日本語クラスを履修したいかどうか」「どのような日本語を勉強したいか」「心配な日本語力は何か」などについて調査し、学期末意識調査（参考資料2）では、「学部の授業で大変だったこと」「学部授業のためにどのような日本語が必要か」などについて調査した。

表 3　調査概要

	学期前	学期末
対象	2019 年度春学期入学　交換留学生	
時期	2019 年 3 月下旬	2019 年 7 月下旬
人数	51 名（韓国）	49 名（韓国）
内容	留学の目的、日本語クラス履修希望有無 勉強したい日本語、心配な日本語	日本語クラス履修有無、必要な日本語力 期末考査の種類、日本語学習の必要性
方法	選択、記述	選択、記述

3.1　日本語レベルの向上

　学期前意識調査の「留学目的」（図 1）の中で最も多かったのは「日本語力向上」で、「日本語が上手になりたい」という目標をもって留学しており、日本語学習に意欲的であることがうかがえる。履修予定についても、「学部科目と日本語科目どちらも履修したい」と答えた交換生が多く、9 割近い交換生が日本語を学びたいと考えている。初級レベルの学生は日常会話、ブログやメールを読んだり書いたりするコミュニケーションのための力を身につけたいと考えている。

3.2　文化・社会

　学期前意識調査の「留学目的」（図 1）で次に多かったのは「留学体験」「文化体験」だった。留学中に日本文化や習慣を体験したり、留学生活を楽しんだりしたいと考えている交換生が多いことがわかる。また、日本の文化・社会に関して、学期前、学期後それぞれにどんなことを学びたいかという調査も行った（図 2）。学期前はさまざまな体験を通してマナーや習慣を学び、身近な生活に関わる日本語力も身につけたいと考えているが、学期末になると「現代社会」「地理歴史」を学びたいと考える交換生が増えており、日本語の知識だけではなく、日本の社会や歴史についての知識を求めている交換生が多くなっている。

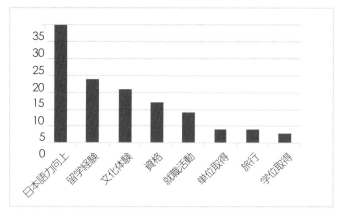

図1　留学目的

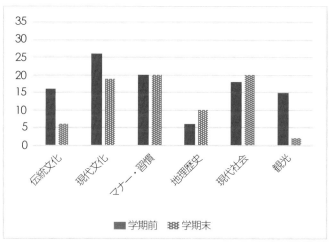

図2　文化・社会

3.3　学部授業のための日本語

　学期末意識調査の「学部の授業で大変だったことは何か」という記述式の質問ではレベルを問わず「漢字・語彙」に苦手意識を持っている交換生が非常に多く「教科書の内容が理解できない」「語彙がわからないと講義を理解することができない」というコメントが目立った。教科書を読んだり、講義を聞いたりするなど学部授業を理解するために総合的に「漢字・語彙」が必

要だと意識し、学習の必要性を実感している交換生も目立つ。

　次に多かったのは「講義を聞くこと」に関するもので、特に、「教員が話すスピードが速い」というコメントが多く、講義を聞き取る苦労があったことがうかがえる。また、教員が講義で使うアクセントや語彙などの話し方に慣れないこと、大教室で教員の話を聞き取る難しさなどがあがっていた。「話すこと」では発表が多く、日本の大学での「発表の仕方がわからない」「母語でも難しい発表を日本語で発表することが難しい」という記述がみられた。「書くこと」では、「レポート」に関するものが多く、「レポートの書き方がわからない」「日本語でレポートを書くことが難しい」「教科書をまとめるレポートが難しかった」などの記述が見られた。学期末考査のレポートや発表などの課題から、成績につながる技術として必要だと感じているようだ。

　初中級レベルの交換生は、別科日本語コースでレベルに合った日本語を学ぶことができるが、本来、別科日本語コースは進学を目的とした別科生のための予備教育プログラムで、交換生の日本語学習目的とは異なる。学習支援クラスを受講している学生は学部授業のための日本語の指導を受けることができるが、別科日本語コースを中心に履修している交換生は、学部授業のための日本語を学ぶ機会が少ない。このような交換生は、学部授業のための日本語力が不十分であるため、レポートなどの課題にも苦しんでおり、別科教員が授業外で個別に課題レポートのチェックなどをしている状況である。初中級レベルの学生は次学期には学部科目を履修しなければならないことから、レベルに合わせて学部授業のための準備をしていく必要がある。

3.4　単位認定

　交換留学期間中、日本語科目をまったく履修しない、という交換生もいる（表 2）。これは日本語レベルが十分あり、学部授業に支障がないからという理由だけではなく「派遣元の大学では別科の日本語科目は単位として認められないから」という理由も多い。前述のとおり、本学には「外国語としての日本語」科目がないため、別科の日本語科目を履修している。しかし、派遣元の大学や交換生の専攻によっても異なるが、別科科目が大学の単位として認められないことも少なくなく、日本語学習を希望してはいるものの、履修単位数を持ち帰る必要がある交換生にとっては、日本語科目より学部科目を優先せざるをえない。派遣元の大学で別科日本語コースの単位が認められな

い場合でも、留学中に日本語を集中して勉強したいと考え、単位取得の可否に関係なく日本語科目を履修している交換生もいるが、履修した別科日本語科目を学部科目として単位認定することも配慮していかなければならない。

3.5　アカデミック・ジャパニーズの必要性

　意識調査から、交換生が必要だと考える日本語の多くは、学部授業に関するもので、「講義を聞いて理解する」「レポートを書く」「発表する」などの力を身につけたいと考えていることが明らかになった。また、教科書を読んだり、講義を聞いたりするなど学部授業を理解するために総合的に「漢字・語彙」が必要だと意識し、学習の必要性を実感しているコメントが多くみられた。語彙や漢字がわからなければ、授業中、教室の中で理解しているかどうかを形として確認することは難しく、わからないまま講義が進んでしまえば、そのままにしてしまうこともあるだろう。「講義を聞くこと」「漢字・語彙」は、その不安を解消するためにも必要な日本語力なのではないかと考えられる。そこから、レポートや発表など形として理解を表すことができるようになるのではないだろうか。従来の別科日本語プログラムの「日本語を学ぶ」授業では補うことができない学部授業ためのアカデミック・ジャパニーズ、「日本語で学ぶための日本語力」の指導が必要である。

　門倉 (2006) は「AJ（アカデミック・ジャパニーズ）とは、『大学での勉学に対応できる日本語力』をさしている。『大学での勉学』の根幹は『学び方を学ぶ』ことにある」(p.9) と述べている。また、堀井 (2006) は、「日本の大学での勉学に対応できる日本語力」として、具体的に以下のものを挙げている。

　　日本の大学での勉学に対応できる日本語力：AJ とは、具体的には、日本語による講義を聞き取り理解する力、大量のテキストや資料や参考文献などの読解力、レポート・論文や発表のための情報収集力、レポート・論文を書く力、発表する力、学内でコミュニケーションをとり人間関係を作る会話力などであるが、これは、知識や形式的なスキルだけでは得られない、総合的に「学び」につながる力であると捉えたい。(p.68)

　交換生が日本語プログラムに求めている項目は「日本の大学での勉学に対

応できる日本語」であり、門倉 (2006)、坪井 (2006) が述べているアカデミック・ジャパニーズに該当するものが多い。

4. 新プログラム開設に向けて

　従来の別科日本語プログラムのような日本語のレベル・技能別、「読む」「聞く」「話す」「書く」「文法」の指導だけでは学部授業に対応することは難しい。通常の 4 技能、「日本語を学ぶ」指導に加え、学部授業を受けるために必要なアカデミック・ジャパニーズ（日本語で学ぶための日本語）の指導を初中級レベルから提供していく必要がある。加えて、文化の体験、日本文化や社会に関する知識を求めて留学する交換生のために「知識・体験」を学べる機会を提供したい。

　以上を踏まえて、新しいプログラムには「(1) 日本語を学ぶ」科目、「(2) 日本語で学ぶための日本語」科目、「(3) 知識・体験」に関する科目を置く。さらに (1) ～ (3) 以外では「(4) 単位認定」についても配慮する。

(1) 日本語を学ぶ
　　① 初級：留学生活に慣れるために必要な日本語、漢字語彙の強化
　　② 中上級：日本語のブラッシュアップ、漢字語彙の強化
(2) 日本語で学ぶための日本語
　　① 初級：アカデミック・ジャパニーズのための準備 (身の回りのことを表現できる)
　　② 中級：中級レベルのアカデミック・ジャパニーズ (自分の意見や、簡単なレポートなど)
　　③ 上級：アカデミック・ジャパニーズを総合的に身につけ、それを用いる練習
(3) 日本に関する知識、体験
　　① 初級：文化的な知識…ポップカルチャー、マナー、文化、習慣、文化体験
　　② 中・上級：社会的な知識…現代社会、歴史、地理、政治など学部授業に必要な知識
(4) 単位認定

5. 新プログラム概要

　新プログラムでは、まず、開講コマ数削減による科目の整理、統合を行った。「日本語を学ぶ」科目は交換生の日本語のレベルを踏まえ、初級、中級前半、中級後半、上級の4レベルに分けた（表4）。そして「日本語で学ぶための日本語」科目は門倉（2006）、堀井（2006）のアカデミック・ジャパニーズの視点から、科目の内容、名称やレベル、到達目標を大学教育にふさわしいものになるよう配慮した。レベル別に学部授業を理解するために必要な「読む」力、「聞く」力、学部授業の理解を形にするための「書く」力、「話す」力に特化したアカデミック・ジャパニーズのためのクラス（＊をつけた科目）を設置した。

　また、このプログラムは学部の一般教養科目「外国語としての日本語」科目として開講される。単位やカリキュラムなども学部に準じたものとなり、本科学部の単位として修得できるようになる。

表4　新プログラム　科目と指導内容

科目	内容　目的	開講レベル			
		初級	中級前期	中級後期	上級
総合日本語	文法・語彙・読解・会話などの日本語4技能を総合的に学ぶ	○	○	○	
読解・語彙＊	多読、読解力、漢字・語彙力を身につける		○	○	
日本語表現＊	日本語を用いた文章表現能力および口頭表現	○	○	○	
メディア＊	聴解力とメディア・リテラシーの向上	○	○	○	○
専門日本語＊	学部授業に必要な技術を総合的に身につける				○
日本の社会と文化＊	日本の文化、習慣、政治に関する知識を深める		○	○	○
基礎日本語＊	入門レベルの読解力・語彙力を身につける	○			
検定日本語	日本語能力試験（JLPT）対策、N1、N2の文法、読解、聴解		○	○	○

5.1　レベル

(1) 初級〜中級前期

　留学生活のための日本語を中心に学ぶ。週 5 日（午前＋午後）、毎日授業があり、日本語コースすべての科目を履修する。中級前半の交換生は、学部授業のための準備としてアカデミック・ジャパニーズの入門編から学習する。

(2) 中級後期〜上級

　日本語をブラッシュアップしたいと考えている交換生は、週 5 日（午前）の日本語プログラムで日本語を学び、それ以外の時間（午後）に学部科目を履修する。学部科目を中心に履修する交換生は、アカデミック・ジャパニーズの力をつけるための日本語クラスを選択して履修する。

5.2　科目

　本項では、特に中上級レベルのアカデミック・ジャパニーズに関する科目について述べる。

(1) 総合日本語

　従来の別科日本語プログラムに近い形の、日本語をバランスよく身につけるための指導をする。日本語のブラッシュアップ、日本語力向上を目的に留学する交換生のための科目となる。

(2) 読解・語彙

　学部授業で扱う教科書、テキスト、配布資料を読んで理解するための技術を指導する。大意をつかむ力、主題を読み取る力、速く読む力をつけるために、専門書や新聞記事、ある程度の長さのある生教材を使った読解指導や要約指導、さまざまな書籍に触れて文章に慣れていく多読を取り入れた指導も行う。

　さらに、語彙がわからなければ教科書や配布資料は理解できないということを意識させ、総合日本語で扱う語彙、読解クラスで扱う語彙、学部の専門科目で扱う語彙などに何度も触れて「漢字・語彙」を増やしていくよう促していく。

(3) 日本語表現

「理解したことを形として表すために」ということを意識して「話す」力、「書く」力を身につける指導を行う。「話す」では、日本の大学での発表やプレゼンテーションの仕方、発表のためのスライドの扱い方、発表の構成、日本語表現などについての指導をする。自分のわかる語彙、相手が聞いてわかる語彙を使って原稿を作る技術の指導も必要になるだろう。

「書く」では日本の大学でのレポートやレジュメの書き方、表現や構成の指導を行う。わからない語彙を調べてそのまま書き写すのではなく、自分が理解していることをしっかり書けるように指導をしていく必要がある。

(4) メディア

この科目では「講義を聞いて理解するために」ということを意識させる指導をする。教室で講義を聞いてその場で理解するためには、日本語母語話者が普通に話すスピード、教員が講義で話す速さや長さ、話し方にも慣れていかなければならない。長い内容の中から、大切な部分を聞き取る力、大まかに内容を把握する力が求められる。ニュースや動画などの生教材を使ってさまざまな人の話のスタイルに慣れるための指導、まとまった内容を聞いてメモを取り大意をまとめるディクトグロスなどが考えられる。テレビ、インターネットなど日本のメディア・リテラシーに触れ、情報を得る力も身につける。

(5) 専門日本語

学部科目を中心に履修する上級レベルの学生を対象にしたクラスで、既存の日本語支援クラスに近い形の授業となる。授業時間は少ないが、短期間でアカデミック・ジャパニーズを身につけ、すぐに学部授業に対応できるようにする。今まで身につけた日本語を用いて、学部授業をどのように理解し、理解したことを形として表すかということを意識させる。地域のフィールド・ワークを行ったり、専門分野のレポートや発表を課題として与えたりするプロジェクト・ワークを行う。幅広い分野の論文やテキストを読み、学部授業のスピードについていけるような読解力や語彙力をつける。

(6) 現代社会と文化

初級では日本の文化・習慣に関する知識を深めると同時に、日本語力の向

上をめざす。中級レベルでは学部授業にもつながる日本の歴史、地理および産業、政治、経済、文化に関する知識を深める。歌舞伎鑑賞、茶道や華道などの文化体験も視野に入れ、文化、社会についての総合的な知識を身につける指導を行う。

5.3　科目間の連携

　通常、学部授業はひとつの科目で完結しており、科目同士がつながりを持つことは少なく、同じ内容を取り扱うことはほとんどない。一方、日本語クラスは、ティーム・ティーチングで、教員同士が情報や指導方法を共有することが多い。この従来の日本語授業の特徴を生かし、各科目の教員同士で連携し、各科目につながりを持たせた指導を行う。例えば、表5のようにひとつのトピックを各科目で取り入れ、くり返しインプットとアウトプットを行うことによって定着を図る。環境問題、言語、教育、異文化理解、情報社会などさまざまなテーマが考えられ、交換生の専門分野に関する学習も可能である。

表5　科目間の連携（案）

科目	トピック：「環境問題」
総合日本語	トピックに関連した文法、語彙、読解など
読解・語彙	環境問題に関する論文や記事を読む、必要な語彙や関連語彙を導入
日本語表現	環境問題について話し合い、自分の考えや意見を述べる。調査や考察をまとめる
メディア	環境問題に関するニュースやドキュメンタリーなどを視聴
現代社会	環境問題と社会、政治、文化を絡めて知識を深める

6. おわりに

　新プログラム開設準備にあたり、あらためて交換生のニーズや学習状況などを見直し、現行の別科日本語プログラムでは補うことができなかった指導を認識することができた。新プログラムは別科日本語プログラムをベースにしながら、交換生に必要なアカデミック・ジャパニーズの指導をしていくと

いう形となった。

　今後はコーディネーターとして、この新プログラムが学期を通してどのように動き、進んでいくのかを注視していくことになる。始動した新プログラムが進んでいく中で起こるさまざまな問題に柔軟に対応し、解決、改善していくことが今後の務めとなるだろう。そのためには、交換生だけではなく指導にあたる教員にも振り返りのアンケートやインタビューの調査が必要となる。まず、交換生に対しては新プログラムにおける日本語学習の状況や、このプログラムを学部の授業に生かすことができたか、どのような課題や科目に対して生かすことができたかを調査し現状を把握する。同様に、新プログラムを担当する教員に対しては、実際の指導方法、連携などについて調査し、現状を把握する。さらに、交換生が履修している学部科目を担当している教員にも交換生の学習状況について調査する必要があるだろう。交換生、教員それぞれの立場からの意見を聞き、それを反映し、よりよいプログラムにしていきたい。これは事例研究であり、一般化することはできないが、実践と調査データを重ねてプログラムの標準化を進め、交換生を受け入れている多くの大学のカリキュラム改定や指導科目の見直しの際に役立つような研究、調査報告を継続していきたい。

　交換生の日本語や学部授業に対する不安やストレスを取り除き、短期間で安心して留学生活に臨めるように促すことがこの新プログラムの大きな役割であると考える。今後も変化していく交換生のレベルやニーズに柔軟に対応し、よりよい日本語学習環境を整えていきたい。

参考文献

門倉正美 (2006).「＜学びとコミュニケーション＞の日本語　―アカデミックジャパニーズからの発信」『アカデミック・ジャパニーズの挑戦』pp.3-20. ひつじ書房 .

鈴木美穂・竹田裕姫 (2017).「交換留学生のための学習支援の取り組み―教員と学生の意識調査をもとに－」『目白大学高等教育研究』23, pp. 53-58. 目白大学高等教育研究所 .

鈴木美穂 (2018).「交換留学生を対象としたスタディ・スキル育成のための教育実践」『目白大学高等教育研究』24, pp. 59-64. 目白大学高等教育研究所 .

堀井恵子 (2006).「留学生初年次 (日本語) 教育をデザインする」『アカデミック・ジャパニーズの挑戦』pp.67-78. ひつじ書房 .

参考資料 1「交換留学生の日本語力に関する意識調査」学期前アンケート
（本稿で取り上げた質問項目のみ抜粋）

1. 交換留学の期間は？
   ・半年　　・1 年　　・2 年 (デュアルディグリー)
2. JLPT (日本語能力試験) 認定の有無 (省略)
3. 交換留学の目的はなんですか。(あてはまるものに○)
   ・日本語力向上　　・留学経験　　・資格 (JLPT など)
   ・旅行 (観光)　　・文化体験　　・学位の取得
   ・単位の取得　　・就職活動　　・その他 (　　　　　　　　　)
4. 目白大学の授業で何を履修する予定ですか。
   ・日本語の授業だけ　　・学部の授業だけ
   ・日本語の授業と学部の授業どちらも
5. 今、心配な日本語力はなんですか。その理由も書いてください。(記述)
6. 何が勉強したいですか。(あてはまるもの全部に○)
   ① JLPT (日本語能力試験) 対策に関する質問 (省略)
   ② 読解 (読む)
   　　・教科書　　・新聞　　・小説や文学作品　　・デジタルニュース
   　　・論文　　・ブログ　　・語彙 (漢字や言葉)
   ③ 聴解 (聞く)
   　　・ニュース　　・会話　　・講義　　・ドラマ、アニメ、映画
   ④ 口頭表現 (話す)

　　　　・発表（プレゼンテーション）　　　・討論（ディベート）
　　　　・ビジネス会話（敬語）
　　⑤　文章表現（書く）
　　　　・レジュメ（ハンドアウト）　　　・レポート
　　　　・論文　　・ビジネス文書（メール）
　　⑥　文化、社会
　　　　・日本の伝統文化　　・現代日本文化（ポップカルチャー）
　　　　・日本のマナーや習慣　　・日本の地理、歴史
　　　　・日本の現代の社会　　・日本の観光地
　　⑦　その他：

参考資料2　「交換留学生の日本語力に関する意識調査」学期末アンケート
　　　　　　　　（本稿で取り上げた質問項目のみ抜粋）

1.　JLPT（日本語能力試験）認定の有無（省略）
2.　目白大学の授業で何を履修しましたか。○をつけてください。
　　①　日本語の授業だけ：→理由（記述）
　　②　学部の授業だけ：→理由（記述）
　　③　日本語の授業と学部の授業どちらも
3.　JALP の授業について（省略）
4.　学部の授業について
(1) 学部の科目はいくつ履修しましたか。
(2) 期末試験はどんなものがありましたか。いくつありましたか。
　　例）筆記テスト：3
　　①　筆記テスト：　　　　②　レポート：　　　　③　発表：
　　④　その他：
(3)　学部の授業では、どんな日本語力が必要だと思いますか。（あてはまる
　　もの全部に○）
　　①　読解（読む力）
　　　　・教科書やテキスト　　・新聞　　・小説や文学作品
　　　　・デジタルニュース　　・論文　　・ブログ　　・語彙（漢字や言葉）

②　聴解（聞く）

　　・ニュース　　　・会話　　　・講義　　　・ドラマ、アニメ、映画

③　口頭表現（話す）

　　・発表（プレゼンテーション）　　　・討論（ディベート）

　　・ビジネス会話（敬語）

④　文章表現（書く）

　　・レジュメ（ハンドアウト）　　　・レポート

　　・論文　　・メール

⑤　文化、社会

　　・日本の伝統文化　　・現代日本文化（ポップカルチャー）

　　・日本のマナーや習慣　　・日本の地理、歴史

　　・日本の現代の社会　　・日本の観光地

⑥　その他：

(4)　学部の授業で大変だったことは何ですか。その理由も書いてください。

（記述）

(5)　学部の授業のために日本語の勉強が必要だと思いますか。

　　＜　はい　・　いいえ　＞　→　理由（記述）

6 台湾における第二外国語学習者数と日本語

平澤佳代

1. はじめに

　日本と台湾の間では広い分野でさまざまな交流が行われている。日本語の学習者数も多く、外国語のなかでは英語に次いで2番目である。これまで学習者数は増加傾向が続いていたが、近年では国際交流基金 (2013, 2017) をはじめ、頼 (2018) 等でも学習者数が減少しているという報告が見られるようになった。その原因として、岡本 (2018) は普通高級中学での第二外国語クラス開設により、若い世代が履修できる言語の選択肢が増えた点を指摘している。王・謝 (2017) では日本経済がかつての勢いを失ったこと、台湾の人々がキャッチできる各国のテレビや映画、娯楽情報が増えた一方で、日本について深く知るにつれ新鮮味が薄れてしまったと言及している。台湾で増加の一途をたどってきた日本語能力試験の受験者数も、2018年にはN5、N4、N3の3つのレベルで申込者数と受験者数が減少している[1]。

　学習者が減少しているのは日本語だけなのだろうか。それとも、少子化などの社会的背景による外国語全般に見られる現象なのだろうか。本稿では、台湾の社会および教育事情の特徴に注目しつつ、①台湾における日本語学習者数の推移と、その減少幅は外国語全体または英語の学習者数と比べてどうなっているのか。逆に、②学習者数が伸びている第二外国語はあるのか、あるならば何か。考えられる理由は何かについて、台湾の公的機関による公開試験データを中心に考察する。最後に、今後、日本語学習者数を維持または増やしていくためにはどうしたらいいかについての提言を試みる。

2. 本稿の調査対象

　台湾における第二外国語の学習環境は徐々に基盤が整い、選択肢も増えている。本稿では、高等教育機関における外国語学科在籍者数のほかに、他の分野または言語と比較ができ、受験者数の推移を追跡できるという観点から、公的試験を中心に下の 5 つの試験データを取り上げた。

　(1)　「技専校院統一入学測験」(以下、「統一試験」)
　(2)　「外語能力試験 (FLTP)」
　(3)　「第二外国語能力試験 基礎級 (SFLPT-Basic)」
　(4)　「韓国語能力試験 (TOPIK)」
　(5)　国家資格「外国語観光ガイド試験」(以下、「ガイド試験」)

　(1) については、台湾の実業教育を担う「技職教育（技術及び職業教育）」体系において実施される入学試験の日本語科目を含む類別群を対象に、公開データを収集・分析するほか、関係者へのヒアリングを行う。(2) (3) は台湾で独自に開発された外国語能力試験である。(4) については、王・謝 (2017) による日本語学習者の減少と韓国語学習者の増加に相関関係が見られたという指摘を受け、台湾で高級中学以外の韓国語学習者が増加しているかを幅広い年齢層で確認するために調査対象に選んだ。(2) (3) で韓国語試験は実施されておらず、動向を知るためにデータを補うという意味もある。

　日本とは異なるシステムや関連用語が出てくるため、まず、以下で台湾の教育システム、および高等教育機関における学生の外国語学科（コース）選択傾向について簡単に触れたのちに、各試験のデータを見ていく。

2.1　台湾の教育システム

　台湾には「普通教育」と「技職教育」の 2 大教育体系がある。どちらに進むかを決める最初の分岐点は、日本の中学校に相当する「国民中学」卒業時で [2]、進学を希望する者は「高級中等学校（高等学校に相当）」か「五年制専科学校」を選択できる。陳・許 (2015) が述べるように、「技職教育」は広義には高等職業学校、専科学校、技術学院、科技大学からなる教育制度を指し、実務教育システムとして重視されている。これらの各教育機関をまとめて「技

専院校」または「技専校院」[3]と呼ぶ。教育部統計処による 2018 年度の高級
中等学校の概況報告では、2018 年度における高級中等学校の学生数約 70 万
人のうち、普通科在籍者の割合は約 43％であった。また、普通科カリキュ
ラムを主体とした「高中」と、技術・職業教育を主体とした「高職」の二つ
に大別した際の在籍者比率は 47：53 で、普通科在籍者が全体の約 73％[4]を
占める日本の構成比と大きく異なる。この比率は、産業の変遷と社会的なニー
ズにより政府主導で調整が行われてきた。過去には、1981 年までに「高中」
と「高職」の生徒数割合を 3：7 にするという目標が打ち出されたこともあ
るが、世界中の技術・職業教育の発展を見ても、後期中等教育（日本でいう
高等学校の教育）の段階で高職の生徒比率が 7 割以上を占めた国はそうない
という[5]。その後、「高中」在籍者の割合が増加し、現在は少子化の流れとと
もに「高中」が「高職」の生徒数を上回りそうな勢いだが、2019 年度では
47:53（％）[6]とまだ半数以上を占める。

2.2 教育機関における学生の外国語学科（コース）選択傾向

　高級中等学校での日本語学習者について岡本（2016, 2018）は、普通高級中
学での第二外国語履修者の総数と日本語履修者数を考察しており、2012 年
以降は日本語履修者が減少し、その原因として履修できる言語の選択肢が増
えたこと等を指摘している。また、日本語と韓国語の学習者数の増減の相関
関係を考察した研究は王・謝（2017）が詳しく、2010 年から 2017 年にかけ
て高中、大学を問わず日本語履修者の数、その他の外国語学習者との人数比
ともに減少していることを指摘している。しかしながら、英語以外の外国語
で日本語選択者が最も多いことそのものは変わっていない。

　教育部（2018）がまとめた高等教育機関における外国語履修状況について
の報告によると、台湾の大学や専科学校、技術学院等で外国語文類学科[7]に
在籍する学生数は、2006 学年度[8]の 8.2 万人をピークにその後は年々減少し
ている。学生全体に占める割合は 2006 学年度の 6.2％から、わずかな振れ
幅で減少傾向にあり、2018 学年度は 5.3％にまで減った[9]。2018 学年度の公
立と私立の学生数の合計が約 6.6 万人で、このうち英語専攻者が約 4 万人と
全体の 61％を占め、日本語は 1.6 万人で全体の 24.5％であった。英日の両
言語を合わせると外国語文類学科に在籍する学生総数の 8 割以上を占める。
スペイン語、ドイツ語、フランス語学科の学生数それぞれ 2,000 人強が在籍

している。10 年前の 2008 学年度と比べると日本語が 351 人、韓国語が 84
人それぞれ増加しているが、英語は 1.4 万人減少している。ヨーロッパの言
語ではスペイン語が 29 人減、フランス語 26 人減となっている。ドイツ語
は 28 人増で、これはドイツの大学は学費が比較的安いこと、EU の動向を
受けてドイツでの就業機会が増えたことなどが考えられるという指摘があ
る[10]。韓国語は 2008 年に国立高雄大学東亜語文学系が韓国語コースを開設し
たため、その分の学生増が反映されているのだろう。以上をまとめると、高
等教育機関では過去 10 年で英語専攻者が減少した一方で日本語と韓国語が
増加、ドイツ語が微増している。

　ただし、これらは学校で正式に語学学科に在籍または科目を履修している
学生の数であり、非日本語専攻者における増減の推移傾向を見るためには別
の観点からの資料が必要となる。これについては次章以降で複数試験の実施
データを考察する。

3. 台湾で実施されているさまざまな外国語能力試験

　以下、まず、3.1 で技職体系の高等教育機関に進学を希望する者を選抜す
るために全国一斉に実施される「統一試験」について見ていく。3.2 では、
台湾の財団法人語言訓練センターにより研究開発された外国語能力を測定
する 2 つの試験「外語能力試験 (FLTP)」と「第二外国語能力試験 基礎級
(SFLPT-Basic)」、3.3 では韓国語能力試験 (TOPIK)、3.4 でガイド試験 (専
門職業及び技術人員普通考試 - 導遊人員試験) について見ていくことにする。

3.1　全国一斉に実施される技専校院への入学試験

　2001 年度から「技専校院入学測験中心」(入試センター) が、教育部に委
託される形で、科技大学や技術学院、専科学校などの入学試験出題、アイテ
ムデータベースの構築、試験、成績処理、データ構築と改善対策といった業
務を行っている。略称「統測」と呼ばれる統一試験は全国規模で行われ、そ
の成績は技職体系に属する学校やコースで学ぶ生徒の進学に用いられる。以
下では統一試験の概要を紹介した後に、日本語類を選択した受験申込者数の
推移を整理する。

　統一試験は専門領域別に 20 群 (類) に分かれており、すべての群 (類) で

共通科目 3 科目（国語、英語、数学）と専門科目 2 科目の試験を受ける。実施は 1 年に 1 回、5 月初旬に台湾全土を合計 28 地区に分けて試験会場を設置し、全国一斉に実施される。毎年、会場ごとの受験者や志願群類別データ、試験問題と参考答案及びこれらへの質疑等も公開されているが、これについての詳細は別の機会に報告したい。

　受験生は出願時に受験を希望する地区と、自分の志願する専門群（類）を選択する。A【単一の群（類）】と B【複数をまたぐ群（類）】に分かれており、日本語類を志願する場合は A の「外語群日本語類」で、共通科目のほかに専門科目として「商業概論・計算機概論」と「日文読解と翻訳」の 2 科目、合計 5 科目を受験しなければならない。受験科目としての日本語は 2012 年までは「日文読解と作文」という科目だったが、2013 年からは「日文読解と翻訳」と名称が変更されたほか、外語群日本語類だけでなく、英語やビジネスマネジメントと組み合わせてビジネスマネジメント群外語類も受験できるようになった。

　2010 年から 2019 年の統一試験全体における志願者数推移をみると、2010 年の総志願者数は 15 万 8,025 人で、その後ほぼ年々減少傾向にあり、2017 年には 11 万 3,469 人、2018 年には前年比プラス 2,669 人の 11 万 6,138 人、2019 年には 11 万 690 人と前年より 5,448 人減少している。

　共通科目に加えて受験する選択科目に英語を選んだ群（類）は、2015 年をピークに減少、2019 年では前年比 392 人減で全体でも 2,000 人を下回った。

　一方、日本語科目を選択した受験生は、2018 年から 2019 年に 80 人減少したが、2010 年から通して見ると、日本語試験を含む入学志望群類への志願者数総計は 2,500 人から大きな変動はない。この現象について試験センターの外国語グループ担当者にヒアリングを行ったところ、日本語科で学ぶ生徒は減っているが、日本語科以外で学ぶ受験者が、日本語を受験科目に選んで受験するパターンは増えていること、日本語＋英語、または日本語＋ビジネスマネジメントの組み合わせを選ぶ受験者はここ数年約 1,000 人を維持しているというコメントを得た。高等学校で日本語を専攻していない日本語学習者が確実に一定数存在する裏付けとなろう。

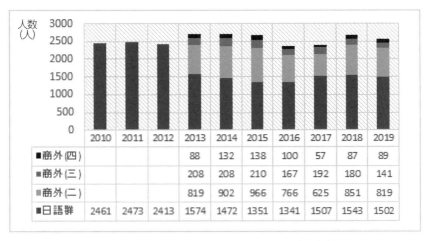

図 1　統一試験で日本語試験を含む群類の志願者数

（技専校院入学測験センターが毎年公表するデータをもとに筆者が作成）

　めまぐるしく教育改革が行われている台湾では、2020-2022 年に統一試験
も変革が行われることになった。入学者選抜では高中在学中のポートフォリ
オが 40％以上、統一試験の成績が最大 40％までで、その他に資格や受賞歴
を加味するという決議がなされた[11]ほか、入学方法も多様化しているが、統
一試験が技職体系における最高学府への全国規模の試験ということに変わり
はない。これまで日本の公的機関による台湾の日本語教育関係の報告でも特
に言及されてこなかったが、この統一試験は、受験者数のほか受験者の出生
年、卒業学校・専攻科の別、全土に 28 ある地区ごとの受験者数と出願群類
といった詳細なデータを、信頼できる公的機関が集計・報告を行ってきてお
り、日本語科目も含めた過去の詳細なデータも 2001 年のものから公開され
ている。その蓄積は台湾の特定の年齢層における日本語学習者の動向を知る
うえで少なからぬ価値がある。

3.2　財団法人語言訓練センターが研究開発した試験

　次に、台湾の財団法人語言訓練センターにより研究開発された外国語能力
を測定する 2 つの試験「外語能力試験 (FLTP)」と、「第二外国語能力試験
基礎級 (SFLPT-Basic)」の受験者数を見る。前者の対象言語は英・日・仏・
独・西の 5 言語あり、測定能力は「CEFR（ヨーロッパ言語共通参照枠）」

の A2-C1 相当で、中級以上の学習者に適している。初級学習者の学習成果
測定には後述の「第二外語能力試験 基礎級」が推奨されている。以下にそ
れぞれの特徴をまとめる。なお、図2、3は毎年のデータをもとに筆者が作
成した。

(1)「外語能力試験（FLTP）」

　「外語能力試験（FLTP）」は 1965 年から実施されている。聴解を含む筆記
試験と口述試験があり、筆記のみなど単独技能の申し込みも可能である。5
言語全体における受験者の平均年齢はほぼ 30 歳で、英語以外は 20 代が半
数から 7 割を占め、日本語受験者の平均は約 27 歳である。英語受験者の最
高学歴はほぼ毎年、大学院のほうが大学よりも多く、その他の 4 言語は大学
が大部分を占める。この試験は国費留学生を選抜する際の外国語能力の証明
や、政府部門、電信・石油会社、銀行など合計 400 以上の公・民営機関で
国外派遣や昇進等における外国語能力の証明として採用されており、高等教
育機関を出てからの学習（継続）者数の推移がある程度は反映されている。
　FLPT の受験者全体に占める割合が一番多いのは一貫して英語で、2009
年には全体の 75％を占めていたが、2017 年には 58％まで減少している（図
2）。2013 年はデータの掲載がなかった。2014 年からは公開されるデータが
受験者数ではなく受験者全体に占める割合だったため、以下では 2014 年か
ら 5 言語が全体に占める割合の推移のみを概観する。
　まず、日本語受験者は 2014 年に全体の 13％だったが、2015 年には 17％
を占めた。その後 2017 年は 16％となった。スペイン語は 2014 年の 7％か
ら 2017 年には 18％にまで成長し、ついに日本語を上回った。図 2 の線形は
スペイン語の増加を示す。一方、ドイツ語は 5％を最高に減少、フランス語
は 6％を最高に 4％との間を上下している。

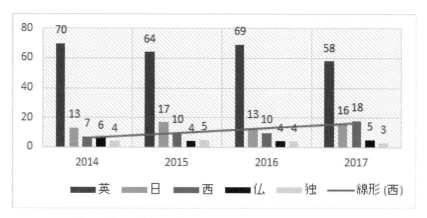

図2 外国語能力試験で5か国語が全体に占める割合 (%)

(2)「第二外語能力試験 (SFLPT-Basic)」

　2011 年より正式に実施されている「第二外国語能力試験 基礎級 (SFLPT-Basic)」は、台湾国内において日本語、ドイツ語、フランス語、スペイン語の4言語で初級学習者を対象に開発された試験で、内容は教育部の課程要綱とCEFRを参考にデザインされている。SFLPTのA2合格者にはFLTPの受験を勧めている。毎年、受験者の平均年齢は約18歳と若い[12]。実施機関による毎年のアンケート結果、受験者の半数以上が「学校内で成績の参考にされる」ため受験したという選択肢を選んでいる。2019年の志願者数は1,063人で日本語を受験した者は671人いた。上述のように、高中の授業とこの試験が学内の成績評価や将来の進学と連動していること、受験料が600元で団体割引や各種補助が得られることを考慮すると、勉強を始めたばかりの若い学習者にとってはJLPTのN5、N4の受験料1,500元と比べてより気軽に挑戦できるという一面もあるかもしれない。

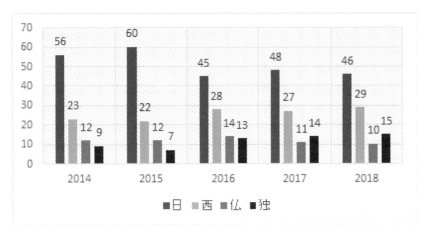

図3　SLTP受験者全体に占める日西仏独4言語の受験者の割合（%）

（3）「外語能力試験（FLTP）」と「第二外語能力試験（SFLPT-Basic）」

　ここで2つの試験データをまとめる。日本語試験の受験者が全体に占める割合はともに減少傾向にある。特にSFLPT-Basicでその傾向が強い。一方、スペイン語はどちらも増加傾向が認められ、特にFLPTでは2017年に日本語を上回った。国家教育研究院（2019）では、国民の基本教育要綱における第二外国語としてドイツ語、フランス語、スペイン語、日本語の4言語を示し、スペイン語を学ぶ目的を5つ挙げている。1番目にはスペイン語が世界の三大言語のひとつであること、2番目にスペイン語が世界のさまざまな国や国際組織で使用されていること、3番目に台湾と国交がある多くの国々でスペイン語が公用語であるためとしている。3番目についてはドイツ語、フランス語、日本語といったその他の第二外国語での説明では見られない記述である。実際、台湾と正式な外交関係にある国は15カ国[13]と少ない（2019年11月現在）。国際的な立場を確立するためには友好国が多いほうが有利だが、台湾は2016-2019年の間に国外勢力の影響等を受けて7カ国と断交せざるを得なかった[14]。この7カ国中、3カ国の公用語がスペイン語で、それぞれ7カ国中で上位2〜4番目に人口が多い。現在、正式な外交関係にある15カ国のうち、主要言語としてスペイン語を使用しているのは6か国で、今後ますますスペイン語に精通した人材が必要とされている。スペイン語の専門家や政府の国際部門関係者にとって、学習者増加の傾向は心強いのではないだ

ろうか。

　ところで、上記で見た FLTP と SFLPT-Basic では、近年履修者が増えたとされる韓国語の能力試験を実施していない。そこで、高中や大学の履修者以外で学習者数の増減を確認するために、次節で 2016 年から台湾の財団法人語言訓練センターが、韓国の国立国際教育院および駐台北韓国代表部より受託して毎年 4 月と 10 月に行っている韓国語能力試験（TOPIK）の受験申込者数の公開データを見ておきたい。

3.3　韓国語能力試験 TOPIK（Test of Proficiency in Korean）

　韓国語能力試験は TOPIK I（初級レベル）と TOPIK II（中上級）に分かれている。台湾会場は 2016 年 10 月から導入されたため、表 1 の数字は 1 回分のみの人数で、2017 年以降は 2 回分を合計したものである。この 3 年で II の受験申込者は増加しているが、初級レベルの I は大きく減少し、両方の合計でも 1 万人を下回った。2019 年 10 月試験は申込者の約 7 割が 19 〜 30 歳であった。高中で韓国語履修者の増加が見られたという報告とは真逆の傾向となる。これがデータを取得した時期による差なのか、年齢層による差なのかが興味深い。

表 1　台湾における「韓国語能力試験 (TOPIK)」の申込者数

	2016	2017	2018	2019
TOPIK I	4,398	6,043	5,675	5,024
TOPIK II	2,812	4,607	4,731	4,748
合計	7,210	10,650	10,406	9,772

3.4　観光ガイド試験（専門職業及び技術人員普通考試―導遊人員試験）

　台湾で行われる公務員任用試験および専門人員と技術人材の資格試験は、「考選部」(Ministry of Examination) が行政事務を担う唯一の機関である。観光ガイド試験も国家資格のひとつで、中国語または以下の外国語で観光ガイドを行うためには、この資格を有することが義務付けられている。受験科目の中に外国語（英語、日本語、フランス語、ドイツ語、スペイン語、韓国語、タイ語、アラビア語、ロシア語、イタリア語、ベトナム語、インドネシア語、マレー語から 1 つ選択）が含まれる [15]。本節では、ベトナム語やイン

ドネシア語などその他の第二外国語が導入された 2013 年から 2019 年まで
の試験申込者数の推移を、人数の多い上位 2 言語である英語・日本語と、英・
日以外の第二外国語の 2 つに分けて考察する。図 4、5 は筆者が作成した。

（1）英語／日本語の観光ガイド試験志願者数の推移

2013 年における英語ガイド受験申込者は 4,510 人、日本語ガイドが 1,398
人だったが、2019 年にはそれぞれ英語 2,501 人、日本語 882 人にまで減少
した。2013 年の合格率が英語約 41％、日本語約 17％と低かったことが翌
年の受験申込者数の減少を招いたのかもしれない。資格がないとガイド関連
業務につけないことを受けて難易度が調整されたのであろうか、翌年以降は
合格率が上がり、申込者数も落ち着いてきている。

日本語の申込者数のみを見ると年々減少しているような印象を受けるが、
英語とあわせ大枠をみると、両言語ガイド試験における申込者数の推移は
2014 年以降ほぼ平行している。

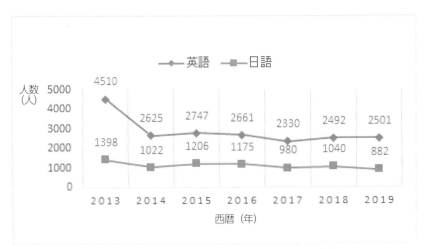

図 4　英日ガイド資格試験における申込者数の推移

（2）その他の外国語ガイド試験申込者数の推移

次に、英語・日本語を除いたその他の外国語を見る。英語と日本語の次に
受験申込者が多いのは韓国語で、4 番目がベトナム語である。韓国語は 2018

年の 347 人から 43 人減少し、2019 年は 304 人であった。ベトナム語は 2016 年から 2018 年にかけて倍近くの成長を見せており、台湾政府の新南向政策[16]や、台湾人と結婚した海外出身者の増加なども考慮すると、今後も伸びていくと予測される。同様に、5 番目に多いタイ語と 6 番目のインドネシア語も緩やかに伸びていくのではないだろうか。ヨーロッパの言語ではスペイン語が最も多く 49 人で受験者数も 2017 年の最低値 22 人から回復している。ロシア語が 2018 年の 9 人から 2019 年には 41 人に急増したのも興味深い。減少傾向にあるのはドイツ語、フランス語で、ともに 30 人を割っている。

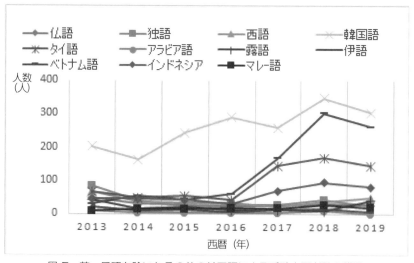

図 5　英・日語を除いたその他の外国語による受験志願者数の推移

　以上、複数試験のデータを中心に見てきたが、ここで台湾の出生数にまつわる周期について補足しておく。台湾の出生人口は約 12 年を周期に変化が起こる。十二支の辰年になると出生人口が増加し、寅年には減少する[17]。政府統計や教育部の予測報告などでもこの点が指摘され、学校や関係機関もこのデータを前提に運営戦略を練る。少子化の流れにある現在、例えば、2015 年度[18]における大学 1 年生の数は 26 万 9,923 人で、2017 年度には 24 万 810 人と約 10.8％減少したが、2018 年度には新入生が辰年生まれのため 24 万 7,725 人に増加している。考察には 12 年以上を最低単位として同条件

のもとに得られた資料を用いるのが理想だが、行政がフレキシブルで変化の速い台湾では容易でない。

3.5 台湾で実施されているさまざまな外国語能力試験のまとめ

本章では 5 つの試験を取り上げた。これらのデータで共通していたのは、英語を専攻または選択する者が減少傾向を示すものが多く、ベトナム語をはじめとする東南アジア言語の学習者と、これらの東南アジア言語を生かした資格試験参加者が増加している点である。

1.3 で触れたように、大学などの高等教育機関では 10 年前と比べて英語専攻者が約 1.4 万人減少した一方、日本語と韓国語が増加、次いでドイツ語がわずかに増加している。

以下、個別の試験について (1) から (5) に分けてまとめる。

(1) 技専校院の「統一試験」

全体の志願者総数および英語選択者が減少する中、日本語を受験科目に選んだ受験者の総数はわずかに減っているものの、ここ数年間ほぼ一定を維持していることがわかった。少子化の影響を受け、日本語受験者の総数が急増することはないだろうが、ビジネス志向が強い台湾の技職教システムでは、今後も日本と台湾の経済関係が順調である限り、一定の割合で日本語学習者が存在するであろう。

(2) 財団法人語言訓練センターの「FLTP」、(3)「SFLPT-Basic」

「外語能力試験 (FLTP)」では英語・日本語ともに受験者は減少傾向にあるが、スペイン語では増加していた。一方、「第二外語能力試験 (SFLPT Basic)」では日本語は減少傾向に、スペイン語は増加傾向にあった。この傾向は高等教育機関におけるスペイン語文類の学科在籍者数が減少傾向にあるのと逆である。これら 2 つの試験では日本語以外のアジアおよび東南アジア諸国言語は実施されていないため、南向政策を進めている現在の実情を知るためには他のデータを確認しておく必要がある。

(4)「韓国語能力試験 (TOPIK)」

学校機関のデータでは韓国語学習者が増加している印象が強いが、本稿の

3.3 で確認したように、2019 年の台湾における「韓国語能力試験（TOPIK）」の申込者数は初級（Ⅰ）で大幅に減少していた。中上級（Ⅱ）ではわずかに増加している。先行研究で他の第二外国語と比較した場合、韓国語学習者の増加が指摘されていたが、TOPIK では減少という逆の結果になっている。母集団と年齢層の異なるデータを参考にしているため、単純に比較はできないが、これらが一時的なものなのか、新たな傾向の現れなのかについては今後の動向が注目される。

(5)「ガイド試験」

　英語と日本語がほぼ並行して減少傾向にあり、韓国語は 2018 年をピークに 2019 年は減少に転じた。これも学校機関のデータとは逆である。増加傾向にあるのはベトナム語等の東南アジア言語で、これは台湾人と結婚した海外出身者とその子弟の増加や政府の新南下政策の後押しもあると考えられる。この傾向は高級中学での第二外国語履修者数および大学専攻学科在籍者数でも同様である。ガイド試験の場合は外国語というよりも本人の母語、または親から受け継いだ継承語[19]として、自らの強みとなる言語を資格に生かす学習者は今後も増えていくかもしれない。

4. 求められる「質の向上」「資源配分の見直し」

　少子化のあおりを受け、台湾の大学等の日本語関係学科は近年ほぼ毎年、修士課程や学士課程夜間コースを中心に学校側が教育部へ学生募集停止を申請している。普通大学を含む台湾全土の「大専校院」のうち、2019 学年度には合計 172 の学科・大学院研究科が募集停止を教育部に認可されている[20]。このため、高等教育機関で日本語を専攻する学習者の全体数が今後大きく増加するとは考えにくい。政策によっては中等教育以下の年齢層で日本語学習者が増加する可能性もあるかもしれない。一方、仕事や観光目的などで独学で学び続ける人や社会人学習者は具体的なデータがないため、増えたとしても学習者数全体を把握するのは困難だ。

　ここで以下に提言を述べる。これまで、台湾では社会的ニーズに応えるべく受け皿としての機関・コースおよび、日本語教員を増やしてきた。現在は日本語コースの新規学生募集の停止が出てくるなど、学習者数が減少する予

兆がすでにあるなか、各機関は存続をかけ、学習者数の維持を最優先するケースも出ている。学習者の獲得競争にともない、互いに競って手厚い教育サービスと学習サポートを提供するようになるという利点があるが、同時に目的意識の弱い学習者が増えることになり、学習が受け身になりやすい。オンラインによる独学が可能になった現在、学校や教室はこれらを上回る魅力と教育効果を備え、日本語利用の機会を提供できる場所になることが求められる。実用レベルをめざした言語学習には明確な動機と目標が求められ、教える側はいかに学習者の動機を引き出すかを積極的に考え続け、実行、修正を重ねていくことで学習者のニーズをとらえた授業を提供する必要があろう。

　上記のように学習者を受け入れる機関数が過剰になりつつある中で、教育の質の向上のほかにも、適切な資金配分の見直しも必要だ。正規の教育機関であれば国からの補助金がなんらかの形で出ており、仮に1クラスの人数が減るのであれば、少人数教育を充実させるための予算編成を改めて行うとよい。この他、例えば2018年に台湾で実施された新日本語能力試験で桃園会場が新設されたが、受験者は逆に減少した。本稿で取り上げた「統一試験」でも細かな実施データが公開されているが、日本語能力試験も受験者の目に触れるレベルでもう少し情報を外部公開してはどうだろうか。また、普及関係者は日本からは見えにくい現地の踏み込んだ情報を取得、活用すれば戦略を絞りやすくなるかもしれない。

　今後、日本語学習者数を増やせるか否かはわからない。できたとしても時間がかかろう。かつては日本経済の強さ、近年ではアニメ等の日本独自の文化が持つ魅力が少なからぬ日本語学習者を惹きつけた。今後はもっと積極的に他国にない日本の強さを掘り起こし、他国のニーズや興味を研究したうえでアピール方法を考えるとよい。同時に、日本のマイナスイメージを払しょくする努力も欠かせない。例えば、日本で2020年に「台湾で日本神話が崩壊しつつある」という主旨の報道があった。他国から見た日本のイメージが、新たな日本語学習者の獲得に影響するであろうことも忘れてはならない。日本語教師も、教育面だけでなく、日ごろから世界や地域情勢にアンテナを張り巡らせ、理解に努める必要がある。

謝辞

本稿の執筆にあたり、元交流協会台北事務所日本語教育専門員の野田美保さん (旧姓中川) から貴重なコメントをいただいた。ここに記して感謝を申し上げる。もちろん、本稿における内容や誤りはすべて筆者の責任に帰するものである。

注

1) 国際交流基金 (2017).「財団法人語言訓練測定試験センター（LTTC）サイト」
2)「中華民国教育現況簡介」2019 年 7 月 10 日綜合規劃司
3)「技術及職業教育法」第 3 条の第四、五項で以下の教育課程を提供する教育機関を指す。高級中等学校を含んだ技術及び職業教育全体を指す場合は＜技術型高級中等学校、普通型高級中等学校付設の専業群科、総合型高級中等学校の専門コース（以上、高級中等学校）と、専科学校、技術学院及び科技大学＞が含まれ、高等教育における技術及び職業教育を提供する教育機関を指す場合は＜専科学校、技術学院および科技大学＞が含まれる。
4) 文部科学省「高等学校学科別生徒数・学校数」（平成 30 年 5 月）
5) 國家政策研究基金會 https://www.npf.org.tw/2/1733
6) 教育部統計処「高級中等教育高中職学生比」
7) 台湾教育部による英語、フランス語、ドイツ語、スペイン語、日本語、韓国語、アラビア語、ロシア語といった外国語の人材を育てる学科の類別。
8) 台湾では毎年 8 月 1 日から翌年 7 月 31 日までを一学年度としている。
9) 教育部 2018 年 4 月 30 日「教育統計簡訊」第 110 号
10) 聯合報 2019.5.3 文藻外語大学欧亜語文学院の張守慧学部長の談話
11) 2018 年 5 月 18 日技専校院招生策略委員会大会で決議通過。
12) 財團法人語言訓練中心のＨＰで 2011 年から毎年の統計や要綱が見られる。https://www.lttc.ntu.edu.tw/SFLPT_ScoreR.htm
13) 2019 年 10 月 1 日現在。台湾外交部。台湾を国とみなす相手国の数。https://www.mofa.gov.tw/AlliesIndex.aspx?n=0757912EB2F1C601&sms=26470E539B6FA395
14) サントメ・プリンシペ民主共和国、パナマ共和国、ドミニカ共和国、ブルキナファソ、エルサルバドル共和国、ソロモン諸島、キリバス共和国の 7 カ国。このうち太字の 3 国がスペイン語を公用語としている。
15) 選部 https://wwwc.moex.gov.tw/main/content/wfrmContentLink2H.aspx?menu_id=29
16) 東南アジア諸国連合（ＡＳＥＡＮ）、南アジア、オーストラリアおよびニュージーランドなどの国々との関係を全方位的に発展させ、地域の交流発展と協力を促進することを軸にする政策。
17) 教育部統計処 (2019 年 5 月) 大専校院大學 1 年級學生人數預測分析報告
18) ここでいう年度とは、台湾の学年度（毎年 8 月 1 日～翌年 7 月 31 日）を指す。
19) 台湾の国際児は確実に増加している。服部 (2015) によると日本語の継承活動は 2001 年から無報酬で活動を開始し、2013 年には日本政府より台北日本語授業校が支援を受

けている。
20)中央通訊社 2018 年 12 月 5 日の報道

参考文献

岡本輝彦 (2018).「新たな転換期を迎えた台湾における日本語教育の現状と課題」『別府大学日本語教育研究』8, pp.3-11. 別府大学日本語教育センター.

国際交流基金 (2013).『海外の日本語教育の現状』くろしお出版.

国際交流基金 (2017).『海外の日本語教育の現状―2015 年度日本語教育機関調査より』.

産経新聞 (2020).「検疫指揮の『後藤新平』はいないのか　台湾で揺らぐ『日本神話』　新型肺炎対応に失望」『産経新聞』(2020 年 2 月 21 日).

服部美貴 (2015).『台湾に生まれ育つ台日国際児のバイリンガリズム』国立台湾大学出版センター.

文部科学省.「高等学校学科別生徒数・学校数（平成 30 年 5 月）」[http://www.mext.go.jp/a_menu/shotou/shinkou/genjyo/021201.htm] (2019 年 8 月 30 日閲覧)

財團法人語言訓練中心「測驗資源」[https://www.lttc.ntu.edu.tw/SFLPT_ScoreR.htm] (2020 年 2 月 11 日閲覧)

陳恆鈞・許曼慧 (2015).「台灣技職教育政策變遷因素之探討：漸進轉型觀點」『公共行政學報』48, pp.1-42. 国立政治大学公共行政学系.

法務部全国法規資料庫（法規データベース）「學位授予法 (2018 年 11 月 28 日修正)」[https://law.moj.gov.tw/LawClass/LawAll.aspx?PCode=H0030010] (2019 年 8 月 28 日閲覧)

國家教育研究院 (2019).「十二年國民基本教育各領域／科目課程綱要 Q & A」[https://www.naer.edu.tw/files/15-1000-16565,c1582-1.php]

國立中興大學「高級中等學校第二外語教育推動計畫」[http://www.2ndflcenter.tw/web/index/index.jsp][http://www.2ndflcenter.tw/web/class/class_in.jsp?cp_no=CP1560321784587] (2019 年 8 月 6 日閲覧)

黃玉玲・林官倍 (2018).「四技多元入學管道之評析」『台湾教育評論月刊』8, pp.160-167. [https://wwwc.moex.gov.tw/main/content/wfrmContentLink2H.aspx?menu_id=29]

教育部「107 學年度大專校院一覽表」資訊網 2018 [https://ulist.moe.gov.tw/Browse/UniversityList] (2019 年 8 月 8 日閲覧)
　「教育統計簡訊」第 110 号 統計處
　「中華民国教育現況簡介」綜合規劃司
　「中華民國技術及職業教育簡介中文版」技職及職業教育司
　「107 学年各級教育統計概況分析」2019 年 3 月教育部統計処

教育部統計処「高級中等教育高中職学生比查訊」[https://stats.moe.gov.tw/high/default.aspx]

技專校院入學測驗中心（ホームページ）「測驗業務」[https://www.tcte.edu.tw/exam4.php] (2020 年 4 月 16 日閲覧)

技専校院招生策略委員会 (2019).「学習歴程参採及技専系科招生選才内涵」(2019 年 6 月 13

日会議資料).

経済部国際貿易局「新南向政策工作計畫」[https://newsouthboundpolicy.trade.gov.tw/]
（2019 年 8 月 29 日閲覧）

考選部 (2019).「考試資訊」[https://wwwc.moex.gov.tw/main/content/wfrmContentLi
nk2H.aspx?menu_id=29] (2020 年 2 月 2 日閲覧)

労働部労働法令査詢系統（法令検索システム）「促進新住民就業補助作業要點」（2020 年 2
月 20 日閲覧）

王敏東・謝淑方 (2017).「臺灣日語學習人口及韓語學習人口的消長」『応用外語学報』
pp.1-23. 国立高雄第一科技大学応用外語学報第 27 期 .

外交部「我國國情資訊」[https://www.mofa.gov.tw/Default.html] (2020 年 1 月 19 日閲覧)

呉靖國・林騰蛟 (2010).「台灣高等技職教育發展的理論性反思」『教育資料集刊 47 輯－各國
技職教育』pp,1-24. 国家教育研究院 .

楊朝祥 (2007).「台灣技職教育變革與經濟發展」國政研究報告 國家政策研究基金會 [https://
www.npf.org.tw/2/1733] (2019 年 8 月 29 日閲覧)

中央通訊社 (2018).「因應少子化系科重整 大專校院 172 系停招」(2018 年 12 月 5 日掲載)

7 変わりゆく韓国の日本語教育と
釜山外国語大学の取り組み

松浦恵子

1. はじめに

　韓国の日本語学習者は、国際交流基金の 2015 年の調査結果では約 55 万人となっており、世界第 3 位で減少傾向にある [1]。韓国では 18 歳人口の減少 [2] や日本語を含む第二外国語が生活外国語と位置づけられた [3] ことにより大学入試において重要性が下がり、日本語学習者が減少したとされている。しかし、日本語を学習して韓国にある日本企業や日本にある日本企業で働きたいと考えている学生が増加しつつあるという報告もある（齊藤・倉持, 2019）。また、日本人と韓国人の国際結婚夫婦（以下、日韓夫婦と呼ぶ）の子どもの数は 2007 年は、表 1 のように 6,016 人でその後、増減はあるが 2017 年には 6,886 人となっており常に日本語を継承する子どもが一定数いることを示している [4]。

表 1　日韓夫婦の子どもの数　単位 (人)

2007 年	2008 年	2009 年	2010 年	2011 年	2012 年
6,016	6,508	6,838	5,734	14,510	16,237
2013 年	2014 年	2015 年	2015 年	2016 年	2017 年
		(1月)	(11月)	(11月)	
17,806	18,185	17,195	7,773	9,485	6,886

　このような状況を踏まえ韓国国内では、日本語のみを教える従来のカリキュラムから、独自のカリキュラムを作ったり、日本語学習者のみでなく韓国在住の日系の子弟を対象とした継承語としての日本語教育に力を入れはじ

めたりしている学校も一部であるが存在する。本稿では、その一例として筆者が勤務する韓国の釜山外国語大学での取り組みについて紹介し、今後の韓国の日本語教育について考察する。

2. 韓国の日本語教育と国のプロジェクト

　韓国の日本語教育は歴史が長く、韓国国内には日本語教育や日本語学、日本文学などを扱った学会や研究会が数多くある。学習者は減少傾向にあるが、一方で青年が海外へ進出するために韓国政府が推進する事業が新しく作られている。このような事業には、K-Move[5]や雇用労働部と韓国産業人力公団が作った青海進大学[6]などがある。そこでは日本就職を意識した日本語習得、IT、ホテルサービス関連の授業や特別講義などが行われている。このような事業が続く限りは、日本就職を目標とした韓国人の学生たちをターゲットとした多様な授業や特別講義などが活発に実施される。

　しかしいずれの事業も、期間が決まっていることや、国の方針や実績により当初の予定や予測よりも早く終了することもある。

　韓国の高等教育機関では学習者の減少を理由に、日本語学科と他の学科を統合したり日本語学科をなくしたりするところもある。そのような中で、国の事業に左右されないのが、大学独自のカリキュラムや活動、プログラムの立ち上げやアプリの開発などである。

3. 日本語教育の多様化

　釜山外国語大学は、全部で 20 以上の言語を学ぶことができる私立大学である。日本語創意融合学部は 2020 年の入学定員が 130 人で、英語学部の定員 120 人、中国学部[7]の定員 100 人を抜いて 1 つの言語を学ぶ学部としては学内で最も大きな学部となっている[8]。

　日本語創意融合学部では、2011 年ごろより大学独自の次の 3 つのプロジェクトが始まった。これら 3 つのうち一部は一時期、国からの予算を使い実行されていた。

・ 継承語としての日本語教育（2011 年〜）
・ Can-do シラバスの作成（2011 年〜）
・ 日本語学習用スマートフォンアプリの開発（2017 年〜 2018 年）

　これらは、多様化し常に変化を続ける韓国の日本語教育を反映したプロジェクトの一部である。そして筆者はこれらすべてのプロジェクトに参加している。

3.1　継承語としての日本語教育

　韓国には 2019 年 10 月の時点で日本人学校が 2 校ある。平日は現地校に通う日系の子どもたちに、主に週末に日本語の授業を行う日本語補習授業校は、過去には存在したが、設立条件が厳しく現在は存在しない。しかし、韓国には日韓夫婦の子どもたちが常に一定数いる。そのため、釜山地域に住む日韓夫婦や日本人夫婦の子弟を対象として、日本語や日本文化を伝えていくことを目的とし「釜山日本村」という団体を立ち上げた。

　釜山日本村は、2011 年に地域のコミュニティとしての役割を担って活動を始めた。筆者は立ち上げから関わっており、2017 年からは全体を総括する事務局として運営を担っている。

　釜山日本村の会員は、子ども、保護者、そしてサポーターと呼ばれるボランティアで構成されている。過去 5 年間の在籍人数およびクラスは表 2 のとおりである。

　釜山日本村の活動[9] は、幼稚部は歌や絵本の読み聞かせや工作などで、小学部はクラスのレベルによって多少異なるが、日本語の勉強、歌、ゲーム、作文などである。活動は原則 1 カ月に 1 回、年間 7 回（活動は 4 〜 6 月、9 〜 12 月）で、釜山市内にある学習塾を借用して活動している。しかし、学習塾では広さの問題から、日本語を教えることはできても日本文化を教えたり体験したりすることが困難となる。そのため、1 年に 1 〜 2 回は釜山外国語大学の広い体育館を利用して日本文化体験や運動会を開催している。

表 2　釜山日本村の過去 5 年間の在籍状況　　単位（人）

年度	子ども （クラスごとの人数）	子ども （計）	保護者 全体	サポーター	合計
2015	幼稚部	20	15	2	37
2016	幼稚部	17	23	3	57
	小学部 [10]	14			
2017	幼稚部	15	26	4	60
	小学部 （おたまじゃくしクラス 8 人、 カエルクラス 7 人 [11]）	15			
2018	幼稚部	17	28	2	66
	小学部 （たまごクラス [12]8 人 おたまじゃくしクラス 5 人 カエルクラス 7 人）	20			
2019	幼稚部	16	21	2	50
	小学部 [13]（たまごクラス 3 人 おたまじゃくしクラス 8 人）	11			

　釜山外国語大学には、2014 年から 2018 年まで国からの予算で設立された J-bit スマート融合事業団が存在した。その事業団のプログラムのひとつとして釜山外国語大学の韓国人の学生を小学部に派遣し子どもたちの学習や活動の補助をした。また、2019 年度から釜山の日本人留学生を募集し幼稚部と小学部の活動補助を実施した。活動の補助には、複数の利点がある。それらは次の通りである。

　・ 保護者の負担減
　・ 韓国人学生の日本語学習
　・ 日本人留学生の達成感
　・ 地域と日系コミュニティのつながりの強化

　日本人留学生からは、「同じ日本人として何か手伝いたい」「留学中に経験できることはなんでもしたい」という声があり、活動補助後は、「子どもが好きなので楽しかった」という感想が多い。

　そして子どもたちからは、「お母さんや他の友だちのお母さんと勉強するより、大学生のお兄ちゃん・お姉ちゃんと勉強するほうが楽しい」という声がよく聞かれる。

　このような釜山日本村の活動は、子どもたちが現在住んでいる韓国に加え、親のルーツや子どもが自分自身のルーツを知り、親の母国に直結する日本の言語や文化を知るきっかけとなる。そして日本語と韓国語の両方の言語と文化に精通した子どもたちの育成は、将来的に日本と韓国の懸け橋となる可能性が大きいと思われる。

　ところが、2011年当時から通っていた子どもたちが思春期や反抗期を迎え、勉強自体を嫌がり釜山日本村を去ってしまった。釜山日本村は、日系の子どもたちに日本語や日本文化を伝えていくという趣旨でスタートしたものの、思春期や反抗期にさしかかった子どもたちをどのようにコントロールしサポートしていくべきかが今後の課題となっている。

3.2　Can-do シラバスの作成

　釜山外国語大学では、2012年まで日本語のレベルではなく学年によって履修科目が固定され、必修化していた。例えば1年生なら「初級日本語会話」「初級日本語文法」を、そして2年生は「中級日本語会話」「作文」などの授業を受講しなければならなかった。しかし年々日本語学習の開始が低年齢化し、昔と比べるとインターネットを使えばいつでも自由に日本語や日本文化に触れられることから、入学してくる新入生のレベルのばらつきは大きい。入学時に日本語能力試験（JLPT）のN1を取得している学生が自動的に初級レベルに編成され、1つのクラスの中にひらがなもカタカナもわからないゼロ初級とN1取得者が混在することになった。また、成績は大学の方針によりクラスによって相対評価か絶対評価か決まっている。たった1学期間でゼロ初級がN1取得者に追いつくのは外国語環境では相当難しいため、相対評価のクラスではゼロ初級の学生は最初からやる気をなくしN1取得者は楽にいい成績が取れることから、学習にそれほど集中しないこともあった。

　そうした状況で迎えた2011年にJ-GAP (Japanese Global Articulation

Project) が発足し、世界の 9 つの国と地域で始まった。これは 1 つの科目を履修した後や、学習する機関が変わっても既習項目の続きから学習がスムーズに継続できるような縦と横の連携をめざしたプロジェクトである。釜山外国語大学は、J-GAP Korea のモデル校として 2012 年から 2015 年まで参加した [14]。

そして、J-GAP Korea としての活動は 2015 年に終了したが、Can-do（到達目標）を達成するための活動集を日本人教員が執筆し 2018 年 2 月に出版している。

J-GAP Korea が始まった 2011 年当初、Can-do シラバスの理解と作成のために外部講師を招へいしてワークショップをし、勉強会を重ねた。加えて、CEFR や国際交流基金による JF 日本語教育スタンダード等を検討し、韓国国内にて韓国語母語話者が学ぶシラバスを考案した。J-GAP Korea として活動していた期間に、モデル校として取り組んだのは、教務的なことから教員間の連携まで広範囲にわたる。それらは、次の通りである。

⑴ 文法シラバスから Can-do シラバスへ
⑵ オンラインレベルチェックテストの導入
⑶ 技能別からレベル別の授業へ
⑷ 学習記録の継承
⑸ 縦と横の連携構築

上記の ⑴ 〜 ⑸ について、ひとつずつ見ていく。

（1）文法シラバスから Can-do シラバスへ

2012 年までは文法シラバスを使用し、どの文法項目がどの科目で教えられるかが決まっていた。そしてレベルは「初級」「中級」「高級 [15]」と分かれていた。これを Can-do シラバスに変更した。そして、学習目標を「て形の習得」や「受身形の習得」ではなく、「自分と身近な人々について、短い語句や文で表現できる。」のように、「〜できる」の形で表した。このように学習目標が文法項目ではなく Can-do（〜できる）になったことで、学習者には到達目標が非常にわかりやすくなった。さらに日本語教師以外の人（就職時における一般企業の採用担当者など）にも、学習者が達成した目標がわか

りやすくなった。

　また、それまで「初級」「中級」「高級」と分かれていたレベルを 6 つのレベルに分け、12 のトピックを作った。釜山外大 Can-do の数やおおまかな内容は表 3 の通りである。

表 3　釜山外大 Can-do の数およびレベル

	トピック		A1	A2	B1-1	B1-2	B2-1	B2-2	合計
1	自分と身近な人々	自分に関する話題、友達や家族など身近な人、ペットの話題など	Can-do ×3	Can-do ×3	Can-do ×3	Can-do ×3	Can-do ×3	Can-do ×3	18 Can-do
2	住まいと住環境	住居や居住地域に関すること (部屋、家具、周辺施設など)	Can-do ×3	Can-do ×3	Can-do ×3	Can-do ×3	Can-do ×3	Can-do ×3	18 Can-do
3	からだと健康	身体の部位や特徴、健康などに関する話題	Can-do ×3	Can-do ×3	Can-do ×3	Can-do ×3	Can-do ×3	Can-do ×3	18 Can-do
4	食生活	食べ物の好き嫌いや食事の習慣など、食生活に関する話題	Can-do ×3	Can-do ×3	Can-do ×3	Can-do ×3	Can-do ×3	Can-do ×3	18 Can-do
5	旅行と交通	旅行や交通に関すること（旅程、公共交通機関、観光など	Can-do ×3	Can-do ×3	Can-do ×3	Can-do ×3	Can-do ×3	Can-do ×3	18 Can-do
6	自然と環境	自然や環境に関すること (天候、季節、環境問題など)	Can-do ×3	Can-do ×3	Can-do ×3	Can-do ×3	Can-do ×3	Can-do ×3	18 Can-do
7	仕事と職業	仕事と職業(企業、職種、職務など)、将来就きたい職種など	-	Can-do ×3	Can-do ×3	Can-do ×3	Can-do ×3	Can-do ×3	15 Can-do
8	買い物	実際の買い物場面、買い物行動に関する話題	-	Can-do ×3	Can-do ×3	Can-do ×3	Can-do ×3	Can-do ×3	15 Can-do
9	文化	文化についての話題（年中行事や個人・家族に関する記念日など）	-	Can-do ×3	Can-do ×3	Can-do ×3	Can-do ×3	Can-do ×3	15 Can-do
10	地域社会と世界	自分の国のことや、そのほか、地理・歴史・時事問題などについての話題	-	Can-do ×3	Can-do ×3	Can-do ×3	Can-do ×3	Can-do ×3	15 Can-do
11	趣味と余暇	放課後や休日、趣味（音楽、ファッション、映画、ドラマ）やこだわりなどに関する話題	-	-	-	-	Can-do ×3	Can-do ×3	6 Can-do
12	学校と教育	自分が所属する学校の様子や学校での生活に関する話題	-	-	-	-	Can-do ×3	Can-do ×3	6 Can-do

（2）オンラインレベルチェックテストの導入

　レベルチェックテストは主に新入生を対象に毎年 2 月に行った。J-CAT[16]を利用し「釜山外大 Can-do」に合わせて点数を区切り、J-CAT の点数に合

わせて履修登録をするようにし、レベルが合わない学生は履修登録修正期間
に移動するという方法をとった。これにより、以前のように 1 つのクラスの
中に JLPT の N1 取得者とゼロ初級が混在するという極端なレベル差はかな
り縮まった。

(3) 技能別からレベル別の授業へ

　2012 年度まで「日本語発音クリニック」「日本語初級文法」「日本語初級
会話」「日本語作文」として週に 3 時間開講されていた 4 つの科目が 2013
年度からは「日本語 A1」や「日本語 A2」などの名前の総合科目として開
講した。技能別に科目が分かれていたときは、その技能のみを教えて練習す
ることが中心になっていた。しかし Can-do シラバスに変更し科目の目標も
Can-do（〜できる）にしたことで、その到達目標を達成するために必要な技
能が 1 つでは十分でなくなった。そのため「読む」「書く」「聞く」「話す」「文
法」を取り入れた総合科目となった。

　この総合科目は通称「レベル別授業」と学内では呼ばれており、レベル
は下から「日本語 A1」「日本語 A2」「日本語 B1-1」「日本語 B1-2」「日本
語 B2-1」「日本語 B2-2」となっている。授業時間は、「日本語 A1」「日本語
A2」「日本語 B1-1」「日本語 B1-2」が週に 6 時間、「日本語 B2-1」「日本語
B2-2」が週に 4 時間である。

　ところが大学の方針により、2017 年から、「日本語 A1」から「日本語
B2-2」まで、すべて週に 4 時間（1 日 2 時間× 2 日）となってしまった。こ
の総合科目は原則的に日本人教員が担当する科目である。授業中にやるべき
ことの取捨選択、宿題にすべきもの等の検討を重ね、方針を決定した。具体
的な内容は、3.3 を参照されたい。

(4) 学習記録の継承

　釜山外国語大学には年度により変動はあるものの常に 10 人前後の日本人
教員がいる。ひとつのレベルの履修が終わったあと、その次のレベルを別の
教員が担当することも珍しくない。そして、次のレベルにスムーズにいくた
めには、学習事項や学習者自身の記録や振り返りの引継ぎが重要だ。そこで、
学習と教授活動の継続性を担保するため、ポートフォリオ評価を取り入れた。
2015 年までのプロジェクトでは試作版までしかできなかったが、その後の

改訂により 2018 年 2 月には正式に出版という運びになった。2019 年 2 学期の時点でポートフォリオの使用は学生には義務となっている。ポートフォリオの使用は、学生にとっては学習前と学習後の目標の達成度の確認、そして次のレベルでその学生を教える教師にとっては学習者の既習項目の把握や振り返りを知るのに役立っている。

(5) 縦と横の連携構築

このプロジェクトは、学習機関が変わったり担当教員、クラスが変わったりしてもスムーズに学習が継続されることを目標としている。そのためにはレベル間や教員間、大学本部と日本語学部のスムーズな連携は欠かせない。縦と横の連携をスムーズにするためには、学部内の連携はもちろんのこと、大学内で数ある学部の中のひとつである日本語学部がこのような取り組みをしていることやその利点や課題までも大学を超えて発信していく必要があった。そのため韓国国内外の学会や学内の研究プロジェクトなどに積極的に参加し発表、セミナー開催などを実施してきた。

3.3　日本語初級学習者用スマートフォンアプリの開発

2013 年から Can-do シラバスによるレベル別授業にしたことで、文法の難易度に縛られた提示順を強制されなくなった。そして、大学の方針により 2017 年からは週に 6 時間の授業が 4 時間に短縮された。しかし時間が 4 時間になっても学習項目はほぼ同じであるため、授業時間内の教授は不可能となった。

そのため、2017 年から J-bit スマート融合事業団のプロジェクトのひとつとして、日本語初級学習者用のスマートフォンアプリ「にほん GO」を開発した。このアプリの構成は表 4 のようになっている。

表 4　「にほん GO」の構成

	構成
文字	ひらがな、カタカナの筆順、指でなぞり書き
語彙	JLPT の N4 レベルの語彙 1,000 語
文法	名詞、形容詞、動詞（文型が 10 種類）
単語帳	覚えていない語彙を集めて自分だけの単語帳を作ることができる

　「文字」は、「日本語 A1」や日本語学部以外の学生が主に履修する「基礎日本語」という授業で活用されている。そして「語彙」は、日本語と韓国語で書かれているページをタップひとつで日本語または韓国語の部分を隠して、1 人で語彙を覚えることもできる。覚えていない語彙は星印をタップすると色が黄色に変わる。黄色に変わった語彙は「単語帳」に登録されるので自分だけの単語帳を作ることも可能である。

　さらに、「文字」「語彙」「文法」「単語帳」には、それぞれ選択肢が五つあるクイズがあるため、1 人でテストをすることもできる。学生たちへのアンケートから以下のような反応が見られた（一部抜粋）。

　・「楽しい！」
　・「いつでもどこでもスキマ時間を使って勉強ができる」
　・「紙のプリントで勉強するより面白い」

　このアプリは iOS および Android 用がリリースされており、誰でもダウンロードが可能となっている[17]。

　なお、このアプリは開発当初は反転授業を意識しており、授業が始まる前に文法や語彙を自分で勉強してきて授業では文型（例：辞書形から受身形に活用させる方法等）や語彙の説明等はせず、すぐに Can-do を達成させるための場面を提示し、活動に入るということを考えていた。

　しかし、アプリの中身は釜山外国語大学の日本語学部で考えて作り、それを実際にアプリ化することは外注としたため、予算の関係上当初考えていた

内容（教員が学習状況を把握すること、クイズの正解率により学生のランキングを表示すること、イラストの枚数を増やすことなど）が一部アプリ内で実現できなかった。今後はアプリ内に組み込むことができなかった部分をどうするかが課題である。

4. 韓国の日本語教育の今後

　本稿では、変わりゆく韓国の日本語教育と韓国国内での取り組みについて、釜山外国語大学を基点に紹介した。国の方針や18歳人口の減少、政権の交代などにより、それまで続いていた事業の終了や変更などの事態が起こり得る。また、韓国に限ったことではないが、近年ではわざわざ大学や日本語教室に通わなくても、一般に公開されている動画やインターネットを駆使することで、日本語の習得はある程度までは可能ではないかと思われる。

　このような状況を考えると、今後も同じような変化が起こることが予想される。これも視野に入れて本稿で触れた、継承語としての日本語教育、Can-do シラバスの作成、日本語学習用スマートフォンアプリの開発といったプロジェクトを進めていくことが重要である。そしてただ日本語を教えるだけではなく、K-Move やレベル別授業などといった特色を持ち、多様化してきた日本語学習者にも対応していくことができるようにしなければならない。そのためには、国の情勢を観察しながら将来を予測することを意識し、習慣化することがひとつの方法ではないかと考えられる。

　第3章で述べた釜山外国語大学で進めている3つのプロジェクトには課題も残されている。これらの課題をひとつずつ改善していくのと同時に、新たなプロジェクトを立ち上げて進めていくことも必要となっている。本稿執筆の2019年10月現在、Can-do シラバスおよび釜山日本村に関連した新たなプロジェクトが始まろうとしている。それについての報告はまた別の機会に譲りたい。

注

1) 国際交流基金『海外の日本語教育の現状 2015 年度日本語教育機関調査より』による。
2) 韓国の国家統計ポータルサイト (KOSIS　Korean Statistical Information Service) による。
3) 2019 改定教育課程の施行による。
4) 多文化家族支援ポータルサイト (danuri) による。
5) K-Move とは、韓国人の人材が海外に就職できるよう支援するプログラムの総称で、韓国産業人力公団 (HRD)、大韓貿易投資振興公社 (KOTRA)、雇用労働部や企画財政部、教育部、外交部、産業通商資源部などが主に進めている。
6) 名前が大学の名前のように見えるが事業の名前である。
7) 学部の名称は「中国学部」であり中国学部の中に「中国語専攻」と「中国地域通商専攻」がある。
8) タイ語、ミャンマー語、カンボジア語、ベトナム語などの東南アジアの複数の言語が合わさった学部 (東南アジア融合学部) の定員は 160 人である。
9) 詳細は 釜山日本村のブログ　https://ameblo.jp/busan-nihonmura/ を参照。
10) 子どもの増加により 2016 年度から幼稚部と小学部に二分した。
11) 小学部の人数が増えたためレベル別に下から「おたまじゃくしクラス」「カエルクラス」と分けた。
12) 幼稚部から上がってきた新 1 年生のために「たまごクラス」を新設。レベル的には小学部の中で最も低い。
13) 2019 年度はカエルクラスは希望者が少なかったため開設していない。
14) このプロジェクト実施期間中は、国際交流基金からの助成金を受けプロジェクトが進められた。
15) 韓国では上級のことを「高級」と言う。
16) J-CAT とはインターネット上で受験できるコンピュータ適応型テストである。https://j-cat.jalesa.org/
17) iOS のダウンロードは　https://apps.apple.com/jp/app/%E3%81%AB%E3%81%BB%E3%82%93go/id1355580633 Android 用のダウンロードは https://play.google.com/store/apps/details?id=air.kr.ac.bufs.jbit.basic&hl=ja (2021 年 8 月 26 日閲覧)

参考文献

李明姫・小野里恵 (2011).「基礎日本語科目の方向性と課題 : J-GAP モデル校である新羅大学校日語教育科を例に」『日語日文學』52, pp.105-117. 大韓日語日文学会 .

齊藤明美・倉持香 (2019).「日本語学習者の就職に対する意識と企業が求める人材　―韓国におけるアンケート調査及びインタビュー結果を中心に―」『日本語教育研究』47, pp.107-126. 韓國日語教育學會 .

鄭起永・検校裕朗・金炫炅・車尚禹・奈須吉彦・松浦恵子・岩崎浩与司・石塚健・小野里恵・平中ゆかり (2012).「アーティキュレーション達成のための 2012 年度 J-GAP 韓国の活動」『日語日文学』55, pp.207-221. 大韓日語日文学会 .

鄭起永・検校裕朗・奈須吉彦・松浦恵子 (2013).「J-GAP 韓国の発足と現在までの取り組み　―モデル校の釜山外国語大学を一例として―」『日本語教育通信　海外日本語教育レポート』[https://www.jpf.go.jp/j/project/japanese/teach/tsushin/report/201304.html] (2021 年 8 月 31 日閲覧)

鄭起永・検校裕朗・奈須吉彦・鄭芝恩・黄美慶・車尚禹・鈴木裕子・永嶋洋一・鄭希英・文相根・小野里恵・水沼一法 (2014).「高校・大学のアーティキュレーションと Can-do の可能性に関する考察　―J-GAP 韓国の場合―」『日本語教育』67, pp.29-45. 韓国日本語教育学会.

鄭起永・検校裕朗・金熙靜・車尚禹・小野里恵・松浦恵子 (2015).「J-GAP を通して高等学校と大学と社会のアーティキュレーションを考える」『日語日文学』66, pp.191-208. 大韓日語日文学会.

鄭起永（監修）釜山外大 Can-do 教材開発チーム (2018).『日本語水準別 Can-do statements ポートフォリオ A1/A2』釜山外国語大学出版部.

鄭起永（監修）釜山外大 Can-do 教材開発チーム (2018).『日本語水準別 Can-do statements ポートフォリオ B1-1』釜山外国語大学出版部.

鄭起永（監修）釜山外大 Can-do 教材開発チーム (2018).『日本語水準別 Can-do statements ポートフォリオ B1-2』釜山外国語大学出版部.

鄭起永（監修）釜山外大 Can-do 教材開発チーム (2018).『日本語水準別 Can-do statements ポートフォリオ B2-1』釜山外国語大学出版部.

鄭起永（監修）釜山外大 Can-do 教材開発チーム (2018).『日本語水準別 Can-do statements ポートフォリオ B2-2』釜山外国語大学出版部.

鄭起永（監修）釜山外大 Can-do 教材開発チーム (2018).『日本語 Can-do 達成のための活動集 教師用指導書』釜山外国語大学出版部.

奈須千佳子・水沼一法・松浦恵子・鄭起永・金鐘熙 (2014).「日本語・日本文化の継承活動に関するアンケート調査の結果と考察 ―日系子女コミュニティ「釜山日本村」の場合―」『日語日文學』61, pp.141-159. 大韓日語日文學會.

松浦恵子 (2016).「韓国・釜山における日本語・日本文化継承コミュニティと大学をつなぐ試み」『CAJLE2016 年次大会予稿集』pp.192-197. CAJLE・カナダ日本語教育振興会.

松浦恵子・諏訪昭宏・小林安那 (2019).「日本語 A1,A2 レベルの韓国人学習者を対象とした日本語学習アプリ「にほん GO」の開発と使用例」『CASTEL/J2019 予稿集原稿』pp.261-264. [https://www.jbit.or.kr/~2019castelj/program.html](2021 年 8 月 31 日閲覧)

danuri（韓国の多文化家族支援ポータルサイト）[https://liveinkorea.kr/portal/KOR/page/contents.do?menuSeq=295&pageSeq=289#] (2020 年 2 月 29 日閲覧)

KOSIS　Korean Statistical Information Service（韓国の国家統計サイト）[http://kosis.kr/statHtml/statHtml.do?orgId=101&tblId=DT_1BPA003&vw_cd=MT_ZTITLE&list_id=A41_10&seqNo=&lang_mode=ko&language=kor&obj_var_id=&itm_id=&conn_path=MT_ZTITLE] (2019 年 9 月 20 日閲覧)

National Curriculum Information Center（韓国の国家教育課程情報センター）[http://ncic.kice.re.kr/mobile.dwn.ogf.inventoryList.do#] (2019 年 10 月 13 日閲覧)

8 日本語教育は異文化間をつなぐ
―ベナン共和国における IFE 日本語学校の実践―

大石有香

1. はじめに

　日本語教育は、日本語を母語としない人を対象とする語学教育であり、日本文化と異文化との接触の場となる。日本と接触の少ない地域、また文化においても、日本語教育という接触場面を通じて、異文化間をつなぐことができることもある。本稿では、そうした好例として、IFE 日本語学校の実践を取り上げ、日本語教育が開始され、継続されることが、いかに「異文化間をつなぐ」ことになるのかについて述べていきたい。

2. ベナン共和国

　ベナン共和国（以下、ベナンとする）は、西アフリカのギニア湾沿いに位置し、人口は約 1,100万（The world bank, 2019）である。1960 年 8 月 1 日にフランスから独立し、公用語はフランス語である。図 1 のとおり、ナイジェリアと東で国境を接し、大西洋に面している。観光や地下資源などを考えても、日本とは外交や

図 1　アフリカ地域

経済的交流が盛んとはいえない。

　日本との経済的交流について、アフリカ地域において最も盛んなのは南アフリカ共和国である（2019 年、外務省により発表されている年間対日輸出入額では、合計額が 8,512 億円、アフリカ地域内で最高値）。西アフリカ地域（本稿では、西アフリカ諸国経済共同体とする）において、盛んなのは年間対日輸出入額の合計約 2,358 億円のリベリアである。約 1,038 億円のナイジェリア、約 254 億円のガーナと続く。ベナンは、約 7 億 3 千万円、第 12 位である。合計額は、南アフリカ共和国の約 0.08% にとどまる。

　西アフリカ地域の中で日本語教育を実施している国々ではどうか。西アフリカ地域は 15 カ国からなるが、うち日本語教育が教育機関において実施されている国は 5 カ国あり、ガーナ、コートジボワール、セネガル、ナイジェリア、ベナンである。5 カ国中、最も年間対日輸出額が高いのは前述したナイジェリアであり、次いで、ガーナ（約 254 億円）、セネガル（約 94 億円）、コートジボワール（約 64 億円）、ベナンの順で、ここでもベナンが最下位である。ベナンに次いで合計金額の高いコートジボワールと比較しても、ベナンはコートジボワールの約 11% である。西アフリカ地域で日本語教育を実施している国々の中でも、ベナンとベナン以外の国とでは、年間対日輸出入額の差が大きいことがわかる。

　このように、日本との経済的交流が乏しい国で、一体日本語教育の需要があるのか、なぜ経済的交流が盛んではないのに日本語教育なのか、こういった疑問があろうかと思う。この疑問を、IFE 日本語学校の実践や、日本語学習者を対象とした学習動機調査結果から明らかにし、また日本語教育を継続する上での留意点を、教材作成の経験から判明した事例をもとに述べる。

3. IFE 日本語学校

　2003 年ベナンにはじめて日本語教育機関が設立された。それが IFE 日本語学校である。IFE とはベナンの民族の言葉で「愛」「分かち合い」という意味を持つ。この IFE 日本語学校は、本稿執筆時の 2019 年現在も継続し運営されている。そして、IFE 日本語学校は 2003 年から 2019 年現在まで、ベナン国内で唯一の日本語教育機関である。

　IFE 日本語学校は、コトヌーにある。ベナンの首都はポルトノボだが、憲

法上の首都であり、各省庁や各国の大使館、国際空港など実質的な首都機能はコトヌーにある。

　IFE 日本語学校では、これまで延べ 1,600 名以上が日本語を学んできた。このうち、延べ 90 名が日本に留学し、2019 年現在の在校生は 100 名、学校としての最大受入可能人数を充足している。

　学校が設立された 2003 年当時、ベナン国内に日本企業はなく、日本との経済的交流が乏しい国で、どのようにして日本語学校が設立されることになったのか、その背景と経緯をみていく。

　IFE 日本語学校はベナン人であるゾマホン・ルフィン氏と、日本人の山道昌幸氏の 2 人によって設立された。山道氏は、非営利活動法人 IFE の代表理事であり、設立当初から現在までの学校運営については主に山道氏が担っている。山道氏によると、異文化の対立を防げることができるのではないかということが日本語学校設立の一端となったとのことである。山道氏に日本語学校設立に至った経緯について聞き取り調査を行った。本章では、聞き取り調査の内容について記す。聞き取り調査日は、2019 年 6 月 22 日である。

　2001 年 9 月、アメリカ同時多発テロが起きたとき、山道氏はアメリカに滞在していた。現場にいあわせたわけではなかったが、アメリカの人々が強い衝撃を受けていたことを肌身に感じたという。この事件については、イスラムの一部の人々がアメリカを攻撃したものとニュースでは毎日のように報じられていたが、その原因が述べられることはなく、山道氏はなぜこのような事件が起きてしまったのか、原因をたどりたいと強く思ったという。

　争いの原因がなければ争いは起きないわけだが、人が集まり交流することで社会が作られる以上、異文化との接触は避けられない。現代では、人々が世界を行き来することが容易になったため、接触する異文化は多様になり、自文化との差が大きい異文化との接触もある。しかし、接触する相手国の文化を知ることができれば、争いのもととなる対立を防げるのではないだろうか。

　異文化の国のことばを知ることは、その国に住み、その国のことばを話す人々の視点を持つことにつながるのではないか。日本語教育を通して、日本語を異文化の人々に知ってもらうことは、日本の風土や、日本語を話す人々の考え方を知ってもらうことにつながるだろう。それは、日本語を母語とする人々と、日本語を学ぶ人々の間の対立を防ぐことにつながるのではないか、

さらに、それは平和につながるのではないか、と山道氏は考えたという。

　また、当時、IFE 日本語学校設立者のもう 1 人であるゾマホン氏は、ベナンを発展させたいと考えており、その手段のひとつとして日本語学校設立を考えていた。ベナンの発展には日本の明治初期のように海外からの情報や知識を取り入れることが必要だと考え、そのために留学生を日本に送り、優秀な人材を育成するべく日本語学校設立を希望していた。そして、ベナン国内にも日本語教育を希望する声が高まってきていた状況があった。

　こうして、ゾマホン・ルフィン氏と山道氏の 2 人により、IFE 日本語学校が設立されることとなった。

　設立当時、ベナンには日本大使館がなく、日本語を学んでも日本へ留学することは困難を極めた。ベナンに日本大使館が設置されたのは、2010 年 1 月である。日本の国会予算委員会（第 166 回、第 8 号）で糸川正晃氏がベナンで日本語教育が行われていることをあげ、「日本に行きたいけれども行く手段がない、大使館がなければビザもなかなかとれないんだ（一部抜粋）」と発言し、日本大使館創設を提案した。それが端緒となり在ベナン日本大使館が誕生することとなった。その後は日本留学への門戸が希望する者すべてに開かれている。また、2011 年には大阪外国語大学から日本語実習生、2017 年には上智大学の学生を受け入れており、日本語学習者と日本人大学生との交流も始まっている。

　つまり、日本語教育は異文化間の結び目となることが期待できるのではないだろうか。この点については、次章の日本語学習動機の中で述べていきたい。

4. 日本語学習の動機

　第 3 章では、IFE 日本語学校設立者である山道氏からの聞き取り内容をもとに日本語学校設立の背景を概観した。本章では、日本語学習者の立場からは、日本語教育をどう見ているのか、日本語学習の動機調査から明らかになったことを記していく。大石（2017）では、IFE 日本語学校で学習者に対し、日本語学習動機などについてインタビュー調査を行っている。以下で、大石（2017）を概観する。

　IFE 日本語学校の日本語学習者 28 名（男女比はおよそ半々、年齢は 15 〜

40 歳まで）に対し、半構造化インタビューで自由に語ってもらった（調査設計は筆者、調査実施者は IFE 日本語学校関係者に協力を得た）。調査項目は以下のとおり。

　(1) 職業　(2) 日本語学習歴　(3) 母語　(4) 日本語学習の動機

　属性は (1) から (3) のとおり、大学生・大学院生が最も多く、学習歴は 1 年以上 4 年未満が多い。母語は民族が多いこともあり、非常に多様である。

(1) 職業

　社会人 10 名、大学生・大学院生 15 名、高校生 2 名、無職 1 名

(2) 日本語学習歴

　1 年以上 2 年未満 9 名、2 年以上 3 年未満 9 名、3 年以上 4 年未満 7 名、4 年以上 5 年未満 1 名、6 年以上 7 年未満 1 名、9 年以上 10 年未満 1 名

(3) 母語（家庭で使用している言語。2 言語以上の場合がある。）

　フォン語 12 名、グン語 5 名、デンディ語 4 名、ナゴ語 1 名、フォラ語 1 名、ペダ語 1 名、ヨルバ語 1 名、トリ語 1 名、アジャラ語 1 名、フランス語 2 名

(4) 日本語学習の動機

　日本語学習の動機は、日本語学習を始めたきっかけとして、趣味と日本留学をあげるものがほぼ半数ずつであった（少数は、趣味と日本留学どちらも兼ねる）。次いで多く聞かれたのは、日本語の文がおもしろい、日本語の音がおもしろい、もともと幅広く言語に興味があったなど、言語としての日本語の魅力に関するものであった。そのほかは、日本の技術力に興味がある、高校生のとき教師からすすめられた、などである。そして、日本の技術力に興味がある、と答えつつも、日本留学をめざさない学習者がいた。なお、日本語学習を継続する理由としては、日本留学が多かった。

【趣味】について

　インタビュー対象者が経済都市コトヌー周辺在住であり、コトヌーとその周辺ではインターネット環境が整備されている（コトヌーにある基地局から

直接電波を受信することでインターネットを使用）。こうした背景のもと、インターネットで視聴できるアニメ、マンガ、音楽が好きとの回答が最も多い。国際交流基金（2014）による調査でも「（ベナンでは）ポップカルチャーに対する関心も若年層の間では少しずつ高まっている」と報告されている。

とはいえ、月あたりの接続料は、社会人の平均月収の1割ほどと割高である。その環境下でさえ、日本文化の情報収集をしている。マンガについては、IFE日本語学校の学習者が日本語で自作したものをスキャンし、それをクラスメイトらに配信したりして楽しんでもいるようだ。アニメやマンガのほかには、日本料理、日本の習慣も趣味として受け入れられている。

【日本留学】について

日本語学習を始めたきっかけと、学習を継続する理由として、日本留学を答える者は半数であった。日本留学には、自身のさらなる探求を求める者が多い。例えば、農学分野専攻の者であれば、農学をさらに学び畑の作り方をベナン人に教えたい、乾期中の水確保の方法を研究したい、現在使用している農薬は身体に害を及ぼすため、安全な害虫駆除の研究がしたい、などがあがった。また、ベナンではできないソーラーパネルの研究をしたい、北部の村に電気を普及させるために日本留学したい、微生物の研究がしたい、などの回答もあった。

このように、日本留学は学習動機になり、自身の専門分野をさらに探求しようとしている。日本留学経験者からも、自身の専門分野や興味ある分野について「ベナンでは学んだり探求したりできる環境がないが、日本にはある」という意見が多い。

2015年度には、日本の外務省がベナンにおける日本語教育の普及支援を表明した。そのため、日本留学への道筋が整いつつある。だが、ベナンの場合、他の日本語教育が盛んな国や地域と比較すると、日本留学に関する情報収集の手段が限られる。情報収集の手段がスマートフォンだけで、そのスマートフォンは前述したように地域や経済的理由によって、誰もが利用できる環境にあるわけではないからだ。まずは環境を問わず、誰もが日本留学に関する情報に触れることができるようにする工夫が必要である。

ここまで日本語学習の動機をみてきたが、日本留学を目的に日本語学習を

する場合はもちろん、趣味として日本語を学ぶ場合にも、日本の科学技術、日本文化、日本語そのものに興味があるなど、個々人の目的は日本語教育を媒介とした環境があることで可能となる。なぜなら、学習動機が趣味の場合は、日本語を学ぶ者と日本語教員を含めたコミュニティの中で可能となり、日本留学の場合は、IFE 日本語学校による日本語教育だけではなく日本留学に必要となる情報収集や、手続きのサポートがあって初めて可能となるからであり、それは 2019 年現在も同様である。

5. 日本語教員からみた日本語学習者と日本語教育の関わり方

　本章では、IFE 日本語学校教員からみた日本語学習者と日本語教育との関わり方、そしてそれを踏まえ、どのように IFE 日本語学校は授業設計を行っているのかを述べていく。

　第 4 章に記した通り、2016 年に IFE 日本語学校の在校生を対象としたインタビュー調査では、主な学習動機として「日本に留学し専門分野を深めたい」「趣味として」、この 2 つに大別されることがわかった。

　日本留学を希望する場合は国費留学であることが多いため、希望者全員が日本留学できるわけではないが、毎年数名の日本留学者を輩出している。そして、日本留学を終えベナンに帰国した者は、日本留学での成果を生かした活動をしている。例えば、薬学について学んだ者はベナンの生薬を素材とした抗マラリア薬を開発中であったり、浄水について学んだ者は、日本留学先機関の研究者とともに飲用水の水質改善についての活動を進めている。このような状況があることや、IFE 日本語学校で日本語学習をすることにより日本語が使える者が増加してきている等のことから、現在、ベナンに日本企業が進出しはじめている。このように、日本とベナンの場合、交流が始まる順序が通常と異なり、経済上の交流があることが前提でない場合もあることがわかる。これは山道氏が日本語学校を設立するにあたり、実証したい仮説でもあった。

　次に、IFE 日本語学校で教員をしている石田泰久氏への聞き取り内容からわかったことを述べる。聞き取りは、2019 年 6 月 14 日に実施した。

　石田氏によれば、日本語学習者の日本語学習動機には、次のような状況による場合があるという。ベナン国内でベナン人が日本の情報を得る一般的な

媒体は、テレビとインターネットであるが、IFE 日本語学校があるコトヌー
では、インターネット接続料金は、1 カ月あたり社会人の平均収入の 1 割
と負担が大きい（大石, 2017）。しかし、テレビは電気代のみで視聴できる。
そのために、一般的に日本についての情報はテレビから得られる場合が多い。
テレビからの日本の情報は、地震、台風、広島（原爆被災）、長崎（原爆被
災）、この 4 つが主だという。そして、ベナンの人々から、「2 度の原爆被災
を経験し戦争で荒廃したのに、また天災も多いのに日本はどうして経済大国
であり技術立国でもあるのか、その日本に近づきたい」「ベナンでは洪水と
いう天災が頻繁に起こる。その都度、畑は流され、食料自給が困難になったり、
建物が壊れたりする。しかし、地震や台風がある日本はベナンと同様の事態
は起こらない」という声を聞くことが多いという。日本が科学技術立国だと
判断されるのは、ベナンには日本車や日本の電化製品などが広く普及してい
るためだ。2019 年現在、石田氏はすでに 4 年滞在しているのだが、ベナン
の人々がこのような考えを持っているということは、石田氏が日本語学習者
と生活をともにする中で判明したことである。このような日本に対する印象
が前提にあるので、仮に、両国の交流手段が経済が主になった場合と、そう
でない場合では、日本とベナンの結びつきの質は変わる可能性がある。

　金田一（2019）は、外国語を学ぶこと、例えば日本語話者が英語を学ぶ場
合について「英語を学ぶということは、単に英単語や英文を覚える、外国人
とコミュニケーションをとるということではなく、日本語とは全然違う思考
体系や感情体系について学ぶこと」と述べている。これは日本語を学ぶこと
にも置き換えられる。日本語非母語話者が日本語母語話者の思考体系や感情
体系を知ることによって、信頼に基づいた相互関係が作れるような人材育成
の取り組みに IFE 日本語学校は重点を置いている。例えば、次のようなも
のである。筆者も加わり作成した IFE 日本語学校のカリキュラムでは各レ
ベルに到達目標を定めているのだが、「日本留学・ビジネスコース」の上級
クラスでは、「仕事をする上で互いの意見を尊重しながら、根拠ある情報や
意見を伝え合い、円滑に業務を進めることができる。そのうえで、さらに課
題解決を図らなければならない場合、互いにとっての解決策を意見交換しな
がらあきらめることなく探し求めることができる」能力を養うことを到達目
標とし、授業設計を試みている。

6. 多言語の国で外国語教育を行う場合の留意点　—教材制作—

　本章では、IFE 日本語学校と杏林大学、荒川みどり研究室の交流の例をあげたい。日本語学習を希望する人々があるからといって、そこに提供する日本語教育の進め方は問わないということになると日本語教育は継続していけなくなる。当地の人々の文化に合う日本語教育である必要がある。具体的に述べていきたい。以下に大石 (2017) の調査報告を引用する。

　　2014 年には、『un dokpe nu mau』（邦題：おかげさまで）というフォン語を媒介語とした日本語学習用聴解教材が、杏林大学の荒川みどり研究室の協力を得て、特定非営利活動法人 IFE 編集により制作され、現在個人学習用として使用されている。主に、理由があり IFE 日本語学校には通学が適わないが、日本語学習を希望する場合向けに制作された。制作には一部、国際交流基金の海外日本語教育機関支援を受けている。ベナンの公用語はフランス語であるが、日本語学習者、日本語学習希望者のなかにはフランス語が身近ではなく、各民族の言語のみを使用する者もいる。しかし、過去に民族の言語を媒介語とした日本語学習教材が存在しなかったため、まずは 2014 年にフォン語を、2015 年にはワーマ語を媒介語とした日本語学習用聴解教材が制作されている。2017 年現在までに、アフリカの言語を媒介語とした日本語学習教材は、管見の限りこの 2 種のみのようである。これらの教材には場面シラバスが用いられており、簡単なフレーズを憶えれば、最終的には、ベナンを訪問した日本人を祭りに誘うことができるストーリーになっている。前述の通り、民族の言語のみを使用する者も多いため、まずはベナン側の制作協力者の母語であったフォン語とワーマ語を媒介語とした教材を制作している。補足すると、フォン語を媒介語とした聴解教材は、グン語話者も使用可能である。使用者からは、媒介語として母語が使われているため学びやすいとの声があった一方、なぜフォン語とワーマ語のみしか制作されないのか、という批判も多くあった。民族の言語は数多いため、多言語についても制作すること然るべきということだった。

　フォン語とワーマ語を媒介語とした日本語学習聴解教材を制作したことで

生じた問題は、砂野（2004）の指摘に密接に関わっているだろう。砂野（2004）は、アフリカの独立諸国家が国民統合、「ネーションビルディング」を行っていく際に生じる可能性のある危険について次のように述べている。「国内のひとつあるいは複数の有力な言語を優遇することはその言語を話す民族を優遇することとなり、民族対立を招く危険がある」というものだ。ベナンにおいても同様で、多言語国家であるために、日本のような政治上は1言語のみで成り立つ国とは異なり、結果的に前述のように日本語学習聴解教材に批判が届いた。また、国境は民族の別を示す境ではない。例えばフォン語は、ベナンだけではなく隣接するナイジェリア、トーゴにも話者がいる。事実、ナイジェリア、トーゴ出身のフォン語話者が IFE 日本語学校で学んでいる。民族の境は国の境ではないことを痛感する。このような環境にある国で外国語教育を行い、そこで媒介語を用いる場合、媒介語とする言語は社会の中でどのような振る舞いをしているのか、よくよく調べておかなければならない。

　日本語学習聴解教材については批判が届いた後、改めて制作目的を丁寧に現地に伝えたところ、理解してもらうことができ、現在では他言語を媒介語とした日本語学習聴解教材の制作もめざしながら、活用されている。

7. おわりに　―日本語教育から始まった両国の交流―

　ベナンにある IFE 日本語学校では、日本大使館が設置される以前から日本語教育が開始され、2019 年に学校設立 16 年目を迎えた。また、同校では、毎年受け入れ可能な最大人数の学習者を受け入れており、学習者は趣味や日本留学という学習動機により日本語学習を継続し、日本語が使える者も増加している。そして、日本留学者も輩出され、その彼らがベナンに帰国し活躍を始めている。このような状況があることにより、現在、ベナンに日本企業が進出しはじめている。

　人的交流を含めた国交が隆盛し、継続していくことは、日本とベナンの例をみれば、経済交流が乏しい中でも成り立つことがわかる。それは、これまで述べてきたように日本語教育という土台があったからこそ成り立つものであった。ただもちろんすべてが順風満帆ということはなく、例えば日本語教育を進めていくうえでは、日本語学習聴解教材に用いる媒介語の選択についてのような失敗もあるが、そういったことを次の活動に生かすことで日本語

教育の充実を図っていくことが可能となる。

　人の暮らしは、人々が交流し社会を形成することで成り立つが、その交流手段に経済が含まれれば、人々の間には必ず貧富の差が生じる。国と国のつきあいにおいても同様であり、交流するうえで経済に頼る割合が大きくなれば、それは貧富の格差に相関するだろう。そして貧富の差は、社会不安や、紛争の原因になる場合がある。一般的に、外国語教育として選択されることばは、国交や経済交流の度合いが強い国のものである場合が多いが、ベナンの事例を見れば、経済交流が乏しい中でも日本語教育を開始し、継続していくことは可能であることがわかる。ベナンの人々が日本に興味を持つ理由のひとつに、日本が経済的に恵まれているということがあるが、ベナン国内では、普段の生活に、貨幣経済を必要としない地域もある。贈与や物々交換で用が足りるのだ。このような暮らしをする人々には外国語教育は縁がない。リンガフランカとして隣村のことばを使う必要があったとしても、隣村は外国ではない。しかし、現代はインターネットなどでさまざまな国のさまざまな情報を得ることができる。ベナンにおいても、日本に興味を持ち、日本語を学びたいと希望する人々の多くは、経済社会が営まれる商業都市コトヌーに住み、利用料が高額であっても、インターネット環境に恵まれた人々である。そのような人々が日本についての情報を得て、自身の専門分野を日本で深めたいと日本語を学び、日本留学をめざす。ただ、ベナンの場合、日本との交流は経済ではなく日本語教育から始まっている。

　現在、経済は世界の国々を連関させているが、前述のように交流を経済に頼りすぎると貧富の差が広がり、それは社会不安や、世界動乱の原因となる場合がある。しかし、言語教育により互いを知ることで、経済交流が主たる原因の場合も含めた国同士の、また人々の対立を遠ざけることができるのではないかと考えたのがIFE日本語学校設立の目的であり、日本語教育がその実践である。IFE日本語学校は2019年に設立16年目を迎え、留学生や日本語学習者を輩出してきた。そして、日本への留学生は帰国後、研究成果をベナンに還元する研究や活動を展開し、日本語学習者の中には、日本大使館やベナンに進出した日本企業に就職し活躍している者もおり、日本との交流の幅を広げている。それを可能にするのは、日本語教育というものが日本とベナンとを結び付ける土台になっているからだろう。

　これまでに何度か、金田一秀穂先生が「ミサイルを作るなら、その代わり

に学校を作ったほうがよい」ということをおっしゃっていたが、もし、互い
の文化を尊重することにより異文化摩擦を抑え、個人、または集団が平和裏
に交流しながら、平和な社会を実現させるための手段として日本語教育を行
いたいという場合、企業進出しているなどの経済交流があることを前提とし
なくとも可能であることを IFE 日本語学校は証明していると言えるだろう。

参考文献

大石有香 (2017).「なぜベナン共和国で日本語が学ばれているのか」言語と交流研究会（編），
　　『言語と交流』pp. 106-112.
外務省 (2019).「国・地域」[https://www.mofa.go.jp/mofaj/area/index.html]（2019 年 11
　　月 3 日閲覧）
金田一秀穂 (2019).「日本語を外側から見つめて」『中央公論』(2019 年 12 月号). pp. 68-
　　69. 中央公論新社 .
国際交流基金 (2018).「日本語教育国・地域別情報」[https://www.jpf.go.jp/j/project/
　　japanese/survey/area/country/2017/index.html]（2019 年 11 月 3 日閲覧）
衆議院予算委員会 (2004).「第 166 回　国会予算委員会　第 8 号」(平成 19 年 2 月 14 日午
　　前 9 時開講)[https://kokkai.ndl.go.jp/#/detail?minId=116605261X00820070214&c
　　urrent=2]（2021 年 8 月 27 日閲覧）
砂野幸稔 (2004).「独立・脱植民地化運動から見た「民族」概念」『月刊言語』(2004 年 5 月号).
　　大修館書店 .
山瀬靖弘 (2010).「ベナン共和国における多言語使用の実態　─特にフォン語の役割に関連
　　して─」京都大学大学院アジア・アフリカ地域研究研究科博士課程予備論文 .
The world bank (2018). Population total-Benin [https://data.worldbank.org/indicator/
　　SP.POP.TOTL?locations=BJ]（2019 年 12 月 3 日閲覧）
UNITED NATIONS (2018).「Map No. 4045 Rev. 8.1 July 2018」[https://www.un.org/
　　Depts/Cartographic/map/profile/africa.pdf]（2019 年 12 月 18 日閲覧）

第 2 部　ことばについて考えること

9 | 中締めのようなこと（続）

金田一秀穂

1. 言葉について考えること（続）

　大好きな言葉。知る者は好む者に如かず。好む者は楽しむ者に如かず。論語にあります。

　努力は無駄だと思います。大切なのは楽しむことです。努力しているように見える人がいますが、本人は努力ではなく楽しんでいると言います。好きでやっている。どうしてもやりたいからやっている。辞められない性分のようなもの、それが才能であると、僕の大学時代の先生が教えてくれました。

　持続力とか耐久力とかの大切さを言われますが、それはどうもちがう。辞めろと言われてもやってしまう、モノ好きとしか言いようのないこと。例えば僕の祖父の京助さんという人はそうでした。およそ金にならないアイヌ語の研究をどうしてもやりたくてやりつづけました。とても幸運だったことに、素晴らしい理解者に恵まれて、最後は文化勲章をもらいましたが、彼を動かしていたのは努力というよりもモノ好きとしか言いようのないような固執する性格でした。周りの人間、家族は苦労させられます。世間一般の人のしてくれること、常識的な行動を求めても、いっさいむだです。好きなことしかやりません。でも、うまくいけば、最後には栄光があるかもしれません。

　なかにし礼さんが「苦労はしないよ、苦心はするけどね」と言っていました。苦労するようでは、いい仕事はできません。でも苦心するのは楽しくて仕方ないのです。

　で、言葉について考えるのは、好きです。でも、耽溺するほどではありません。当たり前のことながら、一流ではないからです。言葉について、特に

意味について考えるのが、好きです。

　言葉が人の都合でできているという考えに賛成しています。人が言葉をどう使うか。その使い方が言葉にどのように反映しているか。そんなことを考えています。

　そもそもなぜ言葉について考えたいのか。それは自分のことを知りたいからです。僕は言葉でできています。言葉でもってでき上がっているので、言葉のできることしかできません。言葉が考えられることしか考えられませんし、言葉で感じられることしか感じられません。見えるものは見えないものに接しているし、聞こえるものは聞こえないもののすぐ隣にある。してみれば、考えられることは考えられることのすぐ近くにあるに違いない、と言ったドイツの詩人 [1] がいるそうです。僕は少なくとも日本語に縛られていて、日本語ができることによって生きていけるし、日本語の束縛から逃れて生きることもできないのです。日本語の外に何があるのかはわかりません。日本語で人は何ができるのか、知っておきたいのです。

　記号言語ができる以前に鳴き声があったこと。現在は鳴き声と記号言語を併用して暮らしていること。それぞれがどんな性格を持っているか。これは講義で何度も繰り返しましたので、ここでは書きません。でも、言語学は鳴き声についてあまり重視しません。言葉を言葉として、人とは独立したシステムとして考えるやり方に慣れてしまっているからだろうと思います。しかし、人が使っている限り、鳴き声を無視することはできません。言語研究のこれからのことになるだろうと期待しています。言語の発生については、もっと考えたいです。

　いろいろ思いつくことはあります。思いつくだけで、それについて細かくしつこく調べてデータを集めて、ということが苦手です。修論のテーマを考えるのは好きでした。学生さんに言って、丸投げするのが僕のやり方です。

2. へなちょこ教のこと

　僕も社会人の端くれです。社会人として少し考えることもあります。

　基本的に僕は怠け者です。働き者ではありません。「世の中に寝るより楽はなかりけり、世間の馬鹿は立って働く」というのが、信条でした。働き者を偉いなとは思いますが、そうなりたいとは思ったこともありません。他人

はどう思うかわかりませんが、僕自身は暇であることが好きだし、実際、わりと暇です。忙しいでしょうとお世辞代わりに言ってくる人がいますが、ぼくにはお世辞になりません。「いいえ暇です」と答えることにしています。暇を作るために働いているのです。楽をするために働いているのです。

　以前、へなちょこ教というのを考えたことがありました。へなちょこであることの何が悪いかという居直りです。

　努力は裏切ることがあります。子供のころ大病をして２年間病院のベッドの中で過ごしました。努力しましたが、ちっとも治りませんでした。一緒に寝ていた子供たちの数人は、そのまま死んでしまいました。努力すればなんでもできるというのは夢想です。大切なものは運です。努力は無駄なことがあります。無駄な努力、価値のない努力は、しないほうがはるかにいいです。

　人に使われるのは避けたいです。でも人を使うのは、責任が伴うので、もっと嫌です。

　仕事は締め切りを過ぎてからでないとできません。いつも慌てます。後悔して、次からはちゃんとやろうと思うのですが、うまくいきません。学習能力がないのだと思います。

　ダメだしされるのは嫌です。打たれ弱いです。褒められるのは大好きです。お世辞を言われれば木だって上ります。ほんとうは自分は褒められて伸びるタイプであると思っています。しかし、それが本当であるかどうか疑わしいです。

　機嫌のいいことは人としての礼儀だろうと思います。それで、なるべく怒らないように、不愉快そうに見えないように、なるべくニコニコとしていようと思っています。

　しかし、世間では、不機嫌そうに見える人、悩んでいる人のほうが、頭がいいように見え、尊敬されがちです。いつもエヘラエヘラしている人は、愛されることはあっても、馬鹿にされがちです。悩みなんてないでしょう。ストレスとは無縁ですね。要するに、オメデタイ奴と言われるようなのです。仕方ありません。人知れず悩みます。でも、恥ずかしいので、悩んでいることを人に知られないようにしたいと思っています。割とつらいのです。

　66年生きてきて、言えることはこんなことかと、自分で呆れるばかりです。仕方ありません。この程度のことしか考えられません。ちっとも成長できま

せん。年寄りはもっと立派な人だと思っていましたが、自分が年寄りになってみると、こんなものであるかとがっかりします。期待値が高すぎたのでしょう。また次の機会があるかどうかわかりませんが、とりあえず今回はこんなところで中締めとします。

注

1)　Novalis（1772-1801）。

10 | 疑問副詞の用法
―理由・原因を問う疑問副詞―

嶋崎雄輔

1. はじめに

　中国語母語の日本語学習者との会話の中で、「どうして」と問われ、違和感を覚えたことがある。

(1)　A1：彼女はいません。
　　　B1：どうしていないんですか。

　このときの会話は、交際している人がいないことに対する理由の説明をするような流れではなく、客観的に見ても、どのように返答するのが適切か悩んでしまった。
　日本語学習者が用いる初級教科書における疑問副詞[1]「どうして・なぜ・なんで」は、理由・原因・方法についての疑問を表すとされ、主に質問として用いられる。

(2)　A1：どうしてきのう早く帰りましたか。
　　　B1：…用事がありましたから。
　　　　　　　　　　（みんなの日本語初級Ⅰ本冊, p.72, 第9課例文7）

　実際の使用上はこの限りではなく、不快感や相手を責める気持ちなどを表明するような、語用論的意味が生じることは少なくない。実際に筆者が学習者との会話の中で経験した会話 (1) では、筆者の直感として、交際している人がいないことに対し、どこか叱責を受けているような、馬鹿にされているような、または回答を強制されるような気持ちさえ覚えた。

　日本語学校等の教育機関においては、一般的な「質問」として、学習者が日本語習得・知識を得るために理由を問う場面が想定できる。学習者は質問し、教師はそれに答える。しかしながら、語用論的意味を意図せずに使用した場合、場合によっては、知らず知らずのうちに相手に不快感や疑念を与え、自らの評価を下げてしまう恐れがあるだろう。

　本稿では、まず日本語の理由を問う疑問副詞の用法について考えるため、「疑問」に関する先行研究を概観する。次に、日本語と中国語の疑問副詞の用法について分析する。日本語で書かれた漫画とその中国語翻訳版の同じ場面から、疑問副詞を含む実例を収集・比較し、用法の違いなどを見る。本稿では、疑問副詞「どうして・なぜ・なんで」を含む文を「どうして文」と呼ぶこととする。

2.　先行研究

　「どうして文」は、「どうして・なぜ・なんで」の疑問副詞のプロトタイプ的意味である「理由・原因（ときには方法）を問う」という意識を伴う。また、「疑い」のモダリティの要素も含まれるのではないだろうか。

　森山卓郎・仁田義雄・工藤浩（2000）による「疑い」の説明では、「疑いとは、話し手が、自らの認識、判定作用によって命題内容を成立させようとするのではあるが、情報が不確かであったり、かけていたりして、最終的にはその成立を断念する、という事態に対する認識的な捉え方を表したものである」（p.156）としている。

　山岡（2012）では「疑問」を「相手あるいは対象のなかにある種の不完全状態があることを認め、それに対して否定的評価づけを行うもの」（p.76）として、「否定的評価の付与」と呼んでいる。

　伊集院・高橋（2010）による日本語母語話者と中国語母語話者の意見文の分析によれば、中国語母語話者の意見文には「読み手に働きかける」タイプのモダリティが、日本語母語話者の意見文には「書き手の内的思考を表す」タイプのモダリティが多く用いられている。また、「CNが相手に積極的に働きかけ共感を得ることを重視するのに対し、JPが独話的に述べることで相手への押し付けを回避する」（p.26）と述べられている。

　嶋崎（2014）では、会話参加者間に「共通認識」という考えがあることを

提示し、以下のように規定した。この規定はすべてが同時に存在する場合もある。

「共通認識」

・生起した事象を理解するための材料であり、その事象の妥当性を判断する基準

・送り手は、受け手（または自身の外側の世界）も、その基準を満足させる範囲で動くと信じている基準

・送り手個人の経験的知識であり、そこには送り手の信念・願望・嗜好なども含まれる

（嶋崎, 2014, p.30）

同じく嶋崎 (2014) では、疑問副詞を含む文の機能について、以下のようにまとめた。疑問副詞の送り手を A、受け手を B と表記する。

疑問副詞を含む文は、事象が共通認識により妥当性に欠けると判定されることを表明する。

I.　　送り手のもつ共通認識が妥当性に欠けると判断

例 i) A「どうして休んだのですか」　B「風邪で休みました」（作例）

II.　　受け手のもつ共通認識が妥当性に欠けると判断

例 ii) A「どうして笑っているんだ」　B「* 面白いからです」（作例）

（嶋崎, 2014, p.31）

I は疑問文本来の性質である「何かが欠けている（不明な点がある）」ということに加え、「それを埋めるための答えを求める」という意識が働くことで質問となる。II は相手を責める・叱責するというような感情の発露が伴う場合の機能と考えられる。

例えば、教師が休みがちな学生に対して I のセリフを言ったとすると、教師は「B が休んだ理由」について、ある程度の答えを有しているが、B が休むということは教師が想定していること（平日には学校に来るものだ・勝手に休むものではない）などに反するため、B のもつ共通認識が妥当性にかけ

ると判断し、IIの用法となることもある。しかしながら、このI、IIの判断はコンテクストによるものが大きいため、詳しくは言及しない。

3. 漫画の疑問副詞の用法

　本章では、日本語で書かれた漫画と、その中国語翻訳版を用い、疑問副詞がどのように翻訳されているのかを確認し、日本語と中国語の「理由を問う疑問副詞」について比較し、相違点を見つけることを目的とする。

3.1　調査対象

　調査対象は日本で出版された漫画3冊と、その翻訳版[2]である。そこから、「どうして文」を含む部分を取り出し、合計97の例文を得た。漫画は、日中双方で人気があり、日本語学習者が目にするであろうものを選択した。日本語の疑問副詞として「どうして・なぜ・なんで」を、中国語では、「怎么、为什么（一部、「为何」「干嘛」）」を対象とした。いずれも辞書的意味では「理由・原因・方法など」についての疑問を表す語彙である。

3.2　取り出した例文の分類

　取り出した例文を、語彙の視点から以下の4種に分類した。

　　① 疑問副詞が対応している文 (38)
　　② 日本語のみが「どうして文」(0)
　　③ 中国語のみが「どうして文」(32)
　　④ 双方が別の疑問表現等の場合 (27)

　次に、実例を上げながら説明を加える。下線は筆者による。ページは日本語版、中国語版で同様である。

① 日本語と中国語が対応しているもの

　日本語の「どうして文」に、中国語の翻訳で「为什么」「怎么」などが対応している例である。文全体の意味として、直訳をしても、意味・用法に大きな差はない例と考えられる。

(3)　その国家錬金術師が<u>なぜ</u>ここに！？　まさか我々の計画が…

　　　<u>为什么</u>国家炼金术师回来这儿？难道我们的计划已经被……

（鋼の錬金術師, p.29）

本来ここにいるはずのない「国家錬金術師」という人が出現した理由がわからず、驚きや戸惑いが表明されていると言えるだろう。

(4)　痛いっ！！！　ど…どうして<u>殴る</u>んですか！！

　　　好痛喔！　你…你<u>干嘛</u>打人啊！

（ワンピース, p.73）

突然相手から殴られたことの理由が不明であり、やはり驚きや戸惑い、場合によっては怒りといった感情を表す効果がある。

② 日本語のみが「どうして文」

　今回の調査の範囲で言えば、日本語で「どうして文」を使用し、中国語でそうではない例は得られなかった。参考として、英語の場合を提示する。日本語では「なぜ」を使用しているのに対し、英語版では "why" 等の疑問を示す品詞を使用していない。

(5)　そういえば、さっき、あんた確かトイレの場所を知ってましたね…
　　　ここに一度も来た事ないのに<u>なぜ</u>なんでしょうねー？
　　　Come to think of it, you also knew where the bathroom was...
　　　<u>I thought you said you've never been here before!</u>

（名探偵コナン, p.158）

③ 中国語のみがどうして文

　中国語のみが「どうして文」で、日本語はその他の表現となっているものを挙げる。

(6)　そんなの知らねェよ！
　　　我怎麼會知道！

（ワンピース, p.75）

　日本語では、「私は知らない」と直接的に表現しているのに対し、中国語を直訳すれば「どうして私が知ることができるのか」という反語表現になり、結果として「知らない」を表している。(7)にもあるように、「こんな」「そんな」「あんな」など、特定のモノ・コトを認識し、評価する語彙が付与される場合が少なくない。

(7)　くそ！　こんな事があってたまるか！
　　　浑蛋！　你怎么搞的？

（ワンピース, p.5）

(8)　まったく…　子供なんぞ連れてきおって…
　　　真是的！　你干嘛把小孩子也带来？

（名探偵コナン, p.147）

　この例でいえば、「まったく」といって呆れている状況を表示していること、「なんぞ（なんか）」という語彙を用い評価を低くする態度をとっていることから、不満を表明している例と考えられる。

④ 双方が別の疑問表現等の場合
　疑問表現を用いるが、双方で異なる疑問表現を用いている例を挙げる。

(9)　なにがコナンだ！！　外国人じゃあるまいし……
　　　怎么取柯南这个名字！　又不是外国人……

（名探偵コナン, p.61）

(10)　なんだてめェまだいたのか　ボーッとしてると親父にいいつけられるぜ
　　　你怎麼還没走啊？你再不走，他又要去告诉他老爸了。

（ワンピース, p.98）

　こちらの例も異なる疑問表現が用いられている。多くの例は、日本語が「なに」を用い、中国語で「怎么」を用いている。これは、日本語では、具体的なモノやコトに視点が置かれているのに対し、中国語では行為に注目しているのではないだろうか。どちらにしても、相手への非難の気持ちが表出しているように思われる。双方が別の疑問副詞の場合は 27 例得られたが、このうち、日本語が「どうする」「どうしたらいい」になるものが 12 例ある。

　　(11) どうなってるんだ！
　　　　 这是怎么回事？

（鋼の錬金術師, p.93）

　これらは辞書的意味から考えると「方法」についての疑問であると思われるので、本稿では扱わない。

3.3　分析結果

　実例 97 のうち、疑問表現が対応しているものについては 38 例である。例文 (3) (4) に加え、代表的なものを表 1 に示す。

表 1　日本語・中国語ともに「どうして文」の例

番号	日本語	中国語	出典
(12)	わたしは、新一と来るの、ずーっと楽しみにしてたのにさ!!　どうして、わたしの気持ちに気づいてくれないの？	我之所以和你来这里，　就是想和你度过快乐的一天！为什么你不了解我的心意呢？	名探偵コナン, p.19
(13)	その子のいうとおりだ…　どうして、わかったのかね？	那孩子说得对……你怎么会知道？	名探偵コナン, p.158
(14)	どういう事だ！「完全な物質」である賢者の石がなぜ壊れる!?	这是怎么回事？本该是 "完全物质" 的贤者之石怎么会坏掉？	鋼の錬金術師, p.86

| (15) | いつ脱走するとは限らないロロノア・ゾロの名に過敏になる気持ちはわかりますが　なぜ海軍の大佐の名にまで怯えるんでしょうか!! | 對於隨時都有可能逃獄的羅羅亞索隆感到害怕，　這我還能理解，　但為什麼聽到海軍上校的名字也要嚇成那個樣子! | ワンピース, p.87 |

　例文を見ると、(12) は日本語でも中国語でも怒りの感情を表しているように考えられ、(13) (15) は純粋な疑問を示しているように思える。(14) はそれが驚きの感情表出という形となっている。

　日本語と中国語双方で疑問副詞が同じように使用できる場面では、疑問を持つ、問うなどのプロトタイプ的な用法に加え、反語的に「驚き」や「怒り」を含ませる語用論的意味も、日本語と中国語の間にそれほどの差は認められないと考えられる。

　今回収集した例の範囲では、「日本語のみがどうして文」となるものは見つからなかった。対して、中国語のみが「どうして文」のものは 32 例取得できた。つまり、このタイプの表現においては、日本語で話す際には「どうして文」で表現することが許容されない可能性が高いと言えるだろう。例文 (6) (7) (8) に加え、代表的なものを表 2 に示す。

表 2　中国語のみ「どうして文」の例

番号	日本語	中国語	出典
(16)	そ、そんなバカな…	什么?！ 怎么......	名探偵コナン, p.74
(17)	そ、そんな　ゆう子さん	优子! 你怎么能那么说!	名探偵コナン, p.157
(18)	あらら　ここの経営者にむかってその言い草はないんじゃないの?	哎呀呀，　面对这里的主人,怎么可以这么没礼貌?	鋼の錬金術師, p.132
(19)	ちょっとお!!困るなお客さん　だいたいそんなカッコで歩いてるから…	大哥，　你怎么搞的啊? 你这副模样在外面走动就已经很......	鋼の錬金術師, p.12

(20)	自分でやれよ　そうしたいなら	你幹嘛不自己去阻止。	ワンピース, p.93
(21)	バ… そんなバカな!!! アタシの金棒が	這... 這怎麼可能! 我的鐵棒竟然失效了!	ワンピース, p.78
(22)	おかしいな!海兵が全くいねェどっかで会議でもやってんのかな	奇怪了， 怎麼看不到半個兵? 難道是去開會了嗎?	ワンピース, p.117
(23)	また来たのか　海賊の勧誘なら断ったハズだぜ…!!	你怎麼又來了? 我已經拒絕你的邀請了...!	ワンピース, p.109

　これらの例文に特徴的な点は、以下の二点である。

　(16)(17)(21)のように、日本語では「そんな」「あんな」「こんな」と、その状況についての評価付けを行う語彙を用いる。中国語では怎么と「可能」や「会」を組み合わせることもあり、反語の語気を帯びる。

　(17)(18)(19)(20)(22)(23)のように、自身の感情を表出するような表現をする場合、日本語ではある事象に対する自らの見解を表示するだけであるが、中国語では人称代名詞「你（あなた）」などが併用され、受け手に働きかける形になる場合がある。

　この二点の要素は完全に分割できるわけではなく、(17)のように重なり合う場合もあるだろう。

　共通認識の視点で言えば、「どうして文」は、生起した事象が妥当性に欠けることを表明するマーカーであるが、日本語と中国語では、そのマーカーによって引き起こされる展開に違いがあるのではないだろうか。

　表2に示されるような、話者の意見や感想、見解等を述べる場面においては、その場面で生起している事象が共通認識と照らし合わせて妥当性に欠けると認識しながらも、「どうして文」を用いてしまえば、受け手への働きかけが強くなりすぎ、消極的ポライトネスの観点から不適切になってしまうのではないだろうか。対して中国語では、妥当性に欠けることを表明することにより、送り手と受け手の間でその事象を共有しようという意識（もちろんその中にあらゆる語用論的な意味も存在する）が働いているように思われる。

　仮に(17)の場面で日本語でも「どうして文」を使用したと仮定すると、

次のようになるだろう。（下線部は中国語版を直訳、筆者による）

> (17') そ、そんな　ゆう子さん
> 优子！你怎么能那么说！
> <u>ゆう子さん！どうしてそんなことを言うの！（言うな！）</u>
>
> （名探偵コナン, p.157）

　筆者の内省では、もとの日本語では戸惑いの気持ち等を表明しているに過ぎないが、「どうして文」を使用した場合は、命令的な語気を帯び、より敵対的な意図も含んでいるように感じられる。

4. 考察

　今回の調査では、特に日本語と中国語のみの比較を行った。初級段階学習者が、教科書的な用法として「どうして」を使用し、相手に質問することは自然な行為である。また、日本語・中国語双方で同じように表現できる場面もある。

　しかし、3章でみたように、中国語の用法をそのまま日本語に置き換えて使用した場合、日本語母語話者との会話において、違和感を生じさせ、ポライトネスの観点から不適切であると評価されてしまう恐れもある。

　特にある程度の日本語のレベルがある学習者の場合、語用論的な意味・用法の知識がなければ、意図せず誤解を与えてしまうこと、お互いの印象を悪くしてしまうことがあるかもしれない。ここで再び (1) を示す。

> (1)　A1：彼女はいません。
> 　　　B1：<u>どうしていないんですか。</u>

　B1 について筆者の内省では、「責められている」「理由説明を強要されている」というような印象があるが、中国語の視点から見れば、「いない理由がわからない（信じられない）」というような、感想・見解などを述べ、さらに受け手と共有しよう、共感を得ようとする意図もあるのではないだろうか。

　このような語用論的な意味は、コンテクスト等に依存し変化しうるもので
あるため、いわゆる語彙の意味を説明するような方法では伝えるのが難しい。
今回は漫画の翻訳版を使って両言語の比較をしたが、学習者の母語と日本語
双方の表現を比較し、許容できる表現を知ることが必要であろう。

5.　まとめ

　本稿では、先行研究による「疑い」「疑問」のモダリティについて、そし
て疑問副詞を含む文の特徴である共通認識への違反の表明という観点から、
日本語と中国語の疑問副詞の使用について例文をもとに観察した。両言語に
おいて、意味、用法的に同じように使用できる場面もある一方、中国語での
み疑問副詞の使用が許容される場合もある。

　具体的には、送り手が意見や感想、見解を表明することを目的とする場面
である。疑問副詞の使用が共通認識への妥当性が欠けることを表明するマー
カーであるという観点から見た場合、日本語と中国語では、その扱いに違い
があると考えられる。日本語ではそのマーカーを示すことにより相手への働
きかけが過剰になり、許容されないことがあり得るが、中国語ではむしろそ
れがある状況を共有し共感を得る、または自分の意見をより伝わりやすくす
るという点において有利に働くと言えるのではないだろうか。

　共通認識の定義について再考すること、「のだ」や「疑い」のモダリティ
の文要素との関係の検討、疑問副詞以外の疑問詞についての検討等は今後の
課題である。

注

1)　本稿で扱った三語は、筆者の内省において入れ替えが可能であり、その理由・原因の
　　疑問という意味の違いは小さいと考え、3語を1つの「疑問副詞」として、まとめて
　　取り扱った。また、文体や文要素の違い（単体使用の場合や「のだ」の有無など）につ
　　いては触れていない。
2)　中国で出版されたものは簡体字、台湾で出版されたものは繁体字で記載されているが、
　　本稿の調査範囲では、意味的に大きな違いはないと考え、同一の語彙として扱った。

参考文献

伊集院邦子・髙橋圭子 (2010).「日本語の意見分に用いられる文末のモダリティ —日本・中国・韓国語母語話者の比較—」『東京外国語大学留学生教育センター論集』36, pp.13-27.

今井邦彦 (2001).『語用論への招待』大修館書店 .

嶋崎雄輔 (2014).「理由を求める疑問副詞の用法—日本語の小説に見られる表現—」『杏林大学大学院論文集』11, pp.23-34. 杏林大学国際協力研究科 .

仁田義雄 (2009).『日本語のモダリティとその周辺』ひつじ書房 .

森山卓郎・仁田義雄・工藤浩 (2000).『モダリティ』岩波書店 .

山岡政紀・牧原功・小野正樹 (2010).『コミュニケーションと配慮表現』明治書院 .

山岡政紀 (2012).「いわゆる疑問表現のコミュニケーション上の二面性をめぐって」『日本語コミュニケーション研究論集』2, pp.69-78. 日本語コミュニケーション研究会 .

Jenny Tomas (1998). *Meaning in Interaction: An Introduction to Pragmatics*. Routledge.（浅羽亮一（監）, 田中典子・津留崎毅・鶴田庸子・成瀬真理（訳）(1998).『語用論入門 —話し手と聞き手の相互交渉が生み出す意味』研究社 .）

例文出典

スリーエーネットワーク（編）(1998).『みんなの日本語初級 I 本冊』スリーエーネットワーク .

青山剛昌 (1994).『名探偵コナン (1)』小学館 .

荒川弘 (2002).『鋼の錬金術師 (1)』スクウェア・エニックス .

尾田栄一郎 (1997).『ワンピース (1)』集英社 .

青山剛昌 (2002).『名侦探柯南 1』长春出版社 .

荒川弘 (2008).『钢之炼金术师』中国少年儿童新闻出版总社 .

尾田栄一郎 (2003).『ONE PIECE 〜航海王〜①』東立出版社有限公司 .

Gosho Aoyama (2004). *CASE CLOSED* Vol. 1. VIZ media.

11 日常会話における言いさし文についての考察
―接続助詞「シ」を中心に―

林茜茜

1. はじめに

　自然会話における言いさし文のデータを分析し、接続助詞であるにもかかわらず、終助詞として使われる言いさし文を今回の研究対象とする。

　言いさし文とは接続助詞的なもの（例：シ、タリ、ケド、ガ、ノデ、カラ、テ、ト、バ、タラ、ノニ）で終わる文をいう。言いさし文は最後まで言語情報を提供するのではなく、言いさす文脈を通して言いさされた文脈を復元可能と考えられる文である。

　自然会話における言いさし文として、宇佐美まゆみ研究室が公開した『BTSJ による多言語話し言葉コーパス――日本語 1（日本語母語話者同士の会話）2007 年版』より接続助詞的なもの（例：シ、タリ、ケド、ガ、ノデ、カラ、テ、ト、バ、タラ、ノニ）で終結した文を抽出し、自然会話における言いさし文のデータを作成する。その中で「シ」に注目し、例文を示しながら、日常会話における言いさし文の存在様態及び形式特徴を明らかにしたい。

2. 先行研究

　文法的解釈から見れば、「シ」の用法は、下の 3 つに分類される。

①事柄を並列する際に、前の句の終わりに付けて、次の句に続ける。「酒も飲まないし、煙草も嫌いだ」
②前の句が、次の句の理由・原因となっていることを表す。「天気は好いし、休日だし、すごい人出だった」
③否定の推量を表す語の後ろに付いて、判断の成り立つ条件を表す。「子

供じゃあるまいし、自分でなんとかしなさい」

（広辞苑 p.1128）

　森山（1995）は、接続助詞「シ」、「テ」は例を挙げ、矛盾する事態を列挙することはできないと指摘している。(p. 134)

　＊あの店のスープはおいしくてまずい。（森山, 1995, p. 134)
　＊あの店のスープはおいしいしまずい。（同上, p. 134)

　上記のように言えば、基本的に矛盾をはらむ表現になり、「おいしい」ということと「まずい」ということとが矛盾する関係であり、その意味は交差しないからであるとしている。
　このように、「テ」「シ」などの接続形式では、接続されるものが独立的な節であり、それぞれの述語の時が指定されると言えそうであり、すなわち、別の時空を改めて設定し直さない限り、矛盾する事態は列挙しないと述べている。（同上, p.134)
　白川（2009）は、主節を伴った「完全文」について、接続助詞「し」は「併存用法」と「列挙用法」があると述べたうえで、さらに談話におけるシ節の機能については、「Pシ」は文内容Pが成り立つだけでなく、それ以外にも成り立つような内容Xが併存することを示している。接続助詞「シ」の機能は、それを挟んだ2つの節を並列的に接続するといった文法的な機能としてではなく、それの付加された文を談話の中に関係づけるという談話文法的な機能として捉えるべきだという。(pp.128-140)
　金田一（1991）は「日本人の心づかい」と「日本語の省略表現」で次のように述べている。

　電話では「もしもし」と言いますと、相手は「田中ですけれども」と言う。「田中ですけれども」と、なぜ「けれども」をつけるのかということになりますが、これは、そのあとに「どういうご用でしょうか」という言葉が省略されているのです。そのために「田中です」と切るよりもその方が丁寧だ、ということになります。

　この金田一の見解から見ると、言いさし表現は言葉を省略することが丁寧だ、としている。このように言いさし表現に特別な意味が付加されることは、日本語の特徴である。言語の特徴は、その言語を使う民族の歴史に残ったもので、必然性があると考えられ、日本の歴史と日本の社会に合う日本民族なりの表現であると言える。

3. 自然会話における言いさし文

3.1　調査方法

　自然会話における言いさし文の分析資料は、『BTSJ による多言語話し言葉コーパス——日本語 1（日本語母語話者同士の会話）2007 年版』を使用する。本コーパスにおいて計 416 分 31 秒を抽出した。会話グループ名『親しい同性友人（男女）の談話』から、男性同士、女性同士が同数になるよう、会話番号 10 を除き 18 会話の自然談話とした。ここから、接続助詞的なもので終わる言いさし文を抽出し、各接続助詞の言いさし文の使用状況を調べる。

3.2　「シ」節で終わる言いさし文

　自然会話の発話文数は全部で 12,310 発話文があり、言いさし文は 1,259 文が現れ、全体の 10.23% を占めている。この中では、「テ」で終わる言いさし文が最多で 426 文あり、33.84% で 1/3 弱を占めている。以下「ケド」、「カラ」、「シ」、「ト」、「タラ」、「ノニ」、「バ」、「ガ」、「ノデ」、「タリ」という順で減少する。それぞれの言いさし発話の出現状況は以下の表 1 の通りである。

表1　自然会話における言いさし文の出現率及び各接続助詞の使用数

会話番号	発話文数	言いさし文数	出現頻度%	テ	ケド	ガ	カラ	ノデ	ト	シ	タリ	タラ	バ	ノニ
1	654	71	10.86%	38	9	0	14	2	0	4	0	3	0	1
2	672	118	17.56%	18	52	1	26	1	2	11	0	2	1	4
3	955	91	9.53%	24	25	0	15	0	4	19	0	1	2	1
4	604	71	11.75%	18	20	0	12	0	0	14	0	5	1	1
5	831	73	8.78%	17	19	0	22	0	1	9	1	2	1	1
6	735	78	10.61%	9	32	2	17	0	4	7	0	3	4	0
7	653	62	9.49%	15	14	4	9	1	7	6	0	3	3	0
8	791	73	9.23%	20	22	0	15	0	2	10	0	2	1	1
9	620	42	6.77	14	14	0	8	0	2	2	0	2	0	1
11	719	62	8.62%	34	10	0	8	0	1	4	0	3	0	2
12	742	73	9.84%	22	24	0	14	0	1	7	0	2	1	2
13	502	93	18.53%	45	27	0	16	0	1	7	0	1	0	2
14	564	43	7.62%	27	7	0	3	0	2	2	1	0	1	1
15	878	76	8.66%	37	20	2	10	1	0	5	0	1	0	0
16	627	59	9.41%	25	11	0	7	0	0	12	0	1	1	1
17	682	51	7.48%	15	12	0	10	0	1	10	1	0	0	2
18	563	76	13.50%	36	23	0	5	0	2	9	0	0	1	1
19	518	47	9.07%	12	18	0	9	0	3	1	1	1	2	0
合計	12310	1259	10.23%	426	359	9	214	5	33	139	4	32	18	20
言いさしの出現率				33.8%	28.5%	0.7%	17.0%	0.4%	2.6%	11.0%	0.3%	2.5%	1.4%	1.6%

4.「シ」節で終わる言いさし文の形態及び特徴

　前章で見た言いさし文のうち、「シ」を接続助詞的なものとして取り上げ、自然会話における形式特徴を明らかにする。

　言いさし文は最後まで言語情報を提供するのではなく、言いさす文脈を通して言いさされた文脈が復元可能と考えられる文である。本稿では、言いさし文を「Z＋X＋C＋M＋Y」と表すことにする。「Z」は全体の先行文脈と言い、「既定場面」として設定されて、言いさされた部分を復元するには欠くことができない情報である。「X」は言いさす文脈であり、先行文と言

う。「C」は文の接続助詞的なものである。ここでは「シ」のことを指す。「M」は言いさし文の文末のマークである。「Y」は言いさされた情報を示す。伝達者が音や文字にして表現しなくても、相手が察してくれて伝達したいことが伝わるだろうという期待に基づいている。言いさされた情報を復元しなくても、その意図は相手に確実に伝わる。これが言いさし文の特徴である。

　男女に分けて「シ」節で終わる言いさし文の例文を参考にしながら、「X部分の肯定 / 否定形」、「品詞及びフォーム」、「述べられる事柄（1つ /2つ）」、「文末 M」の 4 つの側面から分析する。

- 「X部分の肯定 / 否定形」では、「シ」の前の部分が肯定の形式をとるのか、それとも否定の形式をとるのかを観察する。
- 「品詞及びフォーム」では、言いさし文において「シ」文節で述べられる主な述語の品詞及びフォームを観察する。
- 「述べられる事柄（1つ /2つ）」では、「シ」で終わる言いさし文の中で「シ」節を用いて述べられる事柄の数を表す。
- 「文末 M」では、言いさし文の中で、接続助詞「シ」に直接接続する終助詞「ね」「さ」「な」などと、「…」、「。。。」、「（笑い）」のような記号と、文の完結していることを表す記号「。」の使用状況を見る。

4.1　X 部分の肯定 / 否定形
（1）男性による X 部分の肯定

　　＊みん、なんだかんだで、会社で、ねー、首切られたら、さー、教職、教員採用試験受ければいいし。
　　＊逆に、言ってくれるからね（うん）、うん、それは（うん）チームにいい影響与えてると思うし（うん）。

　男性による「シ」で終わる言いさし文 82 例の中で、「X 部分の肯定形」の文は全体の中で 60 例あり、73.17％ を占めている。数は圧倒的に多い。こういう点から見れば、男性による「シ」で終わる言いさし文については、肯定的な形式を取る傾向があるのではないかと考えられる。

(2) 男性による X 部分の否定

　　＊うーーん、うちの部活とか絶対、殴り合いのけんかないしね。

　男性による「シ」で終わる言いさし文 82 例の中で、「X 部分の否定形」を表す文は 22 例あり、全体の 26.83％ を占めている。「X 部分の肯定形」よりずいぶん少ない。

(3) 男性による「シ」で終わる言いさし文

　したがって、男性による「シ」で終わる言いさし文については、「X」の部分には肯定的な形を使用する確率は否定的な形を取る確率よりはるかに多いと言える。男性発話の「シ」節による言いさし文では、「肯定形」が取られやすいと言えるのではないだろうか。

(4) 女性による X 部分の肯定

　　＊なんか、高い缶コーヒーとかも入れたし。
　　＊何気にもうすぐだし。

(5) 女性による X 部分の否定

　　＊あんま実家にも帰ってないし。

(6) 女性による「シ」で終わる言いさし文

　女性による「シ」で終わる 56 例の言いさし文の中で、「X 部分の肯定形」を表す例は 41 例あり、全体の 73.21％ を占めている。「X 部分の否定形」を表す例は 15 で、26.79％ を占めている。

(7) X 部分の肯定／否定形のまとめ

　「シ」節言いさし文においての「X 部分の肯定・否定形」については、男女とも否定形の出現回数より、肯定形の出現回数のほうはずっと多いことがわかった。言い換えれば、「X」部分に当たる肯定・否定形には、肯定形のほうが「シ」節で終わる言いさし文の中でよく使われる傾向があるのではないかと考えられる。

4.2 品詞及びフォーム

「シ」で終わる言いさし文の「シ」句節の主な述語の部分の品詞の使用状況を考察し、「X1 ＋ X2…シ」の構造の中で、「動詞…シ」「形容詞…シ」「名詞…シ」などの形の使用率と男女による使い方の違いを見てみよう。

(1) 男性による言いさし文

男性によるシで終わる言いさし文について、82 例ある「シ」節の言いさし文の中で、「動詞…シ」の構造をとったのは 56 例で、全体の 68.29％を占めている。「形容詞…シ」の構造をとったのは 12 例あり、全体の 14.63％を占めている。「名詞…シ」の構造をとったのは形容詞と同じで 12 例で14.63％を占めている。「副詞…シ」の構造をとったのは 2 例しかなく、2.44％である。

現れた各品詞の使用数及び出現率から見れば、「動詞構文シ」は使用率が一番高くて、構文力が強いと見られる。その次は「形容詞構文シ」と「名詞構文シ」の出現率が同様で、一番少ないのは「副詞構文シ」である。「動詞構文シ」より、「形容詞構文シ」「名詞構文シ」「副詞構文シ」は構文力の低いものとして捉えられると言えよう。それぞれ対応する例文について、フォーム（活用形やテンス、アスペクトの変化など）の異なるものの代表例を挙げて確認しておく。

① 動詞構文シ

(1) 逆に、言ってくれるからね（うん）、うん、それは（うん）チームにいい影響与えてると思うし（うん）。

(2) うん、「人名 11」も「人名 11」で野球好きで自分でいろいろもう勉強してるし。

(3) あげてもいないし（＜笑い＞）。

(4) あと 2 年生だって「人名 17」ちゃんと「人名 11」しか言ってこないしさー。[不満げに]

(5) 「人名 23」さんもよくわかんなかったしなー ＝。

(6) 「人名 1」にも怒られたし ＜軽く笑い＞。

(7) もうプリクラとらねーしな。

(8) や、普通に ＜しゃべるし＞｛＜｝"

165

(9) ＜おとなしくも＞{＞} ないし。

(10) あんときも、ちょっとしかしゃべってなくてさ、なんか、お前も何か、親のなんか、なんか„

(11) ＜だれか亡くなった、＞{＞} お葬式 (そうそうそう) とか言って、すぐ帰っちゃったしさ。

(12) 授業でもどんどん範囲広がってくるし。

(13) 遊んでもいたしね。

(14) 成績とかな、あと、うーーーん、い、や、の割に、ねー、親しみやすいしねー。

(15) でも、それは軍艦に入って 3 ヶ月もすれば、せ、すぐやせるだろうし。

(16) で、絶対鍛えらえるしさー。

(17) ＜自分＞{＞} のレベルのマックスんとこ来れたし。

(18) みんな自分とおんなじだし (うん)、話しててー、レベルも合うしー。

(19) しかも、全部訳させられたし＜笑いながら＞。

(20) なんか 10 分ぐらい待ってすぐ行ったらしくて、もう行っ (うん)ちゃったらしくて (あーあー)、そんな待たせなかったみたいだし。

② 形容詞構文シ

(1) みん、なんだかんだで、会社で、ねー、首切られたら、さー、教職、教員採用試験受ければいいし。

(2) や、普通に＜しゃべるし＞{＜}„

(3) ＜おとなしくも＞{＞} ないし。

(4) もう飯もー、うめ、酒もうまいし。

③ 名詞構文シ

(1) ＜だって＞{＞}、女子 7 割だし。

(2) たんぱく質じゃないしね。

(3) しか、野菜し、野菜、いししかかないしね (＜ 笑い ＞)。

(4) おれ、そんなハイテクじゃねーしな、ピッチだし。

(5) みんな自分とおんなじだし (うん)、話しててー、レベルも合うしー。

④ 副詞構文シ

　(1)　でも、こっちに来てから別にそうでもないし＝。

　(2)　高校でもそうだったし。

　(3)　うーーん、うちの部活とか絶対、殴り合いのけんかないしね。

(2) 女性による言いさし文

　56 例の「シ」節で終わる言いさし文の中で、「動詞構文シ」は、35 例あり、62.50％を占めている。「形容詞構文シ」は 6 例で、10.71％、「名詞構文シ」は 11 例あり、19.64％、「副詞構文シ」は 3 例で、5.36％、「連語構文シ」は 1 例だけで、1.79％を占めている。

　女性による言いさし文は「動詞構文シ」「名詞構文シ」「形容詞構文シ」「副詞構文シ」「連語構文シ」という順で出現率が下がる。この統計上の数から見れば、男性による言いさし文と同じように、「動詞構文シ」は最も構文力が強いものとして捉えられるのではないかと考えられる。連語「カモシレナイシ」の言いさし文も現れた。これは現代日本語の日常会話の流れの中で、数は極めて少ないのではないか。

　つまり、「シ」節で終わる言いさし文の「品詞」は「動詞構文シ」の使用率が最も高く、「動詞…シ」の構文力が強いことが明らかになった。この点については、南 (1993) も「全体として見れば、形容詞・形容動詞述語文は、動詞述語文（とくに他動詞述語文）にくらべて、成分、要素の種類がずっとすくない。」と指摘している (p.58)。

　例えば、

・「動詞辞書形シ」には「逆に、言ってくれるからね（うん）、うん、それは（うん）チームにいい影響与えてると思うし（うん）。」がある。
・「動詞テイルシ」には、「うん、「人名 11」も「人名 11」で野球好きで自分でいろいろもう勉強してるし。」がある。「動詞タ形シ」には、「こんなんやったし＜笑い＞。」がある。
・「動詞ナイ形シ」には、「あんま食べないしさ。」がある。
・「動詞サセラレル（タ）シ」には「しかも、全部訳させられたし」がある。
・「動詞＋ダロウシ」には、「でも、それは軍艦に入って 3 ヶ月もすれば、せ、すぐやせるだろうし。」がある。

- 「動詞テクルシ」には、「授業でもどんどん範囲広がってくるし。」が現れた。
- 「動詞テ（イ）ナイシ」には、「なか、別にみんなにも会ってないし。」がある。
- 「動詞レル（ラレル）シ」には、「で、絶対鍛えらえるしー。」がある。
- 「動詞＋シヤスイシ」には、「成績とかな、あと、うーーーん、い、や、の割に、ねー、親しみやすいしねー。」がある。

（3）自然会話における言いさし文

「品詞及びフォーム」の側面から見れば、男女発話とも「動詞述語文」の出現頻度は最も高かった。これについては、動詞は述語文の中でテンス、アスペクトの変化があり、助動詞の接続の種類は最も多くて、活躍できる範囲も広くて、日常会話の中で一番大きな役割を果たしているからと考えられる。

4.3　事柄（1つ／2つ）について

男性、女性による「シ」で終わる言いさし文の中で、「X シ」のように、1 つの事柄が述べられる場合がある。もうひとつは「X1 シ、X2 シ」のように 2 つの事柄を持つ場合もある。

（1）男性による言いさし文

男性による「シ」で終わる 82 例の言いさし文の中では、① X シのように 1 つの事柄を述べる文は 77 例あり、93.90％を占めている。② X1 シ、X2 シのように 2 つの事柄を述べる文は 5 例あり、6.10％を占めている。統計上の数字から見れば、① X シは② X1 シ、X2 シに比べて、使われる頻度がずっと多い。

① X シ

(1) みん、なんだかんだで、会社で、ねー、首切られたら、さー、教職、教員採用試験受ければいいし。

(2) ロイヤルホストも行ってないし。

(3) うん、でも、ほんとにね、来そうなとき来るしね。

② X1 シ、X2 シ

(1) 狭いしさー（うーん）、し、明かりな＜いしさー＞{＜}。

(2) みんな自分とおんなじだし（うん）、話しててー、レベルも合うしー。

(3) もう飯もー、うめ、酒もうまいし。

(2) 女性による言いさし文

　女性による「シ」で終わる言いさし文56例の中で、① X シのように1つの事柄を述べる文は51例で、全体の91.07％を占めている。② X1 シ、X2 シのように2つの事柄を述べる文は5例あり、8.93％を占めている。男性による言いさし文と同じであり、② X1 シ、X2 シと比べて、① X シのほうが圧倒的に多い。

① X シ

(1) あたしもそうだったし。

(2) 地名2も、町ではないけど田舎じゃないっぽいしー。

(3) そー、部屋の温度（そー）調節もできないし。

② X1 シ、X2 シ

(1) でもね、決まったのも急だったしねー、それはー、＜誰が悪いわけでもないし＞{＜}。

(2) だから、これも書かなくてもいいし、書いてもいいし。

(3) 腹ペコもすごいし、時間もちょっと迫ってくるし。

(3) 男女の比較

　男女による「シ」で終わる言いさし文の全体を通して見れば、① X シは② X1 シ、X2 シに比べて、現れる確率がはるかに多い。学校文法では「〜し、

「～し」の構造で「列挙」を表すと説明しているが、現代日本語の日常会話の中では、「～し、～し」より、1つの事柄を述べる「～し」のほうがずっと多い。これは男女に関係なく言えることで、特に現代日本語のひとつの特徴と言えるであろう。

4.4 文末「M」

　「シ」で終わる言いさし文の中で、文末「M」は、「Xシ＋句点」、「Xシ＋終助詞」、「Xシ＋―」の3つのパターンが現れた。「Xシ＋終助詞」はさらに「Xシ＋終助詞ネ」、「Xシ＋終助詞ナ」、「Xシ＋終助詞サ」が認められた。

(1) 男性による言いさし文

　男性による「シ」で終わる言いさし文の文末「M」の頻度については、「Xシ＋句点」は45例あり、全体の54.88％を占めている。「Xシ＋終助詞ネ」は18文で、21.95％、「Xシ＋終助詞ナ」は5例あり、6.10％、「Xシ＋終助詞サ」は11例あり、13.41％、「Xシ＋―」は3例あり、全体の3.66％を占めている。最も多く使われるのは「Xシ＋句点」である。使用頻度が少ないのは「Xシ＋―」である。「文末＋終助詞」を使う場合の中で、「Xシ＋終助詞ネ」が一番多かった。使用確率から見れば、「Xシ＋句点」→「Xシ＋終助詞ネ」→「Xシ＋終助詞サ」→「Xシ＋終助詞ナ」→「Xシ＋―」という順で減少する。

① Xシ＋句点

　(1)　＜だって＞{>}、女子7割だし。
　(2)　ああ、ちょうどフリーだし。
　(3)　でも別に、それ以上のネタないし＜笑いながら＞。

② Xシ＋終助詞

　終助詞は、「Xシ＋ネ」「Xシ＋ナ」「Xシ＋サ」と3つの場合がある。

「ネ」

(1) 全部を乗ることは無理だと思うけどー（うん）、2、4 ぐらいは乗る
と思うしね。

(2) ＝こんな機会つってもね、いつも言って‘ゆって’るしね<2 人で
笑い>。

(3) だ、それなりに部活もやってたしさー、ねー。

「ナ」

(1) 「人名 23」さんもよくわかんなかったしなー ＝。

(2) 言えないしな。

(3) <「人名 7」さんて、同じ授業とって>{>}んのに、しゃべんないしな。

「サ」

(1) あんま食べないしさ。

(2) 別に感謝するときは、普通にしてる（うん）しさ。

(3) <そう>{>}、翻訳があってるかどうかもよくわかん（<笑い>）な
いしさー。

③ X シ＋ー

(1) 「人名 28」も、たぶんこくじ、けやきの前とか、たぶんおれ声かけ
ると思うしー。

(2) や、つかまえんならばー、まー、おれとかでもいいしー。

(3) みんな自分とおんなじだし（うん）、話しててー、レベルも合うしー。

(2) 女性による言いさし文

　各使用率については、「X シ＋句点」は 20 例あり、全体の 35.71％を占
めている。「X シ＋終助詞ネ」は 17 例で、30.36％を占めている。「X シ＋
終助詞ナ」は 1 例あり、全体の 1.79％を占めている。「X シ＋終助詞サ」は
4 例あり、全体の 7.14％を占めている。「X シ＋ー」は 14 例あり、全体の
25.00％を占めている。

① X シ＋句点

(1) なんか、高い缶コーヒーとかも入れたし。

(2) 困りそうだし＜笑いながら＞。

(3) 雨降っても、雨降ったら、とは、晴れたらの選択肢もまた違ってくるし。

② X シ＋終助詞

終助詞は、「X シ＋ネ」、「X シ＋ナ」、「X シ＋サ」と 3 つの場合がある。

「ネ」

(1) 】】＜てか、副学長＞{>} だしねー。

(2) でも、そしたら「地名 7」まで出たいけど、逆方向だしねー。

(3) お金もかかったしね。

「ナ」

(1) まー、写真学校じゃねーしなー。

「サ」

(1) しも'しかも'、あたしがなんとかなると思っても、お母さんとか残ってる人に迷惑かけることになるかもしれないしさ。

(2) ていうか、あたしだって勉強したいしー＜笑いながら＞。

(3) も、行きはさー、もう雨で（うん）、どうしよー（うんうん）みたいな感じだったしさ。

③ X シ＋ー

(1) 「地名 2」も、町ではないけど田舎じゃないっぽいしー。

(2) みんな、型どおりのことしか言わないかもしれないしー。

(3) だ、それよりはよくなったしー（うんうん）。

(3) 男女の比較

　男女とも 3 つの場合（5 つのパターン）が現れた。女性による言いさし文の使用頻度から見れば、「X シ＋句点」35.71 ％→「X シ＋終助詞ネ」30.36 ％→「X シ＋ー」25.00 ％→「X シ＋終助詞サ」7.14 ％→「X シ＋終助詞ナ」1.79 ％の順で減少する。男性による言いさし文の使用頻度から見れば、「X シ＋句点」54.88 ％→「X シ＋終助詞ネ」21.95 ％→「X シ＋終助詞サ」

13.41％→「X シ＋終助詞ナ」6.10％→「X シ＋―」3.66％の順で減少する。

　上記の順序及び統計上の数字から見れば、最も多く現れたのは、男女とも「X シ＋句点」と「X シ＋終助詞ネ」である。男性による言いさし文の中で、比較的多く現れたのは「X シ＋終助詞サ」であるのに対し、女性による言いさし文の中で、比較的多く使用されたのは「X シ＋―」である。しかも、男性による言いさし文の中で、最も少ないのは「X シ＋―」であるのに対し、女性による言いさし文の中で、最も少ないのは「X シ＋終助詞ナ」である。したがって、「シ」で終わる言いさし文の文末「M」においては、女性による言いさし文は「X シ＋―」のような発話がよく使用されるのではないかと考えられる。文末の終助詞的な接続助詞「シ」の発音を伸ばして、発話者の語調を和らげたりする発話は女性がよく使用すると見られる。逆に、男性による言いさし文は「X シ＋―」のような声を伸ばして強調する、あるいは聞き手の注意を引き、相手に何かを求めるという表現はあまり使われないのではないかと見られる。

4.5　まとめ

　自然会話における「シ」で終わる言いさし文の様態及び特徴を男女別に述べた結果、4 つの側面で男女とも同じ傾向が認められた。したがって、自然会話における「シ」で終わる言いさし文を全体的に見れば、次の 4 点にまとめられる。

　第 1 に、「X」部分の肯定／否定形については、肯定の形を取るのは否定より多くて、肯定述語文は「シ」で終わる言いさし文の中で主流であることがわかった。

　第 2 に、「品詞及びフォーム」については、動詞述語文を他の「形容詞述語文」等と比べると、フォームの上でも種類が多く、言いさし文の中で遥かに優位を占めていることがわかった。

　第 3 に、「事柄 1 つ／2 つ」については、「シ」で終わる言いさし文が、基本とされる「～シ～シ」のような列挙ではなく、「～シ」のような 1 つの事柄の用法が多かった。これは日本語教育で教えられることと大きな違いであり、自然会話の言いさし文のひとつの特徴と見られる。

　第 4 に、「文末 M」については、接続助詞「シ」の後ろには文を完結するという意味を示す符号や句点をつけるのが一般的であった。これにより接続

助詞「シ」と言うよりは、むしろ終助詞的な「シ」と捉えることがより明確になる。ここの「シ」は典型的な終助詞とも違い、独立でも文を完成できるし、さらに他の終助詞あるいは符合と組み合わせて文を完結することもできる。

　ここで、「シ」で終わる意味を考えてみると、ただの語気を表し、文を完了する終助詞ではなく、「サ」、「ネ」などの終助詞より、なおいっそう深い意味を持ち、発話された文以上に深い意味を持ちながら、文を完結することによって、コミュニケーションがとれて、発話意図が相手に伝わる。「シ」は接続助詞と終助詞両者の性質を持ち、両者の機能を果たすことができるものなのだ。したがって、言いさし文は不完全な文のように見える完全文である。

5.　結語

　「4.5 まとめ」で結論づけたとおり、言いさし文は不完全な文のように見える完全文である。そこで、本研究では言いさし文における接続助詞を、言いさし文の「接続拡張型完結辞」と名づける。簡単な例文は図1に示す。

　この「接続拡張型完結辞」というのは3つの機能がある。

5.1 接続機能
　接続機能とは、言いさし文の「シ」の前の先行句節は言いさされた発話意図とのつながりを果たす機能である。

5.2 拡張機能
　拡張機能とは、言いさし文の先行句節に示された文自体の本来の意味と比べて、より深い意味を生み出す可能性を与える機能である。

5.3 完結機能
　完結機能とは、言いさし文の文型に示した通り、文をそこで完結していて、終了するということを表す機能である。これは最も大きな言いさし文の特徴で、言いさし文の独特な機能であると思われる。

例：昨日は雨が降ったし。

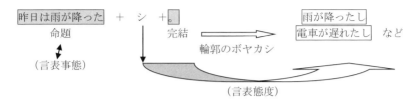

図 1　言いさし文における「接続拡張型完結辞」の解釈

参考文献

金田一春彦 (1991).『日本語の特質』日本放送出版協会 .
白川博之 (2009).『「言いさし文」の研究』くろしお出版 .
新村出 (2008).『広辞苑』岩波書店 .
三上章 (1972).『現代語法新設』くろしお出版 .
南不二男 (1993).『現代日本語文法の輪郭』大修館書店 .
森山卓郎 (1995).『複文の研究 (上)』くろしお出版 .

12 時制の視点から見る時間を表す 指示詞「時間指示詞」の研究
—限定時間指示詞の使用原理を中心に—

董昭君

1. 研究目的

　日本語表現の中で指示詞が含まれる時間表現は非常に多い。本研究は限定時間指示詞「この春・その春・あの春、この3月・その3月・あの3月、この・その・あの＋（日・月・火・水・木・金・土）曜日」を研究対象にして、時制の視点から、実証分析の方法を用いて、限定時間指示詞「コ・ソ・ア」の使用原理を明らかにするものである。

2. 指示詞に関する先行研究

　「指示詞＋時間表現」は時間表現であると同時に、指示詞の一部分でもある。それにもかかわらず、指示詞と時間表現の両方の視点から分析した研究は少ない。指示詞の視点から見た研究には、佐久間 (1951)、三上 (1970)、阪田 (1971)、久野 (1973)、吉本 (1992) などがある。このうち、吉本 (1992) のみが時制に言及している。両者を統合的に扱った吉本 (1992) はその点で注目に値するが、「（コノ・ソノ・アノ）時」の使用法について「話し手・聞き手の双方に知られていると想定される過去の時点は『アノ時』によって指示される。現在は『今』によって指示される。『コノ時』は必ずしも現在点とは一致せず、未来を除く過去及び現在の時点を指示しうる。『ソノ時』は過去・未来ともに指示しうる。」（吉本, 1992, p.117）と述べており、時制を絶対時制と相対時制のどちらで分類するかについては言明していない。その点から見ると佐久間 (1951)、阪田 (1971)、久野 (1973) の理論は時間指示詞の用法について有益な研究とは言えない。時間指示詞の用法は指示された時間と発話時点の遠近に関係すると思われる。その点から見ると三上 (1970) の融合

型の理論が時間指示詞の「コ・ソ・ア」の用法を説明できそうである。融合型の理論とは、話し手と聞き手が同じところにいる（あるいは話し手だけの）場合は、近くのものは「コ」、遠くのものは「ア」、どちらでもないものは「ソ」で指す。本研究は限定時間指示詞を研究対象にして、絶対時制と相対時制に分けて、限定時間指示詞「コ・ソ・ア」の使用原理を明らかにすることを試みる。

3. 研究方法

3.1　限定時間指示詞の分類

　本研究は収集した限定時間指示詞「この春・その春・あの春、この3月・その3月・あの3月、この・その・あの＋（日・月・火・水・木・金・土）曜日」を、時制がある場合と時制がない場合・時制が厳密には表現されていない場合に分類した。また、時制がある場合は、絶対時制と相対時制に分けた。絶対時制は絶対過去、現在、絶対未来に分類した。相対時制は相対過去、相対未来に分類した。（図1）

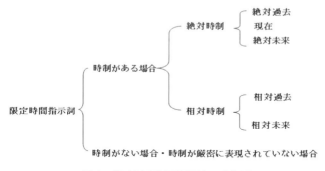

図1　限定時間指示詞研究の分類図

3.2　本研究における時制の定義

　町田（1989）の時制についての見解は、以下のようにまとめられる。

1. 超時的なもの[1]は、その記述する事象がすべての時点において「真」であることを主張するものである。
2. 絶対時制[2]は、発話時点をS、事象をEと表示し、「同時」という概

念を＝で表すことにし、左側にある記号が右側にある記号よりも時間的に先行するというように決めておけば、「現在」はS＝E、「過去」はE-S、「未来」は、S-Eと表示することができる。

3. 相対時制[3] は、「過去以前」を表すためには、発話時点よりも前の、別の過去の事象を想定する必要がある。このような、相対時制を定義するための基準となる時点のことを「基準時点」というが、これをRという記号で表せば、「過去以前」はE-R-S、「未来以後」はS-R-Eと表示することができる。同じように「過去以後」と「未来以前」も、R-E-S、S-E-Rと表示できる。

　本研究は町田（1989）の時制についての見解に賛同したうえで、「過去同時」（R＝E-S）と「未来同時」（S-R＝E）があると考えられるという立場をとる[4]。本研究では「過去同時」および町田（1989）が述べた「過去以前」と「過去以後」は相対過去と見なし、「未来同時」および町田（1989）が述べた「未来以後」と「未来以前」は相対未来と見なし、そして時制の定義をモデル化した（図2、図3を参照）。

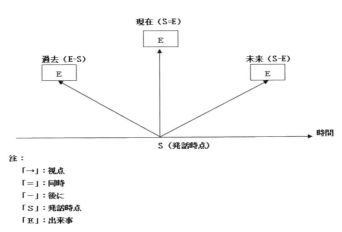

注：
　「→」：視点
　「＝」：同時
　「−」：後に
　「S」：発話時点
　「E」：出来事

図2　絶対時制の定義図

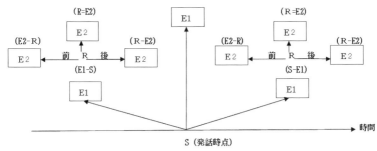

注：
「→」：視点
「＝」：同時
「−」：後に
「S」：発話時点
「R」：基準時
「E1」：出来事1
「E2」：出来事2

図３　日本語の時制（相対時制と絶対時制）の定義図

3.3　データの収集

　本研究の研究対象である時間指示詞の時制は発話時点（S）と出来事（E）の前後関係に起因する。その研究対象は単文と複文に存在する場合がある。複文では、発話時点と出来事の関係の分析において、主節と従属節を考慮しなければならない。そのため、データの収集と時制の判定において、以下の点に注意する必要がある。

1) 主節の時制と従属節の時制が一致している場合
　　a. 3月に私は大学を卒業する予定ですが、この春、進学試験と就職面接をしなければならない。
2) 引用節の時制が主節の時制と関係がない場合
　　b. 昨日、彼女は、「3月に私は大学を卒業する予定ですが、この春、進学試験と就職面接をしなければならない」と言いました。
3) 名詞修飾節の時制と主節の時制は一致する必要がない場合
　　c. この3月に引退の意向を表明していたロナウジーニョは、今アトレチコ・ミネイロで活躍している。
4) 条件文の中に時間を表す表現があるとき、帰結節に続く別の文におい

て指示詞で表されると、それは異なる時である場合

d1. 月曜日、雨が降ったら、来週の月曜日友達と一緒に東京に行きます。この月曜日、私は新しいシャツを着て行きます。（月曜日 ≠ この月曜日）。

d2. 月曜日、雨が降ったら、1 人で東京に行きます。この月曜日、私は新しいシャツを着て行きます。（月曜日 ＝ この月曜日）

「この春・その春・あの春」のデータは、2012 年 10 月 26 日から 2013 年 10 月 26 日までの朝日新聞電子版から収集した。「この春」は、495 例、「その春」は、8 例、「あの春」は、3 例ある。合計は、506 例である。「この 3 月・その 3 月・あの 3 月」のデータは、2007 年 4 月 22 日から 2013 年 10 月 26 日までの朝日新聞電子版から収集した。「この・その・あの ＋（日・月・火・水・木・金・土）曜日」のデータは、2011 年 5 月 27 日から 2014 年 3 月 13 日までの朝日新聞電子版から収集した。

4. 分析の結果

4.1 時制の視点から見る時間指示詞「この春・その春・あの春」

図 1 の分類にしたがって、表 1 のような分析結果を得た。そして本節以降、分類ごとに用例と図を示す。

表 1　時間指示詞「この春・その春・あの春」の時制的な使用分布

指示詞	時制がある場合					時制が厳密に表現していない場合	合計
	絶対過去	現在	絶対未来	相対過去	相対未来		
この春	287	56	151	0	0	1	495
その春	7	0	1	0	0	0	8
あの春	3	0	0	0	0	0	3
総計	297	56	151	0	0	1	506

　表1によると、以下のようなことがわかった。

　時間指示詞「この春・その春・あの春」は絶対時制の視点でのみ使われている。過去は現在、未来より使用頻度が高い。その使用領域から見ると、「この春」は、過去・現在・未来の三つの領域で使われている。「その春」は、過去・未来の領域に使われている。「あの春」は、過去の領域にしか使わない。時制が厳密に表現されていないのは1例のみである（図10を参照）。

　時間指示詞「この春・その春・あの春」の時制的な使用頻度から見ると、「この春」は、「その春・あの春」より多く使われている。

　時間指示詞「この春・その春・あの春」の指示詞「この・その・あの」の用法は、指示詞の融合型理論で解説することができる。話者は発話時点の時間を基準にして、指示詞が指した時間は発話時間より近くのものは「コ」、遠くのものは「ア」、どちらでもないものは「ソ」で指すことはわかった。「この春」の「コ」は、発話時点から限定された一定の期間（今年の・この近くの春）を指示し、「ソ」は、今年の春ではない場合がよく使われている、「ア」は「ソ」よりはるかに離れた春を指し、さらに、発話時点から、その指示した時点の出来事を見ている（図4から図9までを参照）。

(1) 絶対過去の例 (時間指示詞 「この春・その春・あの春」)

1. 英国 成功例「都市では困難」ロンドン北部の図書館に<u>この春</u>、子供
たちが戻ってきた。

朝日新聞電子版 (2013/07/25)『(きしむ欧州「危機」の後遺症) 福祉、
市民の善意頼み　薬代払えない・図書館閉鎖』

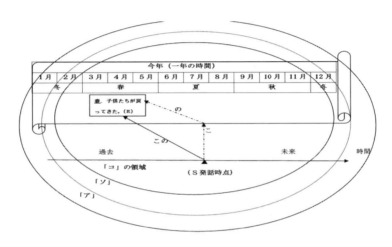

図 4　実例「1」の解説図

2. 普通科で 4 年間学び、卒業した<u>その春</u>、別の美術系高校に編入学した。
朝日新聞電子版 (2013/03/31)『(男のひといき) 6 年間の高校生活』

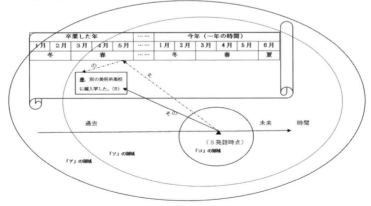

図 5　実例「2」の解説図

3. あの春、今は亡き講師から教わった大切な言葉を思い出した。

　　朝日新聞電子版（2013/05/06）『（声）さながら魔術師、粋な春の土』

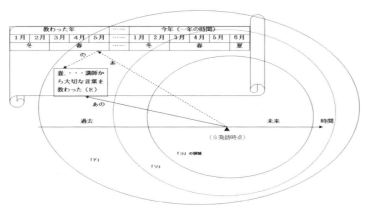

図6　実例「3」の解説図

（2）現在の例（時間指示詞「この春」）

4. この春、BS各局がニュース番組を強化している。

朝日新聞電子版（2013/04/08）

『（フォーカス　オン）ＢＳ各局がニュース番組強化

「広く」より「深く」を追求』

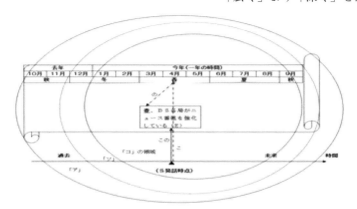

図7　実例「4」の解説図

(3) 絶対未来の例 (時間指示詞「この春・その春」)

5. 広島市の映画館では 26 日からアンコール上映が決まり、県内でもこ<u>の春</u>に上映会が企画されている。

朝日新聞電子版 ((2013/01/24))

『反骨の素顔、銀幕三冠　映画「ニッポンの嘘」山口』

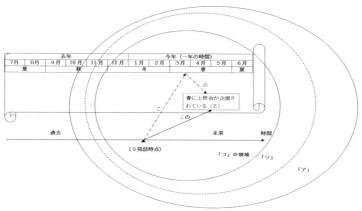

図 8　実例「5」の解説図

6. 年末年始にある単独ライブを成功させられたら、春に全国ツアーができるかもしれないんです。そして、<u>その春</u>の全国ツアーを成功させられたら、夏に中野サンプラザで単独ライブができるかも？ と言われています。

朝日新聞電子版 (2013/10/17)

『(ツギクル☆アイドル) アップアップガールズ (仮)』

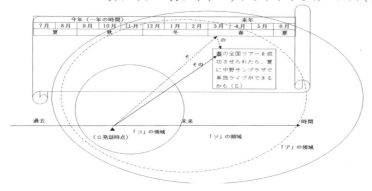

図 9　実例「6」の解説図

(4) 時制が厳密に表現していない場合の例（時間指示詞「この春」）

7. 私たちはこの春と秋、「食べるチカラキャンペーン」に取り組みます。

朝日新聞電子版 (2013/07/09)

『TPP 参加反対を総会で特別決議 — PRTIMES』

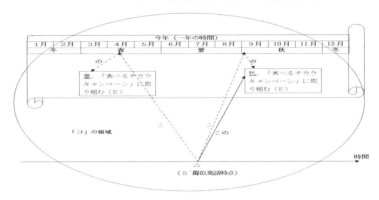

図 10　実例「7」の解説図

　実例「7」の「この春」は、時制として、厳密に見ていないと考えられる。

4.2　時制の視点から見る時間指示詞「この 3 月・その 3 月・あの 3 月」

　図 1 の分類にしたがって、表 2 のような分析結果を得た。

表 2　時間指示詞「この 3 月・その 3 月・あの 3 月」の時制的な使用分布

指示詞	時制がある場合					時制がない場合	合計
	絶対過去	現在	絶対未来	相対過去	相対未来		
この 3 月	68	3	20	0	0	0	91
その 3 月	3	0	0	0	0	1	4
あの 3 月	4	0	0	0	0	0	4
総計	75	3	20	0	0	1	99

　表 2 によって、以下のようなことがわかった。

1) 時間指示詞「この 3 月・その 3 月・あの 3 月」は、絶対時制でのみ使われている。「この 3 月」は、過去・現在・未来の三つの領域で使われている。「その 3 月」は、過去・未来の領域に使われている。「あの 3 月」は、過去の領域にしか使わない。時制がない場合は 1 例である（図 16 を参照）。

2) 時間指示詞「この 3 月・その 3 月・あの 3 月」の時制的な使用頻度から見ると、「この 3 月」は、「その 3 月・あの 3 月」より、多く使われている。

3) 時間指示詞「この 3 月・その 3 月・あの 3 月」の「この・その・あの」は、指示詞の融合型理論で説明することができる。つまり、話者は発話時点を基準にして、指示詞が指した時間が発話時点に近いものは「コ」、遠くのものは「ア」、どちらでもないものは「ソ」で指すことがわかった。「この 3 月」の「コノ」は、発話時点から限定された一定の期間（今年の・この近くの）を指し、「ソノ」は、発話時点から、今年ではない 3 月を指し、「アノ」は「ソノ」より遠い 3 月を指すことがわかった（図 11 から図 15 を参照）。

（1）絶対過去の例（時間指示詞「この 3 月・その 3 月・あの 3 月」）

8. Kennedy 氏は Pandora のトップを 10 年近く務めていたが、<u>この 3月</u>に退任の意向を表明していた。

朝日新聞電子版（2013/09/12）

『[CNET Japan] Pandora、

新 CEO にマイクロソフトの元広告担当幹部を任命』

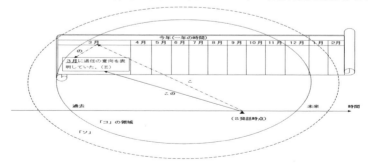

図 11　実例「8」の解説図

9. 原水爆禁止山口県民会議などが、100 万人を目標に集め始めた。09
年 10 月に 61 万 2613 人分、10 年 5 月にさらに 23 万 8875 人分を経
産省に提出。目標まであと 15 万人弱となったところで伸びが止まっ
た。締め切りを 9 月末から今年 3 月末に延ばした。<u>その 3 月</u>、東日
本大震災と原発事故が起きた。

朝日新聞電子版（2011/07/20）

『上関原発中止署名、百万人分超す　山口の団体、経産省へ』

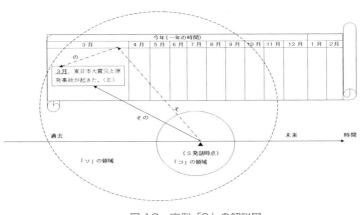

図 12　実例「9」の解説図

10. <u>あの 3 月 11 日</u>にも被災地で産声をあげた子らがいる。

朝日新聞電子版（2013/05/11）

『（天声人語）新しい命に贈る椅子』

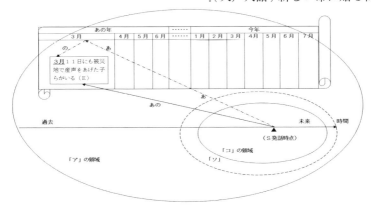

図 13　実例 (10) の解説図

(2) 現在の例 (時間指示詞「この3月」)

11. <u>この3月</u>には新たに3店舗が仲間入りし、その集客力や話題性がさらにパワーアップしています。

朝日新聞電子版 (2012/03/22)

『～2012年春　トレンドウォッチレポート～大型商業施設が続々！エキナカに続く駅施設のトレンドキーワード『エキタメ』(＝駅×エンタメ)』

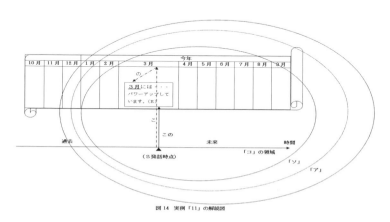

図14　実例「11」の解説図

(3) 絶対未来の例 (時間指示詞「この3月」)

12. その日本版が<u>この3月</u>、坂本昌行の主演で青山劇場に登場する。

朝日新聞電子版 (2012/02/22)

『王道のラブコメディで坂本昌行が魅せる！華麗なステップ』

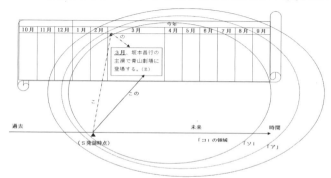

図15　実例「12」の解説図

(4) 時制がない場合 (時間指示詞「その 3 月」)

13. 私は、とりたてて好きな季節はないが、強いて言うならこの春。な
ぜなら私の誕生日があるからだ。その 3 月 31 日は大抵クラスで一
番若い。花がたくさん咲く季節でもある。今の通学時間は、あちら
こちらに咲く梅や桜を見て楽しむことができる。

朝日新聞電子版 (2013/03/30)

『(声) 若い世代　誓いを新たにする「私の春」』

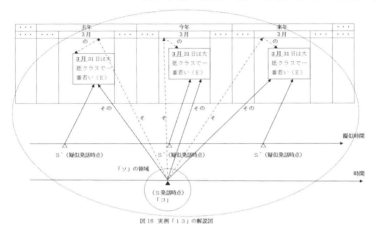

図 16　実例「13」の解説図

4.3　時制の視点から見る時間指示詞「この・その・あの + (日・月・火・水・木・金・土) 曜日」

図 1 の分類にしたがって、表 3 のような分析結果を得た。

表 3　時間指示詞「この・その・あの + 曜日」時制的な使用分布

指示詞	時制がある場合					時制がない場合	合計
	絶対過去	現在	絶対未来	相対過去	相対未来		
この + 曜日	1	0	2	0	0	1	4
その + 曜日	3	0	0	0	0	0	3
あの + 曜日	0	0	0	0	0	0	0
総計	4	0	2	0	0	1	7

表3によると、以下のようなことがわかった。

1) 時間指示詞「この・その・あの＋（日・月・火・水・木・金・土）曜日」は、絶対時制でのみ使われている。その使用領域は、「この＋（日・月・火・水・木・金・土）曜日」は、過去・未来の二つの領域で使われている。「その＋（日・月・火・水・木・金・土）曜日」は、過去・未来の領域に使われている。時制がない場合は1例のみである（図20参照）。「この」の場合は「現在」で使わない原因は指示詞の問題ではない、「曜日」の時間名詞の原因である。以下の例は木曜日時点の発話である。

　　e. ＊この木曜日、スーパーの冷凍食品が全品半額で販売されている。
　　　　　　　　　　　　　　　　　　　　　　　　　　　　　　　（現在）
　　f. この木曜日、スーパーの冷凍食品が全品半額で販売される。（未来）

eとfで示すように、限定時間指示詞「この木曜日」は、時制において、現在を表すときに使うより、未来を表すときに使ったほうが自然な日本語になる。「この＋（日・月・火・水・木・金・土）曜日」が、「今」、「現在」、「今日」の意味を示すためには、「この＋（日・月・火・水・木・金・土）曜日」を使うかわりに、「今・現在・今日」のようなことばを使うことになる。同様に、「この日」も、現在のつもりで使うことがないと考えられる。

2) 収集されたデータの量から見ると、時間指示詞「この・その・あの＋（日・月・火・水・木・金・土）曜日」は、あまり使わない時間名詞である。「この・その・あの」の時制的な使用頻度から見ると、「この」は、「その・あの」より、多く使われている。そして特定の曜日でない、「あの＋曜日」は使われない。

　　g. 2011年3月11日。あの金曜日、大地震で多くの人が死んだ。

3)時間指示詞「この・その・あの＋（日・月・火・水・木・金・土）曜日」の指示詞「この・その・あの」は、指示詞の融合型理論で説明することができる。つまり、話者は発話時点の時間を基準にして、指示詞が指した時間は発話時間より近くのものは「コ」、遠くのものは「ア」、どちらでもないものは「ソ」で指すことがわかった。「（日・月・火・水・木・金・土）曜日」は、発話時点から近くの「曜日」（今週の曜日）は「コノ」を指し、遠くの曜日（今週ではない曜日）は、「ソノ」を指すことがわかった（図17から図19)。

（1）絶対過去の例（時間指示詞「この・その＋曜日」）

14.　この日曜日の試合で「デビュー」した彼女は、今後の近い未来にはもう少しマシなダービーマッチを見られるよう願っていることだろう。

朝日新聞電子版（2013/12/24）

『チェーザレのカフェ・カルチョ

：日本にとっては記念すべきミラノダービー』

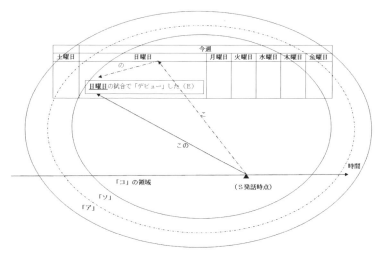

図17　実例「14」の解説図

15. <u>その金曜日</u>は朝から強い風が吹いていた。

朝日新聞電子版 (2011/07/22)

『想像世界の原発事故におののく―尾関章―文理悠々

BOOK.asahi.com：朝日新聞社の書評サイト』

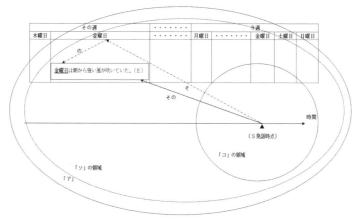

図18　実例「15」の解説図

（2）絶対未来の例（時間指示詞「この＋曜日」）

16. <u>この月曜日</u>にアメリカにて離婚の申請をいたしますことをご報告させていただきます。

朝日新聞電子版 (2012/01/17)『〈速報〉あゆ1年で離婚』

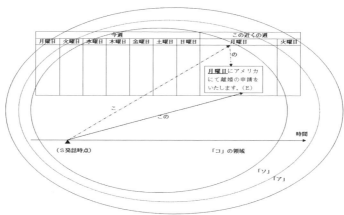

図19　実例「16」の解説図

(3) 時制がない場合 (時間指示詞「この + 曜日」)

17. 同じ 3 日間なのだが、休みが 1 日入ることで気分的にはかなり違っ
てくるもので、連戦の疲れはこの金曜日に癒すのが僕のスタイルだ。

朝日新聞電子版 (2011/05/27)『F1 モナコ GP　木曜日』

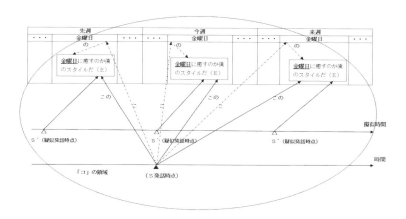

図 20　実例「17」の解説図

5. 結果分析のまとめとモデル図化

1) 限定時間指示詞「コノ系・ソノ系・アノ系」は、絶対時制の視点での
み使われている。「コノ系」は、過去・現在・未来の三つの領域で使
われている (「この + (日・月・火・水・木・金・土) 曜日」を除く)。「ソ
ノ系」は、過去・未来の領域に使われている。「アノ系」は、過去の
領域にしか使わない。相対時制で出来事をとらえる限定時間指示詞は
考えるが、今回のデータには出現しなかった (h ～ l の例文は図 21 を
参照)。

h. 2014 年の 3 月に私は大学を卒業する見込みです。(S-E1) この春、
進学試験と就職面接が待っています (R = E 2)。(相対未来)

i. 2014 年の 3 月に私は大学を卒業する見込みです。(S-E1) この春、
進学試験と就職面接があります。(R-E2 ／ E2-R)。(相対未来)

j. 2009 年の 3 月、私は大学を卒業した (E1-S)。<u>この春</u>、進学試験と
　就職面接を受けた (R-E2 ／ E2-R)。(相対過去)

k.3 月 18 日の火曜日、卒業式があります (S-E1)。<u>この火曜日</u>は先生
　もいらっしゃいます (R=E2)。(相対未来)

l.3 月 18 日の火曜日、卒業式がありました (E1-S)。<u>この火曜日</u>は先
　生もいらっしゃいました (R=E2)。(相対過去)

2) 限定時間指示詞「この系・その系・あの系」の時制的な使用頻度から
　見ると、「この系」は、「その系・あの系」より、多く使われている。

3) 限定時間指示詞「この系・その系・あの系」の指示詞「この・その・
　あの」の用法は、指示詞の融合型理論で解説することができる。話者
　は発話時点の時間を基準にして、指示詞が指した時間は発話時間より
　近くのものは「コ」、遠くのものは「ア」、どちらでもないものが「ソ」
　で指すことはわかった。

　以上の結果を踏まえて、時の指示詞としての「この・その・あの」の用法
と使い分けをモデル図で表せば、次のようになる。

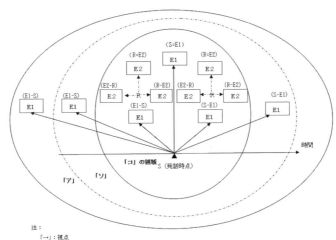

注:
　「→」:視点.
　「-→」:可能性がある視点.
　「=」:同時、「-」:後に、「S」:発話時点,（記号:「▲」）、「R」:基準時、「E1」:出来事 1、「E2」:出来事 2

図 21　限定時間指示詞の運用原理図

注

1) 「三角形の内角の和は二直角に等しい。」という例で考えると、出来事 (E) はすべての時点において成立する。
2) 私はパンを食べた (E-S)。私はパンを食べている (S=E)。私はパンを食べる (S-E)。(図2を参照)
3) 本屋へ行った (E1) 時 (R)、その前に図書館へ行った (E2)。記号で表すると「E2-R-S」になる。図書館へ行った (E1) 後、本屋へ行った (E2)。(R-E2-S)。ご飯を食べる (E1) 前に、手を洗う (E2)。記号で表すると「S-E2-R」になる。手を洗って (E1) から、ご飯を食べる (E2)。記号で表すると「S-R-E2」になる。(図3を参照)
4) 昨日、トイレへ行った (E1) 時 (R)、本を見ていた (E2)。記号で表すると「R =E2-S」になる。明日郵便局へ行く (E1) 時 (R)、お金を下ろす (E2)。記号で表すると「S-R=E2」になる。(図3を参照)

参考文献

庵功雄 (1994).「結束性の観点から見た文脈指示―文脈指示に対するひとつの接近法―」『大阪大学日本学報』13, pp.31-42.
今泉喜一 (2003).『日本語構造伝達文法　発展 A』揺籃社 .
今泉喜一 (2005).『日本語構造伝達文法・05 版』揺籃社 .
金水敏・田窪行則 (1992).『指示詞』ひつじ書房 .
久野暲 (1973).『日本文法研究』大修館書店 .
阪田雪子 (1971).「指示詞『コ・ソ・ア』の機能について」(金水敏・田窪行則 (編)(1992).『指示詞』(日本語研究資料集　第 1 期第 7 巻) ひつじ書房 .)
佐久間鼎 (1951).『現代日本語の表現と語法 (改訂版)』厚生閣 .
寺村秀夫 (1984).『日本語のシンタクスと意味Ⅱ』くろしお出版 .
寺村秀夫 (1991).『日本語のシンタクスと意味Ⅲ』くろしお出版 .
町田健 (1989).『日本語の時制とアスペクト』アルク .
三上章 (1970).「コソアド抄」『文法小論集』pp.145-154. くろしお出版 .
吉本啓 (1992).「日本語の指示詞コソアの体系」『指示詞』pp.102-122. ひつじ書房 .

13 流動体のメタファーに関する 日中対照研究 ―日本語「流れ／流れる」の用法を例に―

韓涛

1. はじめに

　すでに国内外における多くの研究によって明らかにされているように、メタファーは単なる言葉の綾 (figures of speech) ではなく、日常言語の隅々に顕れており、どちらかというと言語現象の中心に位置し、人間が外部世界を認識し理解する際に依拠する認知モデルのひとつであると考えられる (Lakoff & Johnson, 1980, 1999; Lakoff, 1993; 山梨, 1995, 2000; 杉本, 1998; 鍋島, 2011 など)。また、現代認知科学における重要な発見のひとつは、人間のもつ概念体系の多くがメタファーにその基盤をおいていることが明らかになった点である (Lakoff & Johnson, 1999, p.3)。たとえば次の例 (1)~(4) が示すように、〈恋愛〉[1] が抽象的で複雑な概念構造を有するため、その概念化は往々にしてメタファーを介さなければならない (詳しくは Lakoff & Johnson, 1980；治山, 2006；韓涛, 2011 など参照)。

(1) 两人纷纷坠入爱河[2]。
　　（2 人は恋に落ちた）
(2) 他俩走进了死胡同。
　　（2 人の関係は行き止まりになった）
(3) 他俩又打起了冷战。
　　（2 人の間で冷戦が起こった）
(4) 两人又死灰复燃了。
　　（2 人はふたたび燃えはじめた）

（例 (1)~ (4) は作例）

　例 (2)〜 (4) では「恋愛」という言葉が特に言語化されていないにもかかわらず、"死胡同"（行き止まり）や "冷战"（冷戦）"死灰复燃"（ふたたび燃える）といった表現から、中国語話者であれば、2 人の愛は終点を迎えたりもしくはなんらかの障害が現れたり、あるいは一旦障害を乗り越えて再び正常な軌道に戻ったといったことが読みとれるであろう。つまり、これらはいずれも中国語における〈恋愛〉のメタファー表現であるとわかる。

　このように、メタファーは一種の認知モデルであるがゆえに、抽象的で複雑な概念構造を理解し把握する際によく用いられる。しかし注意すべきは、異なる言語が同一事物をメタファーを介して理解し把握する際に、大きく 2 つの選択肢が考えられるということである。ひとつは異なる言語であるにもかかわらず、同様な認知モデルを選択することであり、もうひとつは異なる言語であるため、それぞれ異なる認知モデルを選択することである。従来では、どちらかといえば前者に研究の重点がおかれている傾向がある。

(5)　HAPPY IS UP

(5a) 英：I' m feeling up today.

(5b) 日：今日は気分は上々だ。

(5c) 中：我今天很高兴。

(6)　IMPORTANT IS BIG

(6a) 英：Tomorrow is a big day.

(6b) 日：明日は重大な日だ。

(6c) 中：明天是个重大的日子。

(7)　AFFECTION IS WARMTH

(7a) 英：They greeted me warmly.

(7b) 日：彼らは私を暖かく迎えてくれた。

(7c) 中：他们热情地欢迎我。

　　　（例 (5a)〜 (7a) は Lakoff & Johnson, 1980、下線は引用者による）

　上の例 (5)〜 (7) が示しているように、英日中はそれぞれ異なるタイプの言語であるにもかかわらず、同一事物を概念化するのに同様な認知モデルが用いられている。すなわち、どの言語においても〈うれしいこと〉は〈上〉に、〈より重要なこと〉は〈より大きいこと〉に、〈愛情〉は〈暖かさ〉にそ

れぞれ基づいてメタファー的に理解されているのである。Grady & Morgan (1996) などではこの種のメタファーはプライマリー・メタファー (primary metaphor) と呼ばれ、たとえばうれしいとき、われわれはよく手をあげたり飛び上がったりといった上向きの身体行為を伴うため、身体的経験に直接基盤をおいている、いわゆるユニバーサル的なメタファーであると考えられている。しかしその一方で、従来異なる言語では同一事物を概念化するのに異なる認知モデルを用いるケースはあまり研究されてこなかったといえる。

　このことに鑑み、本稿では Nomura (1996)、野村 (2002) などで提唱されている〈流動体〉のメタファー (fluid metaphor) を取り上げ、日本語「流れ／流れる」の用法を例に、メタファーの「広さ」と「深さ」の観点から、日中両言語における名詞概念化の相違点を明らかにしていきたい。具体的には、中国語にも〈流動体〉的な捉え方はみられるものの、日本語ほど基本的な認知モデルになっていないのと対照的に、日本語においてはさまざまな物事を〈流動体〉のメタファーに基づいて概念化する傾向が強く、しかもその概念化はきわめて体系的で首尾一貫しており、したがってこの種の認知様式は日本語の特徴であると主張したい。

2. 先行研究とその問題点

　従来の名詞概念化に関する研究は大きく2種類に大別できる。ひとつは個別言語に焦点を当てたものである。たとえば、Reddy (1979) や Nomura (1996) では英語と日本語における〈コミュニケーション〉の概念化をそれぞれ考察しており、それらによれば英語では主に〈導管〉メタファー (conduit metaphor) に、日本語では〈流動体〉メタファーにそれぞれ基づいているとされる。もうひとつは対照研究の立場を導入したものである。たとえば、野村 (2002) では Reddy (1979) や Nomura (1996) を踏まえ日英における名詞概念化の相違点を検討し、名詞を概念化する際に、英語では〈導管〉メタファーが、日本語では〈流動体〉メタファーがそれぞれ用いられる傾向があることを明らかにしている。

⑻a. Try to pack more thoughts into fewer words.

　b. Try to get your thoughts across better.

　c. Can you actually extract coherent ideas from that prose?

(Reddy, 1979)

⑼a. 罵声を浴びせる。

　b. 悪口の雨を降らせた。

（野村，2002）

　上の例 ⑻ ⑼ をみればわかるように、英語では〈コミュニケーション〉という抽象的概念は話し手が伝えたい〈内容〉を〈語〉という容器に入れ、それから〈導管〉というものを通して聞き手に渡したあと、聞き手が受け取った〈容器〉から〈内容〉を取り出すというように概念化されているのに対し、日本語では〈言葉〉は一種の〈流動体〉としてメタファー化され、〈コミュニケーション〉は話し手と聞き手における〈流動体〉のやりとりとして概念化されている。

　一方、鈴木 (2009) ではコーパスに基づき計量的に考察し、日英の差異は〈流動体〉メタファーの使用頻度においてのみみられ、〈流動体〉メタファーの使用種類に関してはほとんど差がないという結論が得られた。

　このように、これらの研究は認識の普遍性を第一に追い求めることを主な目的とする早期認知メタファー理論の理念を捉え直すところから再出発しており、異なる言語にみられる、その言語のもつ社会的・文化的に独自な捉え方を試みたという意味では大きく評価すべきである。しかしそれと同時にいくつかの問題点も考えられる。たとえば「言葉の流れ」以外に、「政治の流れ」「試合の流れ」「物語の流れ」といった表現も日本語にみられるが、〈言葉〉以外の名詞概念化はこれまでほとんど本格的に研究されておらず、さらに検討する余地があると思われる。そして、従来の研究では主に日英両言語に関するもので、日中間の対照研究は管見の限りまだなされていない。しかし日中対照の観点からこの問題を捉えなおすと、たとえば "？？ 政治的流動（政治の流れ）" "？？ 比賽的流动（試合の流れ）" "？？ 故事的流动（物語の流れ）" といったように、日本語ではごく当たり前で問題なく成り立つものは、中国語においてはいずれも不自然な表現になってしまい、名詞概念化に関する日中の相違点は一体どこにあるのかといった問題点が新たにみえてくる。以下

199

ではまずメタファーの「広さ」と「深さ」とは何かについてそれぞれ概観し、そのうえでこの 2 つの観点から上記の問題を論じてみることにする。

3. メタファーの「広さ」と「深さ」とは

　本稿では異なる言語にみられる名詞概念化の差異は基本的にメタファーの「広さ」と「深さ」という 2 つのレベルに関連していると考える。ここでいうメタファーの「広さ」はメタファーのスコープ（the scope of metaphor）のことで、メタファーを特徴づけできる起点領域の範囲のことを指す（詳しくは Kövecses, 1995; 韓涛, 2017 など参照）。たとえば、次の例にみられるように、日中両言語ではいずれも〈火〉を通して〈恋愛〉についてメタファー的に語ったり理解したりすることができる。

(10) これは、あなたへの<u>愛情</u>が、<u>燃え上がっている</u>時期です。

(11) その胸の内に秘めた想いは、まさに<u>熱い恋の炎が燃え盛る</u>。(KO[3])

(12) <u>爱情就像一团火</u>, 开始很火热, 如果不加柴, 久了就会灭。(恋愛はまるで火のようである。はじめは盛んに燃えるが、薪を継ぎ足さないとすぐに消えてしまうことになる)

(13) 战后, 北山对此深感内疚, 带着强烈的自审忏悔意识, 主动熄灭了<u>刚刚点燃起的爱情火焰</u>。(戦後、北山がこのことに対して後ろめたさを強く抱いており、懺悔の気持ちいっぱいで燃え上がったばかりの恋愛の炎を自ら消すことにした) (CCL)

(14) お国はだまって見ていたが、<u>胸のどうきがはやくなって、顔が熱くなる</u>のを感じた。(KO)

(15) 只见妙玉微微把眼一抬, 看了宝玉一眼, 复又低下去, 那<u>脸上的颜色渐渐的红晕起来</u>。(妙玉が頭を少し上げてちらと宝玉のほうを一瞥してふたたび俯きになり、顔が少し赤くなってきた) (《红楼梦》第八十七回)

　例 (10)〜(13) はいずれも〈火〉を起点領域にもつ〈恋愛〉のメタファー表現であるといえる。この点に関していえば日中両言語は相違なく、一致している。その理由は普遍的な身体経験にあると考えられる。なぜならば、例 (14)

(15) が示しているように、人が好意を寄せている人の前で顔が赤くなったり、体が熱くなったりする生理反応がみられるからである（詳しくは Ungerer & Schmid, 1996 参照）。しかしその一方で、中国語では〈火〉は起点領域としてさらにほかの概念を特徴づけるのに用いられうる。

(16) 名目繁多的聚会让今年春节期间的滨城酒店着实火了一把。（今年の春節期間さまざまなパーティーのおかげで「滨城酒店」が大変商売繁盛でした）(《营口日报》2017/2/7)

(17)《新闻联播》里的这个河南面孔 最近火遍全国。（最近《新聞聯播》で報道された河南省の顔、一気に全国に知られるようになった）

　例 (16) の "火了一把" は「（このレストランでは）客がいっぱいで商売が大変繁盛である」ことを意味し、例 (17) の "火遍中国" は「（この顔が）一気に全国の人に知られるようになった」ことを意味する。両者はいずれも〈火〉との類似性に基づいているといえるが、厳密にいうと拡張の動機付け (motivation) は同じではない。前者は依然として身体的経験、たとえば「大勢の人がいるとたくさんの熱を出す」というものに基盤をおいており、これをさらに裏づける証拠として中国語には "人少冷清，人多则兴旺"（人が少ないと閑散になり、人が大勢いると盛んになる）というような言葉がある。一方、後者では〈燃焼〉の百科事典的知識、たとえば「火が一旦燃え出すと一気に広まって延焼する」といったものと深くかかわっている。もちろん同様の身体的経験や百科事典的知識は日本語にもみられる。しかしながら、上記のような言語表現は日本語にはほとんど観察されないのである。したがって〈火〉メタファーの〈広さ〉に関していえば、日本語は中国語に比べかなり狭いと考えられる。

　これに対し、いわゆるメタファーの〈深さ〉(the depth of metaphor) は主に推論の多寡に関係しており、同一のメタファーについて推論の数が多い言語のほうが「深さ」の度合いも相対的に高い。また推論のほか、使用頻度も「深さ」と関係すると思われる。つまり、同一のメタファーについて使用頻度が高い言語のほうが「深さ」の度合いも相対的に高い。もう一度《恋愛は火》というメタファーを例にとってみてみる。

(18) 梦寒还这么年轻，雨杭又这么热情，孤男寡女，<u>干柴烈火</u>，万一再发展下去，一定会出事！（夢寒はまだあんなに若く、雨杭もこんなに情が深く、男と女、まるで薪を火に入れるように、このままでいくとこの 2 人はきっと恋に落ちるに違いない）

（琼瑶《烟锁重楼》）

(19) 梁枫当初要极力鼓动我来这里，也许他是希望我的诗能和莫雅<u>撞击出爱情火花</u>（当初私がここにくるのを梁楓があんなに強く望んでいるのは、私の詩で私と莫雅の間で愛が生まれるのを期待しているのかもしれない）

(20) 陆小姐外貌漂亮，人又好，十全十美；可是，他就是无法和你<u>擦出火花</u>，他只能对你当亲妹妹看待。（陸お嬢さんはとても美しいし優しい。申し分ないよ。でも彼はどうしても好きになれないと思う。なぜならあなたを自分の妹のようにみているからだ）　（CCL）

(21) 远方的<u>恋情</u>，就像火与风，假如仅仅是<u>小火苗</u>，<u>风一吹就灭</u>。（遠距離恋愛は火と風のようである。もし小さな火なら風が少し吹けば消えてしまうことになる）

(22) 每当我们凝视大观园里那一团团扑不灭的<u>爱情火焰</u>时，我们就会情不自禁的向那些为了追求自由恋爱而献出青春生命的少男少女们，献上由衷的敬意！（大観園であの数々の永遠不滅の恋愛物語を目の当たりにするたびに、命を顧みずに恋愛自由を追い求める若い男女たちに心から敬意を表したい）

(23) 两人<u>旧情复燃</u>，有情人在晚会后八周终成眷属。(2 人はふたたび一緒になり、八週後晴れて夫婦となった）(CCL 语料库)

(24) 既然那心儿已<u>着了火</u>　就干脆再加一把柴吧　让它一次烧个够（すでに心の中で火がついており、いっそもっと薪を入れ、とことんまで燃えあがらせよう）(《你别走》歌詞)

　上記の例から〈火〉に関するさなざまな百科事典的知識がみてとれる。たとえば、「薪を火に入れると燃えてしまう」（例 (18)）、「二つの物体が強く当たると火花が生じること」（例 (19) (20)）、「火が弱ければ消えやすく強ければ消えにくいこと」（例 (21) (22)）、「火は消えたあとふたたび燃えることができること」（例 (23)）、「薪をさらに投入すれば火がもっと盛んに燃えること」（例

(24))などである。いうまでもないが、これらはあくまで中国語における〈火〉の百科事典的知識に基づき〈恋愛〉を概念化する際のごく一部の推論である。しかし上記のような〈火〉の性質に基づいた〈恋愛〉の推論は日本語にはほとんど観察されないのである。そのため、日中両言語に《恋愛は火》というメタファーが共通してみられるものの、メタファーの「深さ」についていえば日本語より中国語のほうが度合いが相対的に高いと考えられる。

4. メタファーの「広さ」における日中の相違点

　考察の便宜をはかるため、本稿では日本語「流れ／流れる」をキーワードとしコーパスでその用法を検索する方法を用いる。具体的にいえば、まず「Xの流れ」「Yが流れる」の使用状況を明らかにし、そのうえで〈流動体〉のメタファーに関する日中間の相違点を考察することにする。

　KOTONOHA（少納言）コーパスで検索した結果、「言語」以外に、さらに以下のような名詞が〈流動体〉として概念化されうる。

　　（一）「Xの流れ」
　　X：空気、潮、思考、時間、時代、歳月、月、歴史、情報、配線、資
　　　　金、お金、話、会話、ドラマ、人生、仕事、車、政治、世界、物語、
　　　　手続き、意識、診断、人、作業、議論、研究、言説、物資、電気、
　　　　電流、国際化、自由化、音楽、授業、試合…
　　（二）「Yが流れる」
　　Y：沈黙、涙、汗、空気、電流、鮮血、歌、映像、音楽、噂、メッセージ、
　　　　資金、声、悲鳴、情報、人材、時間、月日、歳月、話、放送…

　上記の名詞は具体的な統語テストによりさらに2種類に大別できる。ひとつは「Xの流れ」「Yが流れる」という2つの統語フレームのいずれにも入れるもので、たとえば、次の例(25)〜(27)にみられる「潮」「歳月」や「情報」などがこのタイプに該当する。

　　(25) a. 潮の流れは、時間とともに複雑に変わる。(KO)
　　　　　b. この絵島、大和島付近の海底は岩が多く、よく潮が流れ、この

ため魚がさかんにあつまってくるという。(KO)

(26) a. それまで私は先輩ばかりの中に混じっていたが、初めてだいぶ若い彼が現れて、歳月の流れを感じた。(KO)

b.「でも私たちのこと忘れないで」それから次にチャミアンに会うまで、実に四年の歳月が流れることになる。(KO)

(27) a. 都市は人、物、金と情報の流れの中で発展したことは間違いない。(KO)

b.「ただの噂、そんなことはない」という結論がすでに出ています。それなのになぜそんな情報が流れるんでしょうか。(KO)

もうひとつは「Xの流れ」「Yが流れる」のいずれにしか入れないものである。たとえば、次の例 (28)～(33) にみられる「政治」「国際化」「物語」などは「Xの流れ」にしか入れず、「汗」「沈黙」「噂」などは「Yが流れる」にしか入れない。

(28) a. 政治の流れ　　　b.？？政治が流れる

(29) a. 国際化の流れ　　b.？？国際化が流れる

(30) a. 物語の流れ　　　b.？？物語が流れる

(31) a.？？汗の流れ　　b. 汗が流れる

(32) a.？？沈黙の流れ　b. 沈黙が流れる

(33) a.？？噂の流れ　　b. 噂が流れる

ここからわかるように、「Xの流れ」という統語形式は基本的に物事の段階性を表すのに重点がおかれているのに対し、「Yが流れる」は主に物事の流動性を表していると考えられる。換言すれば、「潮」のような「Xの流れ」「Yが流れる」の両方に入れるものは具体的な場面や状況により上記のいずれの側面もプロファイルされることが可能であるのに対し、「政治」のような「Xの流れ」にしか入れないものはわれわれがその段階性にしか関心を持たないことを意味し、「汗」のような「Yが流れる」にしか入れないものはわれわれがその流動性にしか注意を向けていないことを意味すると思われる。

詳細は以下にみていくが、上記種類の名詞のうち、〈流動体〉メタファーの「広さ」に関する日中の相違点は主に「Xの流れ」にしか入れないもの

を中心に観察される。

(34) 政治の流れを変えるような時代になってきたと多くの日本の女性が感じた。(KO)
(35) ある程度のまとまった分量の文章を読ませ、クライマックスに至るまでの物語の流れを大きくつかませることの方が大切といえる。(KO)

　上の例 (34) の「政治の流れを変える」というメタファー表現は中国語に直すのであれば、"？？改変政治的流向" というような表現にはならないであろう。なぜなら〈流動体〉メタファーを用いると中国語としては自然さを欠いているからである。これは中国語では〈政治〉の段階性をプロファイルする際、〈流動体〉のメタファーをあまり好まないことを意味していると思われる。同様のことは例 (35) にもあてはまる。すなわち、中国語では〈物語〉の段階性を表す際、"？？故事的流動" ではなく、"故事的情節" などと言わなければならないように、〈流動体〉メタファーの観点から〈物語〉の構造を概念化しにくいといえる。

　次の例 (36) が示すように、日本語では〈流動体〉メタファーに基づいて〈試合〉についてもいろいろと特徴づけることが可能である。これに対し、中国語には "比賽流程" のような〈流動体〉メタファー表現もみられるものの、より一般的な表現としてはやはり "比賽节奏" や "比賽局勢" など〈流動体〉メタファーを用いないものであろう。たとえば、「試合の流れをつかむ」という表現は自然な中国語に訳すと、"抓住比賽流程" というより "抓住比賽节奏"（試合のリズムをつかむ）と訳したほうがより自然であろう。

(36) a. 今、流れはこっちに来ている！
　　　b. あのプレーが流れを変えた。
　　　c. あのミスから、流れが相手に行ってしまった。
　　　d. もう一度、うちに流れが来る！

　さらに、例 (36) から日本語における《試合は流動体》というメタファーはきわめて体系的で首尾一貫していることもみてとれる。たとえば、試合の

中で〈流れ〉がこっちに来たり、ひとつのプレーで〈流れ〉を大きく変えたり、〈流れ〉が相手のほうに行ったり、また自分たちのほうに来たりすることができる。その意味では、これらの具体例は日本語におけるこのメタファーの「深さ」をも同時に物語っていると思われる。

　また、「Yが流れる」にしか入れないものにも日中間の差異がみられる。たとえば、次の例 (37) (38) の「沈黙が流れる」「噂が流れる」は中国語に直訳すれば、"？？沉默（开始）流动"、"？？谣言（开始）流动" のように、〈流動体〉のメタファー表現に訳すといずれも不自然な表現になってしまう。そのため、やはり "陷入沉默"、"谣言传开" のような、〈流動体〉のメタファーを用いないほうが自然であろう。

　　　(37)「その通りです」私は言った。そして言葉を切った。一瞬の沈黙が
　　　　　流れる。(KO)
　　　(38) われわれが、彼等の秘密を調べているといった噂が流れると、必
　　　　　ず調査への圧力がかかると思う。(KO)

　これに対し日本語ではこの種の捉え方はきわめて体系的である。たとえば、次の例 (39)〜(41) にみられるように、日本語では〈流動体〉を通して名詞を概念化する際、自動詞のみならず、ペアをなす他動詞を用いることも可能である。しかし中国語では使役動詞を用いるといずれも不自然な表現になってしまう。

　　　(39) a. 日：アナウンスが流れる　　中：响起广播（？？广播的流动）
　　　　　 b. 日：アナウンスを流す　　　中：播放广播（？？让广播流）
　　　(40) a. 日：メッセージが流れる　　中：信息的流动
　　　　　 b. 日：メッセージを流す　　　中：散布信息（？？让信息流）
　　　(41) a. 日：音楽が流れる　　　　　中：音乐的流动
　　　　　 b. 日：音楽を流す　　　　　　中：播放音乐（？？让音乐流）

　自動詞「流れる」と他動詞「流す」はいずれも〈流動体〉のメタファーに用いられるということは換言すれば、日本語における〈流動体〉のメタファーはきわめて体系的で首尾一貫していることを意味すると同時に、メタファー

の「広さ」でいえば日本語における当該メタファーのほうが中国語に比べその度合いがより高いことをも意味している。

5. メタファーの「深さ」における日中の相違点

　紙幅の関係上、ここでは主に推論の観点から〈流動体〉のメタファーに関する日中間の相違点について検討する。以下では〈時間〉の概念化を例にみてみる。

(42) a. 日：時間の流れ　　　　　　中：時間的流動
　　 b. 日：時間が流れる　　　　　中：時間流動

　上の例 (42) が示しているように、〈流動体〉に基づいて〈時間〉をメタファー的に捉えることは日中両言語に共通してみられる。しかし日本語には〈川〉を表すオノマトペが大量に存在し、これらのオノマトペの多くが〈時間〉を表すのにも転用されうる（詳しくは韓涛・路浩宇, 2015 参照）。

(43) ダラーッと流れる / ゆっくりと流れる / スースーと流れる / どっと流れる / どろりと流れる / パッと流れる / サラサラと流れる / ゆったりと流れる / 滔々と流れる / ドバーッと流れる / のんびりと流れる / ゴーゴーと流れる / ざぶざぶと流れる / どくどくと流れる / どっどっと流れる / ざーざー流れる / 緩やかな流れ / 穏やかな流れ
(44) ゆっくりと流れる時間を満喫 / 滔々と流れる時間 / どろりとした時間が流れる / ゆったりと流れる時間 / のんびりと流れる時間 / ダラーッとした時間が流れる / 時間がどっと流れた

　　　　　　　　　　（例 (43)(44) は韓涛・路浩宇, 2015 から引用）

　一方、中国語にも同様な表現、たとえば "时间滚滚地流逝"（時間が滔々と流れる）や "时间缓慢地流逝"（時間がゆっくりと流れる）がみられるが、日本語のほうがバリエーションが豊富であり、慣用化も進んでいると思われる。このことは、さらに次の例 (45) のようなメタファー表現は明らかに文

学的な色合いを帯びており、使用頻度もあまり高くないと予測できるという
ことからもうかがえる。

(45) 时间像我家乡的小河，日夜<u>潺潺</u>地流淌。（時間はふるさとの川のよ
　　　うに、昼夜問わず<u>ゆったりと流れている</u>）

　また、日本語では「有意義な時間」は「濃密な時間」とメタファー的に表
現されたり、「どろりと」というもともとねっとりとした液体を表すオノマ
トペは〈時間〉をメタファー的に表すのに用いられたりすることもできる。

(46) 二年間という短くて<u>濃密な時間</u>過ごしましたね。
(47) 深夜のオフィスに<u>どろりとした時間</u>が流れ、貴史はあきらめる。

　しかし、日本語では日常的に使われる「濃密な時間」や「どろりとした時間」
のようなメタファー表現を自然な中国語に訳すことはきわめて困難であろ
う。一方、日本語ではいわゆる「不変性原理」(the Invariance Principle) に
したがい、〈川〉の〈流れ〉の様子を表すオノマトペが体系的に〈時間〉領
域に写像され、概念レベルにおいて〈川〉と〈時間〉の間に一連の対応関係
をなしているのである。これに対し中国語にも似たようなメタファー表現が
あるものの、非体系的で推論の豊富さについても日本語には及ばない。
　次の例 (48) (49) からわかるように、日本語では〈時間〉は〈川〉のよう
にその〈流れ〉が速かったり遅かったりするのみならず、その〈流れ〉に沿っ
たり、身を任せたり、逆らったり、乗ったりすることもできる。しかし例 (50)
が示すように、同様なことを中国語で表現するのにすべてが〈流動体〉のメ
タファーに基づくとは限らない。

(48) 時間の流れが速い／遅い
(49) 時間の流れに沿う／従う／身を任せる／身を委ねる／逆らう／
　　　逆行する／乗る

(50) 日：時間の流れに乗る
　　　中：？？坐到时间的流上

さらに、次の例 (51) が示すように、日本語では〈止める〉／〈止まる〉／〈変える〉／〈変わる〉のように自他動詞の両方が体系的に〈時間〉のメタファーに用いられうる。また、例 (52)〜(55) にみられるように、日本語における〈流れ〉は〈いいもの〉と〈悪いもの〉の 2 種類あり、〈悪い流れ〉は断ち切ったり、変えたりする必要があるのに対し、〈いい流れ〉は掴んだり、乗ったりすることができる。

(51) a. 時間の流れを止める　　　b. 時間の流れが止まる
　　 c. 時間の流れを変える　　　d. 時間の流れが変わる

(52) 悪い運に対してはどこかでその流れを断ち切る必要があるのです。

(53) リーグ制覇に向けてもう一度よい流れを掴んでいきたい。

(54) チームのいい流れに乗りたい。その流れに乗って勝ちたい。

(55) この一言でおしゃべりの流れをさえぎり、その隙にスーッと会話圏に滑り込み、みんなの話の流れに乗って行くのです。

ちなみに、例 (55) は日本人向け中国語学習サイトから引用したものである。この他人の話をうまく「さえぎって、その隙にスーッと会話圏に滑り込み、みんなの話の流れに乗って」いける中国語は"你们聊什么？这么热闹"（みなさん、おしゃべりが盛り上がってますね、なんの話なの？）である。いずれにせよ、〈言葉〉をはじめ、多くの（抽象）名詞を一種の〈流動体〉とみなし、そのうえで〈流動体〉のもつさまざまな性質に基づいてそれらをメタファー的に特徴づけるという捉え方は日本語の中では体系的で首尾一貫しているのに対し、中国語では基本的な認知様式になっておらず、そのため中国語の発想とはなかなかうまく合致しないのである。

6. おわりに

以上の分析からわかるように、〈流動体〉を通して名詞を概念化するという認知モデルは日本語にも中国語にもみられ、たとえば両言語ではいずれも〈流動体〉に基づいて〈時間〉などの抽象名詞を特徴づけることができる。しかしそれと同時に、両者には大きな差異もみられる。日本語においてはこの種の認知モデルはきわめて体系的で首尾一貫しており、〈時間〉以外に、

さらに〈政治〉〈試合〉〈物語〉〈沈黙〉などの名詞も〈流動体〉を介してメタファー的に概念化されうるのに対し、中国語ではこの種の認知モデルは日本語ほど基本的なものではなく、メタファーの「広さ」にしてもメタファーの「深さ」にしても日本語のほうがバリエーションが豊富で体系的であることが明らかになった。

　では、なぜ日本語では名詞を概念化する際、好んで〈流動体〉のメタファーが用いられるのであろうか。周知のように、日本という国はまわりを海に囲まれているという自然状況もあって、古来より海に対して特別な感情もしくは崇拝意識をもっていると考えられる。このことは日本最古の歴史書『古事記』や最古の正史『日本書紀』の中に海に関するさまざまな伝説が記されているというところからもうかがえる。たとえば『古事記』（上巻 -2）には次のようなことが記されている。

　「故、二柱、立天浮橋而指下其沼矛以畫者、鹽許々袁々呂々邇畫鳴而引上時、自其矛末垂落之鹽累積、成嶋、是淤能碁呂嶋。」

　ここには日本創造の最初として二神創世の話が書かれているが、肖金菊（2012）にも指摘されているように、「これは、国の原初に当たってはまだ物の形がきまらずすべてに流動的であったという想像がなされて」（p.17）おり、表面的に中国の古典『淮南子』や『三五歴記』などと似ているあるいはそれらを参考にして書かれている可能性があるものの、海洋的要素の存在がやはり日本独自のものであるといえる（詳しくは肖金菊, 2012 参照）。さらに、同様なことは『日本書紀』（神代上）の冒頭部分にも明確に書かれている。

　「古、天地未剖、陰陽不分、渾沌如鷄子、溟涬而含牙。（中略）故曰、開闢之初、洲壞浮漂、譬猶游魚之浮水上也。」

　そして、このことが日常何度も何度も繰り返すうちにベーシックイベントのひとつとみなされ、やがて概念レベルにおいて〈海〉は〈神〉などの概念と結びつくようになり、人々の信仰や考え方により深い影響をもたらしてくる。たとえば、「毎年陰暦十月になると、出雲の明るい海は急に暗くなる。そしてアナジと呼ぶ北西の風が烈しく吹きつのり、海面は荒れて泡立つ」（谷川, 1999, p.7）、これは「神の到来の兆候」であると出雲地方の人々は考えているようである。「お忌み荒れでございますね。竜蛇さんがあがりましたか」（谷川, 1999, p.7）というような会話がこの頃になると挨拶がわりに取り交わされるという（詳しくは谷川, 1999 参照）。また、張一雯（2011）では日中対

照の観点から日本のことわざを考察し、中国のことわざは大陸文化が強く、日本のことわざは海洋文化が強いと結論づけている。

(56) 日：海老で鯛を釣る
　　 中：抛砖引玉（レンガを投げて玉を引く）

(57) 日：腐っても鯛
　　 中：瘦死的骆驼比马大（ラクダは痩せて死んでも馬より大きい）
　　　　　　　（例 (56)(57) は张一雯, 2011、日本語訳は引用者による）

さらに、次の引用からわかるように、日本人の精神はつながり志向、中国人の精神は切断的であるという二項対立的な発想は文学の世界でも論じられている。

「芭蕉が杜甫にふかく傾倒していたことは、周知の事実であるが、（中略）芭蕉が杜甫の表現からまなびとった最大の収穫は、シナ的な切断性の深みであったろうと思われる。日本人の精神は、もともと自然との間に分裂をもたず、日本語は、常に『つながり』の表現を志向している。これに対して、シナでは、精神と自然がふかく切断されているばかりでなく、その言語も、音声的および意味的にぷつぷつと切れがちである。」
　　　　　　　　　　　　　　　　　　　　　　（小西, 1993, p.138）

メタファーはより具象的で親しい事物や概念を通してより抽象的でわかりにくい事物や概念を理解する認知プロセスであるとされ (Lakoff & Johnson, 1980, 1999)、このような立場で考えれば、日本語では古来より親しんでおり、そして日本人の精神や文化の中心まで深く根を下ろしている〈川〉や〈海〉などの〈流動体〉を通してさまざまな事物をメタファー的に捉えたりするということはこの上ない自然なことではないであろうか。その一方で、この種の捉え方は物事を切断的に考えようとする中国語と合わないのも至極当然であろう。その意味で本稿はあくまでひとつのケーススタディにすぎず、より詳細な考察は今後の課題としたい。

注

1) 本稿では〈　　〉は意味の側面を、《　　》はメタファーをそれぞれ表す。また、日本語表現を「　　」で、中国語表現を " " で示すことにする。
2) 本稿では例文の出典が明記されていないものはすべてインターネットから引用したものである。
3) 表記の便宜上、本稿では KOTONOHA コーパスから引用した例文を「KO」と、CCL コーパスから引用したものを「CCL」とそれぞれ略す。

参考文献

韓涛 (2011).「中国語における〈恋愛〉のメタファーに関する一考察：認知メタファー理論の立場から」『多元文化』12, pp.362-374. 名古屋大学大学院国際言語文化研究科 .

韓涛・路浩宇 (2015).「日中両言語における〈時間〉の認識」『愛知工業大学研究報告』pp.53-57. 愛知工業大学.

小西甚一 (1993).『日本文学史』講談社学術文庫.

杉本孝司 (1998).『意味論 2 ―認知意味論―』くろしお出版.

鈴木幸平 (2009).「〈コミュニケーション〉の比喩表現―日英比較の観点から―」『神戸言語学論叢』6, pp.20-31. 神戸大学人文学研究科.

瀬戸賢一 (2002).「メタファー研究の系譜」『言語』31 (8), pp. 16-23. 岩波書店.

谷川健一 (1999).『日本の神々』岩波新書.

鍋島弘治朗 (1999).『日本語のメタファー』くろしお出版.

野村益寛 (2002).「〈液体〉としての言葉：日本語におけるコミュニケーションのメタファー化をめぐって」大堀壽夫 (編),『認知言語学 II：カテゴリー化』pp.37-57. 東京大学出版会.

治山純子 (2006).「フランス語の感情表現のメタファー：恋愛に関するメタファー表現の研究」『Résonances』4, pp.68-74. 東京大学大学院総合文化研究科.

山梨正明 (1995).『認知文法論』ひつじ書房.

山梨正明 (2000).『認知言語学原理』くろしお出版.

Grady, J., S. Taub, P. Morgan. (1996). Primitive and Compound Metaphors. in A. Goldberg (ed.), *Conceptual Structure, Discourse, and Language* (pp.177-188). Stanford: CSLI.

Grady, J. (1997). THEORIES ARE BUILDINGS revisited. *Cognitive Linguistics, 8*, 267-290.

Grady, J. (1999). A typology of motivation for conceptual metaphor: correlation vs. resemblance. In Gibbs, R. and G. Steen (eds.), *Metaphor in cognitive linguistics* (pp. 79-100). Philadelphia: John Benjamins.

Kövecses, Z. (1995). American friendship and the scope of metaphor. *Cognitive Linguistics, 6*, 315-346.

Kövecses, Z. (2005). *Metaphor in culture : universality and variation*. Cambridge : Cambridge University Press.

Kövecses, Z. (2010). A new look at metaphorical creativity in cognitive linguistics. *Cognitive Linguisitics, 21*, 663-697.

Lakoff, G. (1993). The contemporary theory of metaphor. A.Ortony (ed.), *Metaphor and thought* (pp. 202-251). Cambridge: Cambridge University Press.

Lakoff, G & Mark Johnson. (1980). *Metaphors we live by*. Chicago: University of Chicago Press.

Lakoff, G & Mark Johnson. (1999). *Philosophy in the flesh*. New York: Basic Books.

Nomura, M. (1996). The Ubiquity of the Fluid Metaphor in Japanese: A Case Study. *Poetica, 46*, 41-75.

Reddy, M, J. (1979). The conduit metaphor: A case of frame conflict in our language about language. A.Ortony (ed.), *Metaphor and Thought* (pp. 284-324). Cambridge University Press.

Ungerer, F., & Schmid, H.-J. (1996). *An Introduction to Cognitive Linguistics*. London: Addison Wesley Longman Limited.

蓝纯（2005）.『认知语言学与隐喻研究』外语教学与研究出版社.

韩涛（2017）.『隐喻与思维：汉日英三语中的概念隐喻研究』外语教学与研究出版社.

肖金菊（2012）.『中日创世神话比较研究』福建師範大学修士学位論文.

张一雯（2011）.「日汉谚语翻译中不可忽视的海洋文化」『学理论』2, pp. 204-205.

用例出典

KOTONOHA「現代日本語書き言葉均衡コーパス」[http://www.kotonoha.gr.jp/shonagon/]

北京大学中国語言学研究センター CCL コーパス [http://ccl.pku.edu.cn/corpus.asp]

14 マスコミュニケーションにおける読解資源
—表記効果の構造分析に向けて—

設樂馨

1. はじめに

　本稿におけるマスコミュニケーションとは、マスメディア（新聞やテレビ）を介して公衆に伝達され、受け手がなんらかの情報や表現意図を理解するコミュニケーションを指す。2019年現在の日本におけるマスメディアは、白書[1]によれば新聞の発行部数の減少やテレビ視聴時間の減少が認められ、ネット利用へ推移している。インターネットにおける、電子媒体の「新聞」や、動画配信による「テレビコンテンツ」は、かつての紙媒体の「新聞」および通信方式による「テレビコンテンツ」と共存し、互いに存続しているのだ。

　本稿は、そうしたマスメディアの読解に関わる資源を、コミュニケーションの観点から記述することで、読み手にどのような効果が生じるのか論じる。テレビにおける文字として、映像に被って出現する「文字テロップ」を扱い、新聞では一般紙よりカラフルで文字デザインが多種に及ぶ「小学生新聞」を調査対象とする。文字テロップと小学生新聞は、音価を担い、文章表現や名辞に用いる記号としての「文字」に、同時に大量の読解に関わる資源、本稿では「読解資源」と称するなんらかの情報が付随している。例えば、文字が何色でどのようなデザインなのか、文字色や字体、あるいは、文字の周辺に割り付けられた図や画像、テレビでは同時に流れる音声・映像など、文字と相補的に受容する情報がある。それらを受容する読み手にどのような効果を与えるのか、ここでは「表記効果」と呼んで検討する。

2. 本稿の概要と研究対象、研究手法

　本稿の研究対象は、テレビコンテンツの文字テロップと、小学生新聞の記事（広告を含まない）とする（それぞれ1節と2節で詳述）。3章で、マスメディアにおける表記の特性を用字および文字色や字形の観点から概観し、4章で読解資源を記述することで構造分析とする。この分析結果に基づき、5章で表記の書き手から受け手へ与える効果、つまり表記効果を考察する。6章で、研究の射程としたマスコミュニケーションの枠組みを整理する。

2.1　テレビコンテンツの文字テロップ

　テレビコンテンツにおける文字テロップは、1980年代にはニュース、クイズ、トークショーなどあらゆるジャンルで増量し、コンテンツの個性を発揮する演出効果を持つようになった（設樂, 2012参照）。その中で、多彩なジャンルを組み合わせてごった煮になった番組編成を持つコンテンツ、通称「バラエティ番組」にはジャンルの特性にとらわれない多彩な文字テロップの表現が認められる。その一部を図で示すと、次のようである。

図1　「メントレ The GIANT」より資料例 (設樂, 2011 より)

　図1の1は、「クイズ楽屋訪問ゲストはダレ？」という表記が画面左上に小さく被る。この表記は、コーナータイトルを記述している。2と3と4は、顔が映し出された出演者の、発話が大きく表記してある[2]。5は「イラスト：山口達也」という表記で、画面左下に小さく被る。3の発話者がイラストになっていて、そのイラストの著作者が「山口達也」であることを伝えてい

る。このように、文字テロップといっても、表示位置や大きさ、記述の種類が異なるタイプが同時に現れ、視聴者は複数のタイプが組み合わさった文字テロップを読解している。

　本稿では、特定ジャンルに限定せず効率よく多彩なタイプの文字テロップのデータを収集するため、バラエティ番組のひとつ「火曜サプライズ」（2019年7月23日、日本テレビ）を取り上げることとした。当該コンテンツは、一定時間の野外撮影を圧縮して編集し、編集後の映像をスタジオにいるゲストが視聴する。この視聴の様子は、画面右上に小さな画面を被せて同時に現れる[3]ので、視聴者は野外撮影と同時にゲストが視聴する姿を視聴することになる。

2.2　小学生新聞

　小学生新聞の紙面構成として、図2のようなイメージを挙げる。

1 見出し（4章で詳述）
2 リード文
3 目次
4 発行日
5 コピーライト
6 題字（題号）
7 号数[4]
8 ページ
9 イラスト
10 囲み記事（視線が行きにくい左
　　下は囲むことで注意を引くこと
　　が多い）
11 広告

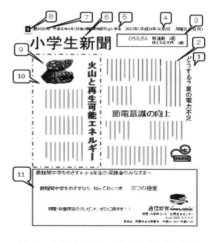

図2　小学生新聞の紙面構成（難波他, 2012を改変[5]）

　小学生新聞では、文字による見出し（図2・1）と本文に加えて、イラストや図（図2・9）、写真を多用する。大人向けの一般紙の株情報の面のように、文字だけのページはない。一般紙に比べると、文字サイズそのものが大きい。

紙面が大きいものは、それだけ情報量が増え、かつ、図や色が増える。しかし、新聞の大きさはブランケット版とその半分のタブロイド版の2種に限定される。ブランケット版は、日刊紙で言えば、「朝日新聞」や「毎日新聞」「読売新聞」などの一般紙と同じ大きさである。そうした一般紙の中で、地方紙は日曜日など限定した曜日に子ども向けの新聞を挟み込むものがある。

　本稿では地方紙や週刊紙は取り上げず、小学生向けの全国紙で日刊のものを扱うこととする。現在、これに該当するのは2紙のみ、ブランケット判の「朝日小学生新聞」（第16709号）と、タブロイド判の「毎日小学生新聞」（第28936号）である。どちらも、曜日の影響を受けにくい金曜日（2019年6月7日）の紙面からデータを収集した。

2.3　研究手法

　本稿は、読解資源の構造を分析して、表記効果を考察していく。マスメディアの読解資源として、具体的に用字、文字色、字形の検討から始める。さらに詳しい構造分析として、文字テロップでは表記に与えられたデザイン、同時に視聴する映像や音声に注目する。小学生新聞ではデザインに加え、文体、役割語[6]に注目し、何が、どのように表記されるのか記述する。

　マスメディアにおけるコミュニケーションでは、これら構造化された読解資源がどのように情報の受け手へ伝わるのか。書き手が受け手へ伝えたいものがあると仮定し、本稿ではそれを「表記効果」と称して考察する。

3.　用字および文字色や字形

　本章では、マスメディアに使用される文字やそのデザインについて概観する。一般的に、放送であれ新聞であれ、常用漢字（本表2,136字）を用いた現代仮名遣い（昭和61年内閣告示）を基本とした用字法を用いる。その基本則は、NHK、朝日新聞社、毎日新聞社など大手各社が、用字辞典や用字の手引きとして出版している。

　調査対象のうち小学生新聞は、読み手を小学生として学校教育への普及を進めている（NIE[7]参照）メディアである。漢字は、小学校で学習する教育漢字（1,006字）に制限し、かつ、振り仮名を振ることが一般的だ。

　文字色と字形は、印刷物は黒の明朝体が基本[8]で、テレビコンテンツは各

コンテンツの趣向によって異なる。テレビコンテンツの中でも、最も飾り気を感じさせないのは、黒い縁取りに白いゴシック体だろう。テレビコンテンツの映像は、多色になりがちである。この多色の上に文字テロップを被せる。そのため、文字に縁取りをしたうえで出演者別あるいは発話別、単語別などに文字色を使い分けることが多い。

　テレビコンテンツであれ新聞であれ、上記のような基本形を外れて特異である場合に、表記内容の重要性が高い、主要な情報であるといった主張をする。テレビコンテンツのバラエティ番組では談話の盛り上がりやテーマの提示、小学生新聞では見出しやリード文などで、特異な文字デザインを用いた色や形を確認することができる。個別の事例は、次章で詳述する。

4.　表記内容による分類結果

　本章では研究対象として収集したデータを図 3 のように分類し、文字による表記が何をどのように伝えているのか、具体的な事例を記述する。

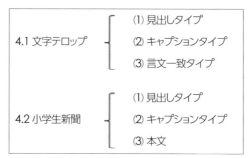

図 3　表記内容の分類

4.1　文字テロップの分類

　文字テロップを、ここでは時間と表記対象（表記内容が伝える情報）において 3 タイプに分類して記述する。(1) 見出しタイプとして、コンテンツ名やコーナータイトルなど、一定時間、コンテンツ内容を示すタイプがある。それより短い時間、静止画や風景画のような映像（画像）にともなって提示するタイプは、(2) キャプションタイプとして、ナレーションや談話の一部分や関連する説明を明示する。(3) 言文一致タイプは、もっとも短い間隔で、

出演者の発話や表情を即時的に表記するタイプである。

（1）見出しタイプ

　一定時間、コンテンツ内容を示すタイプは、新聞の見出しのように要約的
だ。文法的特徴として、単語のみ、あるいは単語の組み合わせで構成され、
体言止めになる場合もあるが、次に挙げる d) のように用言（ここでは動詞）
で端的に言い切る表現も認められる。

　　a) 火曜サプライズ
　　b) 夏の遠征 SP
　　c) 菅田将暉年間パスで通った USJ アポなし旅
　　d) 友人兄弟ハマってる事私生活を語り踊る

　これらは、意味を区切るまとまりごとに文字色が異なる。その区別は次の
通り。

・a)	火曜サプライズ	ロゴ（コンテンツタイトルとして、特定のデザイン）
・b)	夏の遠征 SP	赤の下地に白の文字色
・c-1)	菅田将暉	黒縁取り、白縁取り、赤の文字色
・c-2)	年間パスで通った	黒縁取り、白縁取り、青の文字色
・c-3)	USJ アポなし旅	黒縁取り、白縁取り、黄の文字色
・d-1)	友人	青の下地に白の文字色
・d-2)	兄弟	赤の下地に白の文字色
・d-3)	ハマってる事	黄の下地に黒の文字色
・d-4)	私生活を語り踊る	黒縁取り、白縁取り、黒の文字色

　たった4行、計48文字であるが、8種類ものデザインを使い分け、語句
の意味の区切りを視覚的に伝える。
　これら文字のデザイン的な特徴を論じる前に、資料とした「火曜サプライ
ズ」のコンテンツ概要を紹介する。c-3) にある「アポなし旅」とは、事前に
撮影地にアポイントメントを取らずに訪れた飲食店に対し、出演者が撮影許

可を取る様子も録画しながら、ホスト出演者とゲスト出演者とが旅をする企画（コンテンツ内の1枠、いわゆるコーナー）だ。具体的には、徒歩による移動とその道中の会話、食事風景を含む。このほか、出演者の興味・関心を引く場所でテーマに沿った撮影をする、それらの映像を見ながらスタジオでトークする、といった複数のコーナーを織り交ぜて「火曜サプライズ」というコンテンツが構築される。当該の文字テロップは、「アポなし旅」のコーナーに、常時、出現する。「アポなし旅」は、ホスト出演者であるDAIGOとゲスト出演者の菅田将暉がUSJ（ユニバーサル・スタジオ・ジャパン、大阪にある遊園地）を訪れている。

　以上、コンテンツ概要を踏まえると、見出しタイプはコンテンツタイトルや当該コーナーに関するテーマ、ゲスト出演者（中心人物）と撮影地、会話のキーワード（話題）を厳選した単語で、語と語の区切りは明示して伝えていることがわかる。このタイプの提示位置は画面上方の片側で、横書きである（図1の1）。使用する字数は極めて制限され、それらを詰めて表示しなければならない。その、厳しく制限された字数と字間を、多色使いにすることで、一語一語の区切りや各語の重要性の別、つまり、語句同士の構成、あるいは階層性を示すものとなっている。

(2) キャプションタイプ

　映像をひとつの事物に固定して、一定時間、静止画や風景画のようにその事物に注目させるシーンがある。このとき、主にナレーションなど音声情報と同一の名辞を中心とした文字テロップにより、その映像を説明するタイプとして、次のようなものがある。

　e) 看板料理　シュリンプ＆クラブサンドセット　1,690円（税込）

　e) で、映像は料理を大写しにする。文字のデザインは、字体、字の大きさ、色など区別すれば4種が使い分けられていて、「シュリンプ＆クラブサンドセット」が最大の大きさである。料理名が中心となる情報（仮に主情報とする）で、そのほかは修飾「看板料理」や詳細「1,690円」「（税込）」といった、追加の情報である。

(3) 言文一致タイプ

　出演者の発話や表情に即時的に出現するタイプは、どちらかと言えば話しことばのような文体である。言文一致[9]タイプとして、次に例示する。

　　f) これ なんですか？
　　g) 缶を倒したらぬいぐるみ貰える
　　h) 券 買ってくる
　　i) 自腹はいいから

　この一連の文字テロップを、仮に音声なしの映像とともに読んでも、出演者が今ここで何をどうしているのか、理解することができるのではないだろうか。映像を説明しよう。

　出演者は 2 人、ホスト出演者・DAIGO (D) とゲスト出演者・菅田将暉 (S) である。USJ で両出演者が知らないミニアトラクションに遭遇し、そのアトラクションのそばにいる客 (A) に何をするものかを尋ね、その答え（缶を倒して商品を貰う、文字テロップ g) を参照）を聞いて、2 人も券を買ってこれから遊んでみるというシーンである。補足すると、この映像以前に、S はレストランでシュリンプ＆クラブサンドセットの代金を自腹で払おうとして、D に制作側で支払うから自分のお金を使う必要はないと制止された。一連の文字テロップの締めとなる i) 自腹はいいから は、S のボケに対する、D のツッコミである。

　以下、一連の文字テロップと同時に流れる音声を確認する。このうち、f) から i) の文字テロップに対応する箇所に下線を引く。

　　D：なんすかこれ？
　　S：すごーい。
　　D：どーもー。
　　S：どーもー。
　　D：面白いっすか。面白い？
　　S：これなん、これなん、なんですか？
　　A：これー、缶を倒したらー、あのぬいぐるみが貰える。
　　D：えー。

S：えー。缶を倒すんですって。

D：ちょっとやってみますか。

S：え、やりましょやりましょ。

D：<u>じゃあちょっと券買ってきますから。</u>

S：え？（首からストラップで提げた自分の財布に視線を落とし財布を手で持つ。）

D：<u>ええ、券を。いや菅田くん、自腹はいいから。</u>もう。何回も言うけど。気持ちはありがたいけど。

S：ああ、そっか、自腹、わかりました。

　文字テロップと音声は、録画に応じて機械的に発生するような、いわば、一対一に対応したものではない。文字テロップも音声も、編集によってコンテンツに必要十分な調整をする。とりわけ、野外撮影は雑音を拾って、出演者の音声が十分に録音できないことがある。実際に、このシーンで冒頭部分は、ボリュームを上げてもはっきり聞こえない。しかし、f)からi)の文字テロップがあることで、談話の流れとツッコミとしての「自腹はいい」[10]が、視聴者にはっきり伝わることになる。

4.2　小学生新聞の分類

　ここより小学生新聞を、表記対象（表記内容が伝える情報）とレイアウトにおいて3タイプに分類して記述する。ひとつは、(1)見出しタイプとして、記事を要約して紹介する。特徴として、紙面全体の中で目立つレイアウトが施される。色や大きさで目立たせるだけでなく、通常、縦書きの本文に対し、横書きになることもある。続いて(2)キャプションタイプは、写真の近くで写真を説明する。最後に、(3)本文として、縦書きで通常の記事を記述するものを取り上げる。もともと書きことばを表記する新聞では、文字テロップで記述した言文一致を問題とする箇所がない。言文一致らしい文体があるとすれば、インタビューの場合である。インタビュー記事を含め、本文として検討する。

(1) 見出しタイプ

　見出しタイプの形態的特徴として、通常の記事そのものより大きな文字、

太い文字になる。文法的特徴として、名詞句が多い。「朝日小学生新聞」と「毎日小学生新聞」の1面から、計8例を挙げる（例の直後に「朝」あるいは「毎」で出典の別を示す）。各例とも、縦書きか横書きか、文字が何色か、ゴシック体（G）か明朝体（明）かを区別して右に示す。

1)　大阪が世界に注目されて うれしい（朝）　　　横書き、　赤とオレンジ、　明

2)　もうすぐG　20　地元の子どもたちは（朝）　横書き、　青と紺、　　　G

3)　「たこ焼き食べてほしい‼」（朝）　　　　縦書き、　黒、　　　　　明

4)　交通規制など暮らしに影響も（朝）　　　横書き、　黒、　　　　　G

5)　プラごみゼロ宣言（朝）　　　　　　　　縦書き、　黒、　　　　　G

6)　「原爆の図」を紙芝居に（毎）　　　　　縦書き、　黒、　　　　　明

7)　詩人アーサー・ビナードさん（毎）　　　横書き、　黒、　　　　　明

　　核の恐ろしさ 命の尊さ訴え（毎）　　　横書き、　黒、　　　　　G

8)　ニュースのことば（毎）　　　　　　　　横書き、　青地に黒、　　G

　　原爆の図（毎）　　　　　　　　　　　　横書き、　黒、　　　　　G

「朝日小学生新聞」では、ひとつの本文に複数の見出しタイプが付される。大きな塊としての本文に1)と2)が、色とフォントを異にして併記される。この2つの文字サイズは、1)が大きく、2)はやや小さいが、同じ紙面における3)以下の見出しよりかなり大きい。3)に続く本文は、サミットを目前に小学生参加のイベントが開催されたことを紹介するなかで、参加小学生2名分のインタビューを掲載する（（3)本文 に挙げる13)を参照）。4)に対応する本文は、暮らしへの影響として、交通規制と小学校休校、USJの手荷物検査などを説明する。このように、見出しタイプの内容は、本文の部分抜粋や要約なのである。

「毎日小学生新聞」も、ひとつの本文に二つの見出しが認められた。紙面が、「朝日小学生新聞」の2分の1サイズのタブロイド判のため、掲載する記事が少なく、それにともなって見出しも減少する。6)が大きく、7)はやや小さい。8)は本文に関連する用語の説明である。内容は、記事のキーワードが抜粋され記述される。

　両紙の共通点として、縦書きと横書きの見出しが混在し、最大の見出しは明朝体でそれ以外はゴシック体になることが認められた。ゴシック体は明朝体より太く、小さいサイズでも訴求力は高い。また、文字の大きさは、上部にあるもの、右にあるものほど大きく、下方また左にあるほど小さい。

　日本語を縦書きにするとき、右上から左下へと視線が動くため、見出しタイプも訴求力を高めたいものは右上に割り付けたり横書きにしたりする。

(2) キャプションタイプ

　次に、図表やイラスト、写真を説明するタイプを、両紙1面から挙げる。

9) サミット1か月前のイベントでは、大阪市立南港桜小と南港光小の子どもたちがあいさつしました　住之江区にホームグラウンドがあるラグビー・NTTドコモレッドハリケーンズの選手もかけつけました＝どちらも5月28日、大阪市住之江区（朝）

10) 来場者の手荷物検査を行うUSJのスタッフ＝5月27日、大阪市此花区　©朝日新聞社（朝）

11) ▼「原爆の図」第10部「署名」の前で、紙芝居「ちっちゃい　こえ」を披露するアーサー・ビナードさん＝埼玉県東松山市の「原爆の図丸木美術館」で（毎）

12) ▼「ちっちゃい　こえ」に登場する母子は、「原爆の図」第9部「焼津」から切り抜きました（毎）

　両紙とも調査対象の1面に写真を掲載する。写真に併記されたものとして、「朝日小学生新聞」9) 10)には振り仮名がなく、「毎日小学生新聞」11) 12)には振り仮名があった。9)の表記を割り付けてある長さは、写真の一辺に合わせてあって、通常の記事の3段分とやや長い縦書きである。10) 11) 12)は横書きで、縦書きと横書きは写真や図表の大きさ（一辺の長さ）や記事の量に応じた配置を優先し、混在するものと考えられる。

　また、9) 10)11)では、等号記号「＝」の後ろに、撮影日や撮影場所といった、主情報への追記が認められる。これは、テレビコンテンツのキャプションタイプにもあったように、主情報を修飾したり、主情報に追加し補足したりするような情報だと位置づけられる。

　文体に注目すると、体言止めになる 10) と 11) では文末表現が現れないため、常体・敬体の区別がない。9) と 11) は本文と同じ敬体「ですます体」である。この、文体に敬体を用いることは、読者からすれば、易しい子ども向けの文章だというイメージを抱くのではないか。

　なお、湯浅 (2007) は、一般紙と小学生新聞の語句の言い換えを分析し、次のように考察している。

　　小学生新聞における「言い換え」操作は、一般の新聞に見られた語句から表現の使い分けにかかわる、特徴的な部分を排除し、小学生にとって日常的で、より身近な話しことばの特徴へと近づけていく過程であると規定することができる。（中略）そうした「言い換え」操作によって、「大人」という立場にいる小学生新聞の書き手は、「対子どもらしさ」という、子どもを相手にした場合に生じる「らしさ」を文章上に生成させていたのである。

　このように、語句の言い換えから考察できる「対子どもらしさ」の生成は、文体として敬体を用いることにおいても、「小学生にとって日常的で、より身近な話しことばの特徴へと近づけ」たものとして、共通性が認められる。

(3) 本文

　これまでにも述べた通り、小学生新聞における通常の記事は縦書きで、以下の例はすべて縦書きである。文体は、キャプションタイプで述べた通り、敬体が基本である。本文は、見出しタイプ、キャプションタイプと異なり、すべての漢字に文字単位で振り仮名を振る。過去 1 週間分あるいは 1 か月分のニュースを振り返る本文に限って、振り仮名が省略されることがある（詳細は設樂, 2019）。

　ここでは、いくつかの文体を比較するため、1 面に限らずにデータを抽出した。例の直後に「朝」あるいは「毎」とともに掲載面を数字で示す。

13) 西村武留さん（南港桜小6年）は「大阪が世界に注目されてうれしい。世界のリーダーたちに、たこ焼きを食べてほしい」。山崎哉明さん（同6年）は「落ちているごみを拾うなど、できることをしたい」といいます。（朝・1）

14) 村田さんはまず、受験勉強の中だるみを防ぐために「目標校を三つ挙げるといい」とアドバイスします。（中略）「大切なのはいまの実力よりも上の学校に目を向けること。それが、モチベーション（やる気）の向上につながります。第1目標校名を紙に書き、見えるところにはるのもいいですね」（朝・5）

15) 「原爆の図」と出合ったのは20年ほど前です。「向き合うと絵の中に取り込まれた。紙芝居に夢中になった体験とつながった。原爆の図は巨大な紙芝居だと思った」。（毎・1）

16) あたりには内裏から逃げてきた人たちや、やじ馬がいっぱいです。そのなかでも立場が高そうな人にインタビューしてみました。伴善男さんという人で大納言の立場にいるそうです。「これは、きっと左大臣の 源 信のしわざにちがいない。え？ どういう関係か？ わたしの政敵だよ。これから右大臣の藤原良相さまに訴え出てくれるわ！」（毎・6）

　時事情報として、13) 小学生（見出しタイプ3）に引用句として登場）と15) 詩人アーサー・ビナードさん（見出しタイプ7）とキャプションタイプ11) にも登場）は、インタビュー談話を掲載する。本文の基本は敬体で、「」で括られた引用句は常体「だ・である体」に統一される。しかし、時事情報ではない14) と16) の引用句は異なる。

　14) は「まなびガイド　親子で読もう合格カレンダー」にて進学塾で教科指導を専門とする村田さんが、受験勉強を継続するためのアドバイスをするものだ。とりわけ「(中略)」以後、その筋のプロとしての語り口調を表現する。16) は「楠誠一郎の日本史マイショウ新聞10」にて、日本の史実「応天門の変」を新聞記事のように紹介する。ここでは、平安時代の貴族で大納言の位にある伴善男さんがインタビューに答えている。男性の一人称「わたし」や男性が終助詞として使用する「わ」などに、身分の高い男性の役割語が観察できる。

以上、14)と16)の引用句は役割語であった。こうした役割語は、インタビュアーの人物像を想像させ、話しことばらしい語りを表現しており、子ども向けに親しみやすく易しい文体を用いたものだと考えられる。

5. 表記効果の考察

文字テロップと小学生新聞、両者に共通した見出しタイプとキャプションタイプ、そして、文字テロップのみに例示した言文一致タイプ、小学生新聞のみに例示した本文について、受け手が共通して受容する効果、書き手がねらう効果があるだろうか。表記効果として考察する。

5.1 見出しタイプ

見出しタイプは、テレビコンテンツ1本あるいは小学生新聞1面の中の、全体あるいは特定の部分におけるテーマを明示していた。テレビコンテンツでは、a)がコンテンツタイトル「火曜サプライズ」を表記していた。b)からd)は「火曜サプライズ」内のコーナーのテーマや中心人物、話題を表記し、どういった企画内容を放送するのか、明示していた。新聞では、1)から8)が本文より目立つレイアウトを施され、本文の部分抜粋や要約を表記していた。

これらは、どういった企画内容あるいは、本文なのか、つまり、いま・ここで何を展開するのか、どのような内容であるのかを少しだけ説明する。見出しタイプを読む受け手は、コンテンツあるいは新聞1面全体の姿を予想することが可能だ。すると、この内容ならばおもしろそう、知りたい、だから見てみよう・読んでみよう、とメディア接触に結びつくかもしれない。そこで、受け手の予想を誘い、関心を呼び起こす効果があるものだと考えられる。

5.2 キャプションタイプ

キャプションタイプは、テレビコンテンツでは静止画に出現し、新聞では写真に併記され、その画像の説明をしていた。中心となる情報として、e)では「シュリンプ＆クラブサンドセット」があり、11)では「アーサー・ビナードさん」があった。映像で大写しになった事物あるいは、新聞掲載の写真の状況を説明し、小字や等号記号「＝」付きで修飾や補足を追加していた。

これらは、画像を言語化することで、いま・ここで何をどの順序で言語化

するべきか、画像をどのように解釈するのかを説明する。キャプションタイプを読む受け手は、注目して解釈する情報がどれであるのか、あらかじめ取捨選択したものを誘導されて理解することになる。そこで、受け手の情報選択に順序をつけ、理解を誘導する効果があるものだと考えられる。

5.3　言文一致タイプと本文

　テレビコンテンツでは、f)からi)が、談話の流れやツッコミが伝わる発話を文字テロップに表記して、いま・ここで何がどのように展開されているのかを伝えていた。文字テロップは、談話の流れを汲み取るのに最適な量を、言文一致体で表記する。

　小学生新聞の本文では13)から16)が、記事の詳細を説明していた。いずれも鍵括弧によるインタビュー談話を含み、その引用句は文体の違いが認められた。キャプションタイプも本文も、基本的に敬体である。引用句は常体、また、時事情報以外において役割語を観察した。敬体と役割語によって子ども向けに親しみやすく易しい文体を指摘した。

　同様に、文字テロップの文体はどのように読み手に働きかけるだろうか。言文一致体は、話者の話すスタイルを反映する。そのため、出演者らしさを生成し、バラエティ番組の特性、つまり娯楽性を演出するものになっている。

　以上、文字テロップの言文一致タイプと小学生新聞の文体は、いま・ここで伝えるものに、親しみやすさや平易さ、あるいは娯楽性といった付加価値のようなものを与える。この付加価値のようなものは、見出しタイプで指摘した「おもしろそう」といった予想ではなく、受け手が読み続けることで表記に対して抱く印象である。そこで、受け手の表記に対する印象を調整するものだと考えられる。

　なお、言文一致タイプと小学生新聞（本文やキャプションタイプ）では、文章構成や表現対象、表記効果として与える印象がまったく異なる。これは、書き手が読み手を考慮して、何をどう書くか、決める中で変わるのであり、メディア特性を踏まえたものだと考えられる（6章にて詳述する）。

5.4　まとめ

　ここまで6パターンの読解資源を構造化するなかで、書き手と読み手の間に生じる効果として、次の表記効果を考察した。

　　1) 受け手の予想を誘い、関心を呼び起こす
　　2) 受け手の情報選択に順序をつけ、理解を誘導する
　　3) メディア特性を踏まえて、受け手の印象を調整する

　テレビコンテンツのバラエティ番組と小学生新聞という2種のマスメディアにおいて、書き手は多様な読解資源を構造化することで、読み手の関心や理解、印象を操作したり調整したりする効果を生成すると考えられる。

6. マスコミュニケーションにおける読解資源

　最後に、マスメディアにおける表記全体に認められる表記効果を構造分析するための、マスコミュニケーションの枠組みを整理しておく。本稿で分類した見出しタイプやキャプションタイプ、言文一致タイプ、本文といった事例を包摂する、理論的な大枠となる。

　定義として、「文字」とはいわゆる音価を担い、文章表現や名辞に用いる、視覚を通してやり取りする記号で、体系を持つものである。「表記」は、文字を使った語（一字の場合もある）や語句、文、文章・談話といった、言語的な意味を担うまとまりである。マスメディアを媒介して情報を発信する側を「書き手」、受信する側を「読み手」とする。

　書き手が言語情報を伝達しようとするとき、読み手やメディアを考慮して多様な読解資源を組み合わせて表記を生み出す。その表記をメディアを媒介して発信したとき、受け手が表記を見ることがある。視覚に捉えるという程度の「見る」にとどまらず、読み手が表記によって意味や内容を了解する行為が成立するとき、マスメディアを介したコミュニケーション、マスコミュニケーションが成立する。マスメディアは、常に受信されるものではないし、受信されたとしても、行動様式として複数の行動とともに受信することがありうる[11]。こうした受信状況を前提に、読み手の関心や理解、印象を操作・調整する効果を生成しなければ、読み手に届く情報にはなりえない。

　マスメディアは、文字を文字で（あるいは、音声を音声で、画像を画像で）、単独で受容させようとはしない。本稿のように表記のデータとして取り出したとしても、それらのことばはいずれもメディア特性やコンテンツ全体が担

うメッセージに強い影響を受けたものだ。表記の独立性は低下している。情報化・娯楽の多様化が進んだ現代におけるマスコミュニケーションを成立させるには、読解資源の複雑な構造化によって、書き手の表現意図に合わせた表記効果を生成しなければならない。多様な読解資源が読み手に働きかけ、相補的な伝達をするのだ。

注

1) 総務省『平成 30 年版　情報通信白書』「第 2 部　基本データと政策動向向　第 2 節　ICT サービスの利用動向　図表 5-2-5-1　主なメディアの平均利用時間と行為者率」参照　http://www.soumu.go.jp/johotsusintokei/whitepaper/ja/h30/html/nd252510.html（cited:2019.11.05）
2) 放映された映像では、出演者のイラストは左側の一人のみ。本稿では、著作物のイメージとして、映像はイラスト化して示した。
3) 技法として、「ワイプ」と呼ばれる。
4) 創刊 1 号からその日の新聞までの通し番号
5) 当該の図は筆者担当「3　新聞や雑誌を中心とした読書のあり方」に含まれ、筆者が作成した。
6) 代表的なものとして、金水（2003）参照。
7) Newspaper in Education の略。参考ＵＲＬは日本新聞協会「ＮＩＥ教育に新聞を」（https://nie.jp/ cited:2020.03.20）。
8) 2019 年 11 月現在の新聞は明朝体が基本である。ただし、教科書や公共印刷物等において、UD フォント（Universal Design の観点から視覚に関するバリアフリーを重視した、線が均一で装飾的な刺激が少ない字体）が広まりつつある。
9) いわゆる「言文一致」とは明治期に書き言葉が文語体であったころ、話し言葉に近づけて書いたものを指すが、本稿では「新・言文一致体」（佐竹（1980））における「言文一致」のように、話し言葉に近づけて書き表すものを指す。
10) ここで談話の流れとは、レストランとミニアトラクションとで繰り返された S のボケ（自腹）と D のツッコミ（否定する）の応酬である。お笑いの要素が強いシーンの談話は、同種のツッコミ（ここでは否定）を複数回、繰り返すことで、談話の締めくくりとなる「オチ」に至る。映像では、文字テロップ「ⅰ) 自腹はいいから」でオチを付けた後、2 人は談話を中断する。D はミニアトラクションの券を購入するため映像外に消え、S は幼児を連れた客と新たな談話を開始する。
11) 本稿では十分に扱えなかったが、テレビやラジオといったメディアの場合、専念の視聴は考えにくい。例えば、設樂（2009）でテレビ視聴態度を分析した当時、中学・高校・大学の生徒・学生 567 名は、メールしながら、勉強しながら、といった「ながら」視聴が約 8 割であった。2020 年現在ではコンピュータ用語「マルチタスク」を「ラジオで情報収集しながら新聞をよんだり……」（教育ベンチャーサイト「マルチタスクとは」https://studyhacker.net/columns/multitasking-syussedekinai よ　り cited:2020.03.20）のように使用する例が認められ、視聴において、複数の行動とともに受信することが

常態だと予想される。

参考文献

金水敏 (2003).『ヴァーチャル日本語 役割語の謎』岩波書店 .

佐竹秀雄 (1980).「若者雑誌のことば─新・言文一致体」『言語生活　第 343 号』pp.46-52.
　　筑摩書房 .

設樂馨 (2009).「テレビ視聴態度と文字テロップ─学生と成人の対比─」『武庫川女子大学
　　言語文化研究所年報第 20 号』pp29-54. 武庫川女子大学 .

設樂馨 (2011).「第 2 章　バラエティ番組の文字テロップ」博士論文『バラエティ番組にお
　　ける文字テロップの記述的研究：表記効果の構造分析』武庫川女子大学 .

設樂馨 (2012).「NHK バラエティ番組に見る文字テロップの変遷─テレビにおける表記実
　　態と機能の分化─」『武庫川女子大学紀要 (人文・社会科学編) 第 59 巻』pp.1-9. 武
　　庫川女子大学 .

設樂馨 (2019).「小学生新聞の表記：振り仮名と字種を中心に」『図書館情報学研究紀要』
　　pp.29-38. 京都女子大学図書館司書課程研究室 .

難波博孝・山元隆春・宮本浩治 . (2012).『読書で豊かな人間性を育む児童サービス論』p.99.
　　学芸図書 .

湯浅千映子 (2007).「小学生新聞に見る『言い換え』」『学習院大学国語国文学会誌　第 50 号』
　　pp.87-98. 学習院大学文学部国語国文学会 .

15 『鄧小平文選』における 中日同形語の翻訳について

崔亜蕾

1. はじめに

　中日両国語の間に、「哲学」「政党」「努力」のような同じ漢字を用いて表す語、すなわち同形語がたくさんあるという特別な言語現象が存在している。中日同形語の存在により中国語を日本語に翻訳するとき、あるいはその逆の場合も、他の言語より簡単であると思われがちである。しかし、中日同形語はたとえ同じ漢字で表記されていても、語義、コロケーションなどの面において、相違点が存在していることが多い。また、実際翻訳する際に、具体的な文脈においての意味もまちまちである。それらの原因により、同形語の誤訳や不適切な翻訳などがよく生じる。

　政治文献は中日両国民が政府の方針を相互に理解しあうために重要な文書である（侯仁鋒, 2011）。そのため、政治文献における同形語の翻訳研究も極めて重要な価値があると考えられる。本研究は『鄧小平文選（第二巻）』（元のタイトルは『鄧小平文選（1975-1982年）』）の二つの日本語訳本の中にある中日同形語[1]の翻訳問題について考察・分析したものである。『鄧小平文選（第二巻）』は中日両国によって翻訳された二つの訳本がある。ひとつは中央編訳局[2]によって翻訳され、東方書店と北京の外文出版社が1983年11月に共同出版した日本語訳本『鄧小平文選 1975-1982』である。もうひとつは日本にある中国研究会によって翻訳され、同研究会の竹内実、吉田富夫によって監訳され、同じ1983年11月に風媒社が出版した日本語訳本『鄧小平は語る　全訳・日本語版「鄧小平文選」』（上・下）である。本研究は機能主義翻訳理論に基づいた同形語翻訳方法の分類を新たに提案し、それらの翻訳方法を用いて、『鄧小平文選（第二巻）』の二つの日本語訳本の中にある同形語の訳文を取り上げながら分析を行った。

2. 理論的枠組み

2.1 スコポス理論

　1970 年代後半から 1980 年代に登場した「機能主義翻訳理論」は、翻訳の目的と機能を強調し、翻訳を ST (Source Text (起点テクスト：翻訳前)) の文化と TT (Target Text (目標テクスト：翻訳後)) の文化の間に行われる異文化コミュニケーション行為として捉えている。それはドイツのライスとフェルメールによって誕生し、その後ノードによって継承・体系化され、今では実務翻訳の現場で幅広く取り入れられている。フェルメールは、翻訳理論のひとつとして「スコポス理論」を掲げている。スコポス理論によれば、いかなる翻訳であれ、翻訳過程を決める最も重要な原則は翻訳行為全体の目的である (Nord, 1997, p.45)。フェルメールは言語学だけで翻訳過程を説明し、翻訳の問題を解決するには限界があると指摘し、翻訳過程を「翻訳行為」として捉え、その問題の解決を試みた。つまり、人間の行為は与えられた状況下で発生する意図的かつ目的のある行為であるとし、翻訳という行為も人間の行動であるため、翻訳も個人対個人または異なる文化の間で発生する意図的な行為であると主張する (Nord, 1997, p.18)。

　スコポス理論が一般理論として提示する基本規則は次のとおりである。

(1) TT (translatum[3)]) はスコポスによって決められる (スコポスルール)。
(2) TT は SC (Source Culture) と SL が提供した情報を TC (Target Culture) と TL (Target Language) で伝える役割、つまり「情報の提供 (information sangebot)」を果たす。
(3) TT は逆の方法での情報の提供はしない。言い換えれば、TC での TT の機能を必ずしも SC での ST の機能と同じくする必要はない。
(4) TT は内部的に結束性を持たなければならない (結束性ルール)。
(5) TT は ST との結束性を持たなければならない (忠実性ルール)。
(6) 上記の規則は優先順位によるものである。よって、スコポスが何よりも優先する。

(Munday, 2001, p.79)

2.2　自国化翻訳と異国化翻訳

　スコポス理論の適用と密接な関連を有する翻訳戦略のひとつとして、翻訳するとき、主に TT 文化に重点を置いて訳す方法である自国化翻訳（現地化翻訳）と、逆に ST 文化を中心に訳す異国化翻訳（他地化翻訳）が挙げられる。

　この概念をはじめて提唱したシュライエルマッハー（Schleiemacher）は、ST の著者と TT の読者をどのように合わせるのかが真の問題だとし、真（true）の翻訳者には、「できるだけ著者を動かさずに読者を著者に近づけるか、それともできるだけ読者を動かさずに著者を読者に近づけるか」（Munday, 2001, p.28）の二つの道しかないと述べている。

　シュライエルマッハーによって取り上げられたこの概念は ヴェヌティ（Venuti, 1995/2005）の主張する「翻訳者の不可視性（invisibility of the translator）」とともに発展し、ヴェヌティは「自国化翻訳（domestication）」と「異国化翻訳（foreignization）」という用語でこの二つの 相反する翻訳戦略を説明している。

　自国化翻訳とは、TT の読者には異国的で見慣れない ST の言語・文化的要素などを TT の文化と慣習に合わせて翻訳する方法で、TT の文化に親しい表現に書き換えたり、TT の言語慣行に合わせて書くことで、TT の異質感を最小限にして読者の理解を高める戦略である。これに対し、異国化翻訳とは、読者が TT を読むとき、それが TT であることがはっきりわかるようにし、TT の読者に ST の文化の異質感を感じさせるように訳す方法で、TT の文化の言語・テキスト的慣行に従わない不自然な訳や ST の文化 をそのまま残すなどのことで TT の異質感を最大化する戦略である。

　藤濤文子（2007）は日本とドイツの文学翻訳を研究する際、スコポス理論をベースにして翻訳方法の分類を行い、次のような 9 方法を提案した。さらにそれらの翻訳方法を用いて、村上春樹の『ノルウェーの森』のドイツ語訳本を分析したのである。

　　(1)　移植：ST の綴りをそのまま導入する
　　(2)　音訳：ST の音声面を導入する
　　(3)　借用翻訳：語の構成要素の意味を訳す
　　(4)　逐語訳：一語一語に即して主にデノテーションを訳す
　　(5)　パラフレーズ：同じ内容を別の表現に言い換える

(6) 適応：目標文化に合わせて調整・変更する

(7) 省略：ST の要素を全く削除する

(8) 加筆：ST に含まれていない要素を加える

(9) 解説：注などによりメタ言語的に説明する

　藤濤は上記の翻訳方法のうち、(1) から (4) までを ST 中心の異化的効果を生かす方法、即ち異国化翻訳であるとし、(5) から (8) までを TT 中心の同化的効果を優先する方法、即ち自国化翻訳であるとした。そして、(9) 解説はどちらにも併用される可能性がある方法であると分類した。

　しかし、以上のスコポス理論をベースにした翻訳方法の分類は日本とドイツの文学翻訳を対象にしているため、本稿の分析に適さない。したがって、本稿は『鄧小平文選 (第二巻)』の中の同形語翻訳を分析対象に、新たに以下の 6 種類の翻訳方法を提案した。

3. 具体例分析

　本稿は訳本比較研究によって同形語翻訳研究の幅を広げ、深化させた。特に、初めて機能主義翻訳理論に基づき、『鄧小平文選 (第二巻)』中にある中日同形語の翻訳方法を以下のように新たに 6 方法を提案した。①移植　②解説　③加筆　④他の漢語に翻訳　⑤漢語以外の表現に翻訳　⑥省略。同形語に用いた漢字を原文の形式においての要素だと考えれば、以上の 6 種類の翻訳方法の中に、①から③の方法は、翻訳する際に、なるべく「同形語」の形式をそのまま維持し、即ち「異国化翻訳」という翻訳戦略を用いることに対し、④から⑥の方法は「同形語」の形式を維持せず、原文の内容を伝えることに重点を置く「自国化翻訳」という翻訳戦略を用いる。

　そのうえで、二つの訳本の中の同形語における翻訳方法の相違性と多様性を考察し、具体的な訳文と照らしながら分析を行った。この研究成果は同形語翻訳方法の多様性を実証し、今後の中央文献及他の文献にある同形語の日訳にも具体的な戦略及び方法を提示した。

① 移植

　移植とは ST の中にある同形語を日本語に訳す際にそのまま導入するという翻訳方法である。『鄧小平文選（第二巻）』の二つの日本語訳本にこの翻訳方法が多く使われている。

　筆者の統計によると、原文の中にある同形語に対し、風媒社、外文社のいずれかの訳本で「移植」の方法で訳した二字同形語は合計 620 語もある。そのうち、風媒社訳本は「移植」の方法で訳し、外文社訳本は「移植」以外の方法で訳した語は 330 語あり、外文社訳本は「移植」の方法で訳し、風媒社訳本は「移植」以外の方法で訳した語は 72 語あり、両方の訳本が「移植」及びそれ以外の方法で訳した語は 218 語ある。

② 解説

　「解説」とは ST の中にある同形語を日本語に訳す際にそのまま導入するが、注などによりメタ言語的に説明することで結束性を保持しようとする翻訳方法である。

　　「双百」
　　ST 坚持"双百"方针也离不开批评和自我批评。

『鄧小平文選』（第二巻）p.392

　　TT1「双百」〔百花齐放、百家争鸣〕方針の堅持もまた批判と自己批判
　　　からきりはなすことができない。

風媒社訳本（下）p.188

　　TT2 批判と自己批判なしには、百花齐放、百家争鸣の方針も堅持する
　　　ことはできない。

外文社訳本 p.524

　ST に書かれている "'双百' 方针" とは党と国家が文学芸術と科学技術を発展させるための基本方針である。すなわち「百家齐放、百家争鸣」である。その基本的な精神は文学・芸術において異なるスタイルが自由に発展し、科学技術において、異なる流派が自由に発表し論争するということである。中

国の政治文献の中に、言葉の簡潔と論理性を保ち、より広い範囲で広げるために、よく数字形式の略語を用いて、政策方針などの内容をまとめる。ここにある「双百」はそのような表現である。中日両国は共通な漢字があるため、このような数字形式の略語を訳す際に、TT1 は翻訳方法②を用いて、すなわち訳文の中に「双百」という二文字の漢字をそのまま残し、その後ろに注釈を入れ、「双百」の含んだ意味について詳しく説明した。その後の段落に「双百」が再び現れたときに、翻訳方法①を用いて、「双百」と直訳した。一方、TT2 は ST にある「双百」の二文字を残さず、翻訳方法④を用いて、「百花斉放、百家争鳴」の二つの四字成語によって、「双百」の意味を説明した。以上のような数字形式の略語で政治文献の中に出てきた政策方針や問題などを表す場合は、訳文は漢字語の形式を残したまま注釈を付け加えて訳すべきなのか、それともその実際の意味に基づいて訳すべきなのか、ケースバイケースで考える必要があると思われる。うしろの文にもその言葉は繰り返して出てくる場合は、最初訳すときに、その略語の形を残したほうが、後で生かしやすい。ただし、謝海静 (2014) は、「自力更生」、「百花斉放、百家争鳴」などの言葉は、長年の文化輸出で、すでに多くの日本人読者に受け入れられているはずであり、そのまま使っても意味が十分通じると主張している。それだけでなく、『大辞林 新装第三版』も「百花斉放」、「百家争鳴」を収録し、その意味も詳しく説明している。したがって、筆者はこのような部分を翻訳するときに直接略語の意味を本来の略される前の言葉で説明したほうがいいのではないかと考えている。ただし、略される前の言葉が長すぎる場合は、ST の用いた略語をやはり生かしたほうがいいと思われる。

③ 加筆

加筆とは ST の中の同形語に含まれていない要素を本文に加える翻訳方法である。この方法は ST の中にある同形語の漢字形式を残しながら、TT の中に説明を加えるのである。

「三反」「五反」
ST 犯罪的厳重情況，不是過去"三反"〔162〕、"五反"〔163〕那个時候能比的。

『鄧小平文選』（第二巻）p.402

TT1 犯罪の深刻化は、以前の「三反」〔121〕、「五反」〔122〕のころの
比ではない。

風媒社訳本（下）p.201

TT2 犯罪の程度となると、かつての「三反」運動〔一二〇〕や「五反」
運動〔一二一〕の時とは比べられないほどひどくなっている。

外文社訳本 p.541

「四清」
ST 但是，十中全会以后，他自己又去抓阶级斗争，搞“四清”〔125〕了。

『鄧小平文選』（第二巻）p.295

TT1 しかし十中全会以後、かれじしんが階級闘争を掌握し、「四清」〔98〕
を開始した。

風媒社訳本（下）p.78

TT2 だが、十中総以後になると、毛沢東同志自身がまたもや階級闘争
に力を入れ、「四清運動」〔九七〕に取りくんだ。

外文社訳本 p.398

　ST の中に出てきた “三反”、“五反” と “四清” はすべて政治的意味を持つ、
中国の特色のある言葉である。「三反」、「五反」は「三反五反運動」の略語
である。「三反五反運動」とは 1951 年から 1953 年に中国で実施された政治
キャンペーン運動である。「三反」は 1951 年に提唱された国家機関または
国営企業に対する指針：「反貪汚」（反汚職）、「反浪費」、「反官僚主義」。「五反」
は 1952 年に提唱された私営企業に対する指針：「反行賄」（賄賂しない）、「反
偸税漏税」（脱税しない。「偸」は「盗む」の意。）、「反偸工減料」（仕事の手
を抜き、原料をごまかさない）、「反盗騙国家財産」（国家財産を盗まない）、「反
盗窃国家経済情報」（国家経済情報の悪用をしない）。四清は「四清運動」の
略語である。「四清運動」とは 1963 年から 1966 年 5 月に一部の農村・企業
・学校で展開された社会主義教育運動である。はじめ “清理账目”（帳簿を点

検する），"清理倉庫"（庫を点検する），"清理財物"（財政を点検する），"清理
工分"（労働点数を点検する）を指し、後に"清政治"（政治を清める），"清経済"
（経済を清める），"清組織"（組織を清める），"清思想"（思想を清める）を指
した。つまり "三反"、"五反" 及び "四清" はすべて中華共和人民国が成立
した後、50、60 年代に起きた重要な政治運動である。TT1 と TT2 とも ST
にある注釈を本の最後に翻訳したのである。ただし、TT1 は翻訳方法①を
用いて、ST にある "三反"、"五反" と "四清" をそのまま移植したのに対し、
TT2 は翻訳方法③を用いて、「三反」、「五反」と「四清」のうしろに「運動」
を付け加えた。TT1 に比べれば、TT2 のほうがより明確に ST の内容を伝
えることができ、前後との繋がりもより自然であると思われる。そのため、
TT1 より TT2 のほうが内部の結束性が保たれていると言える。読者にとっ
ても比較的わかりやすい訳文だと思われる。

④ 他の漢語に訳す

　ここの「他の漢語に訳す」という翻訳方法は同形語以外の漢語によって
ST の中にある同形語の意味を表す翻訳方法である。同形語によっては、中
国語と日本語の中に語義の区別が比較的大きい場合、あるいは日本語の中に
その同形語と意味の近い他の漢語がある場合、必要に応じて、他の漢語に訳
すこともある。

　「精神」
　ST 林彪把毛泽东思想庸俗化的那套做法，罗荣桓同志首先表示不同意，
　　 说学习毛主席著作要学<u>精神</u>实质。

　　　　　　　　　　　　　　　　　　　　　　　『鄧小平文選』（第二巻）p.36

　TT1 林彪が毛沢東思想を通俗化したあのやりかたは、羅栄桓同志がま
　　 ず同意しないことを表明した。毛主席の著作を学ぶには<u>精神</u>の実質
　　 を学ぶべきである、といった。

　　　　　　　　　　　　　　　　　　　　　　　　　　　風媒社訳本（上）p.66

　TT2 毛沢東思想を卑俗化した林彪のあのやり方については、まず羅栄
　　 桓同志が異議を表明し、毛主席の著作を学ぶにはその<u>真髄</u>を学ばね

ばならないと言った。

外文社訳本 p.53

　『現代漢語辞典 (第 7 版)』と『大辞林 新装第三版』によれば、中国の「精神」
と日本語の「精神」の基本的語義と使い方はほぼ一致している。両方とも以
下の意味を表せる：①人間の心。また、その知的な働き。②物事に対する心
の持ち方。気構え。気力。③物事の最も根本的な意義。真の目的。理念。④
ある歴史的過程や共同体などを特徴づける意識形態。例えば、「建学の精神」、
「憲法の精神」など。しかし、中国語の「精神」と日本語の「精神」は他の
言葉と組み合わせるとき、それぞれ特徴を持っている。したがって、翻訳す
る際に注意しなければならない。中国語の「精神」は "讲话"、"文章"、"会议"
などの言葉の後によく使われる。ところが、日本語に訳すときに、「話」「文
章」「会議」の根本的な目的、理念を言う場合は、"精神" はよく「趣旨」、「主
旨」、「真髄」などのような表現に訳される。

　ここでは、ST にある "精神实质" に対し、TT1 は翻訳方法①を用いて、「精
神の実質」と訳したが、TT2 は翻訳方法④を用いて、「真髄」と訳した。「真髄」
とは「物事の最も肝心な点。その道の奥義。(『大辞林 新装第三版』)」であ
り、文章や作品などの精髄を意味することができる単語である。ST にある
"精神实质" とは毛主席の著作の最も肝心な点だと考えられるので、TT2 の
ように「真髄」と訳すのが適切だと思われる。一方、NLB[4] で検索したところ、
「精神の実質」というコロケーションが見当たらない。つまり、「精神の実質」
という表現は、自然な日本語表現とは言いにくい。したがって、ST にある "精
神实质" を「真髄」と訳したほうがより適切ではないかと考えられる。

⑤ 漢語以外の言葉に訳す

　「漢語以外の言葉に訳す」とは和語、外来語あるいは連語及び文型などで
ST にある同形語の内容意味を表す翻訳方法である。同形語は中国語と日本
語の語義、コロケーション、文体及び喚情価値などの面において相違がある
ため、翻訳する際に、日本語の言語習慣や ST の文脈に合わせて、ST の表
したい意味に応じて、日本語によく使われるような他の言葉に訳さなければ
ならない。

「勉励」

ST 尽管党委本身有党的生活，可以起到互相監督、互相勉励的作用，但是，
　　党委要很好注意高级干部参加党小组生活的问题。

『鄧小平文選』（第二巻）p.83

TT1 党委員会じしんにも党生活はあり、相互監督、相互勉励のはたら
　　きをしうるとはいえ、党委員会は高級幹部が党小組の党生活に参加
　　する問題に、よくよく注意をはらわなければならない。

風媒社訳本（上）p.126

TT2 党委員会自身にも党の活動があり、たがいに監督しあい、励まし
　　あうという機能がある。だが、党委員会は高級幹部が党小組の活動
　　に参加するという問題に、大きな注意を払う必要がある。

外文社訳本 p.127

　以上の ST は『中共中央軍事委員会全体会議における講話』という文章に
出ており、鄧小平同志は党の高級幹部は党委員会の党の活動に参加する以外、
党小組の活動に参加する必要もあると話した際に言ったのである。ST の"勉
励"は中国語では"劝人努力，鼓励（《現代汉语词典（第 7 版）》）"という
意味である。日本語の「励ます」に相当する。したがって、ST の"互相勉励"
とは党委員会の党の活動に参加する際に、高級幹部の間に「お互いに励まし
あう」ことである。そのため、TT2 は翻訳方法⑤で ST の"互相勉励"を「励
ましあう」と訳すのは ST の表したい意味と一致し、適切な翻訳だと思われ
る。一方、TT1 は翻訳方法①で、ST の"勉励"を直接 TT に移植した。し
かし、日本語の中にある「勉励」は「学業などにつとめはげむこと。一生懸
命に努力すること。（『大辞林 新装第三版』）」であり、NLB でこの言葉を
検索したところ、出現頻度は 6 回しかない。しかもその中の 5 回は「刻苦勉励」
の形で出てきたのである。よって、日本語の「勉励」は語義にしても、使い
方にしても、中国語の"勉励"との差が比較的大きいと言える。TT1 は"勉励"
をそのまま移植する翻訳方法は、明らかに ST の表そうとする意味を忠実に
表すことができない。要するに、ST との結束性は保たれていないと言える。

241

⑥ 省略

「省略」とは同形語を削除する翻訳方法である。場合によっては、ST の表したい意味を忠実に訳す前提のもと、訳文の結束性を保つために、ST にある同形語を訳さない方法を用いることがある。

「要求」
ST 今后要求从中央起，各级党委一定要把思想理论工作放在正确轨道和
　　重要地位上。

『鄧小平文選』（第二巻）p.181

TT1 これからは、中央から始まって各段階の党委員会が、思想理論工
　　作を正しい軌道の上に、また重要な地位におくよう要求する。

風媒社訳本（上）p.238

TT2 これからは、中央はじめ各級の党委員会が率先して思想・理論活
　　動を正しい軌道にのせ、重要な位置に置かなくてはならない。

外文社訳本 p.258

　　以上の ST は『鄧小平文選』（第二巻）の『四つの基本原則を堅持しよう』という文章に出ている。ST にある “要求” という中日同形語に対し、TT1 は翻訳方法①を用いて、「要求する」と訳したが、TT2 は翻訳方法⑥を用いて、“要求” を省略し、訳さないことにした。ST では、これから中央をはじめとする各級の党委員会が思想・理論活動を正しい軌道にのせ、重要な位置に置かなくてはならないという意味を表そうとしている。ST にある “要求” は中央から地方までやらなければならないことだと思われる。しかし、TT1 の翻訳は読者に疑問を持たせる可能性が高い。なぜならば、一体誰が誰に対して出した「要求」なのか、わからないからだ。一方、TT2 は “要求” を訳さず、最後に「なくてはならない」という文型で文を終わらせたことによって、党の上から下まで、「思想・理論活動を正しい軌道にのせ、重要な位置に置く」ということを徹底する決心と意志を表すことができた。したがって、TT2 の「省略」という同形語の翻訳方法を用いることで、TT 内部の結束性を保つことができただけではなく、ST との結束性もよりよく保つことができた。

4.　おわりに

　本稿では機能主義翻訳理論に基づき、中日同形語の翻訳を対象として新た
に6方法を提案した。そのうえで、それらの翻訳方法を用いて、『鄧小平文
選（第二巻）』の二つの日本語訳本にある同形語の訳例について、比較研究を
行った。前述のように、原文の中にある同形語に対し、風媒社訳本はより多
く「異国化翻訳」という戦略を用いて、なるべく同形語の形式を維持した。
一方、外文社訳本は同じ同形語を翻訳する際に、「異国化翻訳」と「自国化翻訳」
の戦略をともに採用し、同形語の形にこだわらず、原文においての本当の意
味をより深く考え、翻訳方法においても、多様性を呈している。

　藤濤（2017）は、翻訳方法は文体、読者によって違ってくること、また、異
なる時代あるいは文化によって、特定の翻訳方法が好まれることもあり、翻
訳方法の多様性は訳者が翻訳する際に具体的な状況によって判断と選択をす
ることになることを証明したのである。以上の具体的な訳文についての分析
と『鄧小平文選（第二巻）』の日本語訳本の代表訳者及び関係者へのインタ
ビュー[5]などの考察を通して、『鄧小平文選（第二巻）』の同形語部分の翻訳に
対し、中国研究会と中央編訳局の訳者の考えが異なることが明らかとなった。

　まとめると、中国研究会の訳者は中日両国が共通な漢字を使用しているた
め、多くの日本人読者は「漢文訓読」もできると考えている。原文の「味」
をそのまま読者に味わってもらうため、同形語を残せるところをできるだけ
残すようにしていた。ただし、同形語を直接日本語の訳文に「移植」するこ
とによって、硬くて不自然な日本語になってしまい、意味やコロケーション
においても日本語にふさわしくないことが生じてしまう場合が少なくない。
つまり、スコポス理論の「忠実性ルール」と「結束性ルール」に違反するこ
とがある。しかし、中国研究会の訳者は当時の中国社会に興味深く、高い教
養を持ち、且つ「漢文訓読」に慣れている日本の知識層にとっては、この程
度の問題を克服でき、しかも、このような翻訳方法によって、読者に原文の
元の形式と表そうとしている内容を連想させることができると考えているよ
うだ。

　一方、外文社訳本の翻訳目的はより多くの日本人読者に「これまでの中国
の歴史の変化と今後の情勢の発展を理解してもらうため」[6]であるようだ。読
者は漢文訓読の訓練を受けたことがあり、知的レベルが高く、中国について

研究しているあるいは中国に対しての関心度が高い人に限らない。したがって、「同形語」を翻訳する際に、中央編訳局の訳者たちは漢字の形に拘らなかったようだ。同じ同形語に対し、多様な翻訳方法を用いることから、彼らは原文の中の同形語の形ではなく、これらの単語の出てきた具体的な文脈と原文における本当の意味により注目していることがわかる。このような考えに基づき、外文社訳本の同形語翻訳方法がより多様化している。そのため、原文の情報をより忠実に伝えることができ、訳文の内部においても、結束性を保つことができ、普通の読者にとっては比較的理解しやすく、受け入れやすい。スコポス理論の三つのルールを基本的に守ることができていると言えよう。

注

1) 本研究において取り扱う同形語は、潘鈞 (1995) の同形語の定義に基づくものである。潘鈞 (1995) によれば、いわゆる同形語は下記の三つの条件を満たさなければならない。(1) 表記は同じ漢字であること。(繁体字や簡体字の区別及び送り仮名、形容動詞の語尾などの要素を無視して考える) (2) 共通の出典と歴史上の関連性を持つこと。(3) 現在中日両国の言語でまだ使われていること。二字音語が最も多いが、三字音語や四字音語などもある。また、彼は、たとえ借用や同じ出典などの関係がなく、偶然にできた「手紙」、「洋行」のような語であっても、同形語の範疇で考えられると強調した。潘鈞 (1995) の同形語に対する定義は、中日両国の現在使われている同形語のほとんどをカバーできると思われる。したがって、本研究も主に潘鈞 (1995) の定義を基準にして、『鄧小平文選 (第二巻)』の日本語訳本にある二字同形語の翻訳問題を考察する。但し、「三反」、「五反」、「四清」などのような政治的な意味が含まれている語は、現在中日両国の言語ではほとんど使われていなくても、本研究の同形語日訳問題に直接関連しているため、本研究の考察範囲に入れることにした。
2) 2018 年 3 月に、中国共産党中央委員会は「党・国家機関改革深化案」を発表し、中央党史研究室、中央文献研究室、中央編訳局の職責を統合して中央党史文献研究院を設立し、党の直属の事業組織とした。中央党史文献研究院は、対外的には中央編訳局の名目を残している。
3) スコポス理論では TT のことを、「translatum: 翻訳の目的による機能的に適切な翻訳の結果物」という。
4) NINJAL-LWP for BCCWJ (NLB) は、国立国語研究所 (以下、国語研) が構築した『現代日本語書き言葉均衡コーパス』(Balanced Corpus of Contemporary Written Japanese: BCCWJ) を検索するために、国語研と Lago 言語研究所が共同開発したオンライン検索システムである。
5) 2018 年 3 月 16 日に、筆者は『鄧小平文選 (第二巻)』風媒社訳本、即ち『鄧小平は語る』の翻訳問題などについて、監訳の 1 人である吉田富夫氏にインタビューしたと同時に、外文社訳本に対し、当時の訳者の回想録やインタビューの記録などを調べた。

6) 元中国共産党中央委員会総書記の胡耀邦氏が 1983 年 11 月に日本を訪問した。その際に、東方書店の『鄧小平文選』日本語版を出版するにあたって、書き記した題辞である。中国語の原文は「这是一本能够帮助贵国人士研究和理解这些年中国历史变化和今后局势发展的重要著作」である。

参考文献

金炫婀 (2008).「異文化コミュニケーションとしての翻訳行為 —機能主義翻訳理論の観点からの考察—」(東北大学修士論文).

侯仁鋒・鞠娟 (2011).「現代政治文献における中日同形語の使用実態と対訳の一考察」『県立広島大学人間文化学部紀要』6, pp.103-109. 県立広島大学 .

邓小平 (1983/1994).『邓小平文选（第二卷）』人民出版社（中共中央マルクス・エンゲルス・レーニン・スターリン著作編訳局（訳)(1983).『鄧小平文選（1975 ～ 1982)』東方書店＋外文出版社 共同出版 .)(竹内実・吉富夫（監訳)(1983).『鄧小平は語る（上、下巻)』風媒社 .)

藤濤文子 (2005).「日独翻訳にみる異文化コミュニケーション行為—『ノルウェイの森』の独語訳分析」『ドイツ文学論集』34, pp.31-50. 日本独文学会中国四国支部 .

藤濤文子 (2007).『翻訳行為と異文化間コミュニケーション——機能主義的翻訳理論の諸相』松籟社 .

松村明(編) (2006).『大辞林新装第三版』三省堂 .

Munday, J. (2001). *Introducing Translation Studies:Theories and applications*. London and New York: Routledge.

Nord, C. (1997). *Translating as a Purposeful Activity: Functionalist Approaches Explained*. Manchester: St. Jerome.

Venuti, L. (1995/2008) *The Translator's Invisibility: A History of Translation*. London and New York: Routledge.

卞建华 (2008).『传承与超越——功能主义翻译目的论研究』北京：中国社会科学出版社 .

陈月霞 (2011).「中央编译局圆我翻译之梦」中共中央编译局网站 [EB/OL].http://www.cctb.net/topic/jd90/jshg/201109/t20110908_257619.htm（检索日期：2019 年 10 月 10 日).

卿学民・李铁军 (2010).「中央文献翻译事业六十年」. 俞可平『马列经典在中国六十年』中央编译出版社 .

藤涛文子 (2017).『翻译行为与跨文化交际』. 蒋芳婧、孙若圣、余倩菲译 . 南开大学出版社 .

章颖文 (2012).「"人民网"中的日语翻译研究 -- 功能翻译理论视角下的探析」. 宁波大学 .

中国社会科学院语言研究所词典编辑室编 (2016).『现代汉语词典（第 7 版)』. 商务印书馆 .

金田一秀穂先生プロフィール

1953 年	東京都杉並区生まれ。 祖父の金田一京助（言語学者）、父の金田一春彦（国語学者）に続き、自身も日本語研究に進んだ。
1977 年	上智大学心理学科を卒業。
	〜しばらくフリーター〜
1980 年	国際交流基金で日本語教師を養成する講座の研修を受ける。
1983 年	東京外国語大学大学院修了。日本語学を専攻。 その後、中国大連外語学院、イェール大学、コロンビア大学で日本語を教える。
1985 年〜	主に国際交流基金日本語国際センターを拠点に日本語教育を行う。
1989 年	杏林大学外国語学部講師となる。
	〜いつの間にか助教授〜
1994 年	ハーバード大学客員研究員。 その後、国際交流基金の仕事を断続的に続け、大学の長期休暇を利用してメダン、バンドン、サンパウロ、ポルトアレグレ、ヤンゴン、ハノイ、ホーチミン、台北、高雄、北京、天津、上海、サラマンカ、チューリッヒなどで現地の日本語教師の指導を行う。
2001 年	杏林大学外国語学部教授就任、2021 年現在も特任教授、客員教授として教鞭を執る。 金田一春彦と『新レインボー小学国語辞典 改訂新版』（学習研究社）を共同監修。
2003 年	初の単著「新しい日本語の予習法」角川書店。以後、著書・監修書・共著など多数。ラジオやテレビにも出演多数。全都道府県で講演。
2018 年〜	山梨県立図書館の館長就任。
2021 年	放送文化基金ラジオ部門審査委員、おーいお茶新俳句選考委員、アジア国際交流奨学基金委員、流行語大賞選考委員など。

■テレビ出演

NHK「日本語なるほど塾」「チコちゃんに叱られる」「ラジオ深夜便」

日本テレビ「世界一受けたい授業」

テレビ朝日「雑学王」「Qさま !!」など

■著書

『心地よい日本語』（角川書店）2016 年

『「汚い」日本語講座』（新潮社）2008 年

『日本語のへそ―ムダなようで、でも大事なもの』（青春出版社）2017 年

『金田一秀穂のおとなの日本語』（海竜社）2017 年

『金田一先生のことば学入門』（中央公論新社）2016 年

『日本語大好き―キンダイチ先生、言葉の達人に会いに行く』（文藝春秋）2016 年

『金田一秀穂の心地よい日本語』（KADOKAWA）2016 年

『金田一家、日本語百年のひみつ』（朝日新聞出版）2014 年

『お食辞解』（清流出版）2012 年

『オツな日本語 日本人が大切に伝えてきた言葉と心』（日本文芸社）2012 年

『ことばのことばっかし「先生」と「教師」はどう違うのか?』（マガジンハウス）2010 年
など

■編集・監修

『学研現代新国語辞典　改定第 6 版』（学研プラス / 金田一春彦との共編）2017 年

『美しい日本語が身につく本―手紙に使える　会話に役立つ』（高橋書店 / 監修）2016 年

『金田一「トライアングル」式　頭がよくなるクロスワード―ことばの女王をすくえ！』（講談社 / 監修）2015 年

『新レインボー小学ことわざ・四字熟語辞典』（学研教育出版 / 監修）2014 年

『この「言い回し」で 10 倍差をつける』（小学館 / 監修）2014 年

『金田一先生と日本語を学ぼう（全 5 巻）』（岩崎書店 / 監修）2014 年

『四字熟語辞典』（永岡書店 / 監修）2013 年など

photo by © タカオカ邦彦

執筆者紹介（論文掲載順）　*は編著者

金田一 秀穂（きんだいち ひでほ）

松井 一美 ＊（まつい かずみ）

　　国際交流基金関西国際センター

秋定 美帆（あきさだ みほ）

　　慶應義塾大学　日本語・日本文化教育センター　非常勤講師

佐藤 有理（さとう あり）

　　アメリカ・カナダ大学連合日本研究センター

鈴木 美穂 ＊（すずき みほ）

　　目白大学　外国語学部　日本語・日本語教育学科

平澤 佳代（ひらさわ かよ）

　　朝陽科技大学　人文社会学部　応用英語学科

松浦 恵子（まつうら けいこ）

　　釜山外国語大学校　アジア大学　日本語融合学部　韓日文化コンテンツ専攻

大石 有香（おおいし ゆか）

　　山野美容芸術短期大学，杏林大学

嶋崎 雄輔（しまざき ゆうすけ）

　　専門学校　アジア・アフリカ語学院　日本語学科

林 茜茜（りん せんせん）

　　中国伝媒大学　外国言語文化学院

董 昭君（とう しょうくん）

　　安徽理工大学　外国語学院

韓 涛（かん とう）

　　北京外国語大学　日語学院・日本語学研究センター

設樂 馨 ＊（したら かおる）

　　武庫川女子大学　文学部　日本語日本文学科

崔 亜蕾（さい あらい）

　　天津外国語大学　日本語学院

日本語教育ができること、そしてことばについて

金田一秀穂先生と学んで　―教授退職記念論文集―

2022 年 3 月 1 日　初版第 1 刷発行

編　著　者	松井一美，設樂馨，鈴木美穂	
著　　　者	金田一秀穂，秋定美帆，佐藤有理，平澤佳代，松浦恵子， 大石有香，嶋崎雄輔，林茜茜，董昭君，韓涛，崔亜蕾	
発　　　行	株式会社凡人社 〒 102-0093　東京都千代田区平河町 1-3-13 TEL：03-3263-3959	
カバーデザイン	コミュニケーションアーツ株式会社	
印 刷・製 本	倉敷印刷株式会社	

ISBN 978-4-89358-992-7　©MATSUI Kazumi, SHITARA Kaoru, SUZUKI Miho, KINDAICHI Hideho, AKISADA Miho, SATO Ari, HIRASAWA Kayo, MATSUURA Keiko, OISHI Yuka, SHIMAZAKI Yusuke, LIN Qianqian, DONG Zhaojun, HAN Tao and CUI Yalei, 2022　Printed in Japan